핵심가치

핵심가치

위기를 헤쳐나갈 조직의 힘

CORE VALUES

| 허욱 지음 |

이콘

어느 날 아내가 동그란 선글라스를 낀 가수 싸이의 얼굴이 백범 김구 선생과 닮아 보인다고 말했다. 나는 "말이 되느냐?"며 비교 자체를 거부했었다. 하지만 나중에 다시 생각해 보니 공통점이 있었다. 문화의 힘을 알았다는 점이다.

『백범일지』, 「나의 소원」에서 김구 선생은 "나는 우리나라가 세계에서 가장 아름다운 나라가 되기를 원한다. 가장 부강한 나라가 되기를 원하는 것은 아니다. 내가 남의 침략에 가슴이 아팠으니, 내 나라가 남을 침략하는 것을 원치 아니한다. 우리의 부는 우리 생활을 풍족히 할 만하고, 우리의 힘은 남의 침략을 막을 만하면 족하다. 오직 한없이 가지고 싶은 것은 높은 문화의 힘이다. 문화의 힘은 우리 자신을 행복하게 하고, 나아가서 남에게도 행복을 주기 때문이다"고 했다.

해방 공간에서 부국강병을 추구하던 주변국과 달리 통일과 문화국가를 꿈꾼 김구 선생의 안목과 가치관을 존경하지 않을 수 없다. 그런 그가 만약 유튜브에서 싸이의 〈강남스타일〉 동영상이 10억 뷰가 훨씬 넘는 기록을 세우고, 세계인들이 이 노래를 한국어로 열창하는 모습을 봤다면 과연 어떤 말을 할 지가 궁금하다.

싸이는 2007년, 부실복무 혐의로 현역 군 재입대 처분을 받은 바 있다. 당시 그는 자신의 잘못을 솔직히 인정하고 다시 입대하여 국방의 의무를 다 하였다. 2012년 가을 미국 빌보드 차트에서 수 주간 2위를 기록하고 있을 때는, 국내 팬들과의 공연 약속 때문에 귀국했다. 청주 서원대학교와의 1년 전 공연 약속을 지켰고, '평택시민뮤직 페스티벌'에도 참석해 열정을 다해 공연했다. 솔직함과 신의는 월드스타 싸이가 보여준 인간적인 매력이었다.

신의, 정직, 인내, 성실 등은 사람들이 중요시하는 개인적 가치들이다. 그런데 한 개인에게 가치관이 있듯이 조직에도 가치관이 있다. 가정에서는 가훈, 학교에서는 교훈, 회사에서는 사훈, 비영리조직들은 정관, 정당은 강령, 국가는 헌법정신이 바로 그 가치이다.

조직의 공통된 가치관과 신념을 핵심가치라고 한다. 핵심가치는 외부환경변화와 무관하게 조직이 지켜나가야 할 본질적이고 지속적인 믿음이다. 한마디로 말해 조직의 영혼이다.

조직 활동의 성공 여부를 판단하는 기준이 무엇인가? 미국의 제약기업 머크는 이에 대해 "인류의 생명을 지키고 삶의 질을 향상시키는 것이 우리의 사명이다. 우리 사업의 성패는 이 사명을 얼마나 달성했느냐에 달려있다"고 밝히고 있다. 핵심가치는 눈에 보이지 않는 신념이지만 조직의 리더와 구성원들의 활동을 통해 가시적으로 드러난다. 무엇을 중요하게 여기는지, 행동의 일관성이 있는지, 진심으로 그러한 가치를 믿고 있는지 등이 나타나게 된다.

최근 우리나라 대다수 기업들은 물론 정부부처, 지방자치단체, 공공기관들이 핵심가치 교육에 힘을 쏟고 있다. 한 민간기업 인재개발 담당 임원은 "핵심가치가 인적자원개발의 왕도王道"라는 말까지 했다.[1]

조직 구성원들의 생각을 바꾸는 가장 좋은 방법은 같은 가치지향을 갖게 하는 것인데, 그러한 길이 바로 핵심가치를 정립하고, 전파하고, 실천하는 것이라는 주장이다. 민간기업과 공기업은 물론 정부도 공무원들을 대상으로 공직가치 교육을 실시하고 있다. 공직가치는 공직수행의 궁극적 목표와 기준이 되는 공직자의 핵심가치라 할 수 있다.

저자는 다수의 기업 및 공공기관, 지방자치단체, 정부부처의 핵심가치 교육을 하고 있다. 각 조직들에서 서로 상이하면서도 다소는 비슷한 내용의 핵심가치 교육을 하면서 여러 가지 질문을 받았다. 가치란 무엇인가라는 일반적인 질문에서부터 핵심가치가 어떤 역할을 하는지, 핵심가치와 조직문화와의 관계, 핵심가치와 리더십과의 관계, 나아가 핵심가치와 성과 등에 대한 다양한 질문들이 있었다. 이에 수년 동안 관련 저술과 자료들을 읽고, 실제 핵심가치 교육을 하면서 느꼈던 경험 등을 토대로 책을 쓰게 되었다.

이 책을 통해 핵심가치의 개념은 물론, 가치에 대해 좀 더 폭 넓은 시각을 제시함으로써 자신이 속한 조직의 핵심가치를 명확히 이해하는 데 도움을 주고자 한다.

1부에서는 핵심가치가 기업에서만 쓰이는 것이 아니라 일상에서 자주 마주치는 개념임을 설명하고자 한다. 흔히 좌우명이라 부르는 개인의 가치관과 관련한 여러 사례를 통해 가훈과 교훈이 어떻게 현실에서 작동하는지를 분석해보고 나아가 국내외 NGO^{Non Governmental Organization} 조직은 어떻게 핵심가치를 중심으로 움직이고 있는 지, 정당과 국가의 핵심가치는 무엇인지도 알아볼 것이다.

2부는 핵심가치가 강조되고 부상하게 된 배경에 대해 살펴보고, 3부에서는 주로 기업과 관련하여 기업이념과 핵심가치의 관계에 대해 이론적 배경은 물론 여러 기업들의 실제 사례를 들어 설명하고자 한다. 또한 비전과 핵심가치, 기업문화와 핵심가치, 공유가치와의 관계 등을 알아보고, 리더십과 핵심가치와의 관련성, 그리고 핵심가치를 조직의 성공 유전자로 부르는 이유를 분석하고자 한다.

4부는 실제 사례를 통해 핵심가치를 어떻게 만들고 공유하며 제도화하는 지를 알아보는 장이다. 마지막으로 5부에서는 핵심가치가 살아 숨쉬는 여러 조직들의 실제 사례를 살펴 볼 것이다. 글로벌 기업으로는 구글과 GE, 자포스, 머크, 인도의 타타 등을, 한국 기업으로는 삼성전자와 유한양행, 유한킴벌리, 현대중공업, 동화약품, 교보생명, 안랩 등을 선정해 이들의 핵심가치와 기업 운영을 짚어 본다. 또한 정부 부처와 외청 및 지자체 사례로 경기도 G-Value(경기 핵심가치) 과정에 대해 간략하게 살펴본다. 공직가치와 관련해서는 청백리와 공직가치 7요소, 공직의 의미와 성직과 소명에 대해서도 정리하였다.

핵심가치가 무엇이며, 왜 핵심가치가 강조되고 있는지, 어떻게 해야 핵심가치 기반의 조직운영을 잘 하는 것인지, 그리고 핵심가치 교육에 있어서 어떤 점에 초점을 맞추어야 하는지 등에 대한 의문을 해소하는 데 이 책이 도움이 되기를 바란다.

허 욱

일상에서 만나는
핵심가치

1장

마음에 새긴
표어

우리는 존경하는 선생님이나, 집안의 어른에게 덕담을 들은 후 보통 "명심 하겠습니다"라고 대답한다. 여기서 명심銘心이란 마음에 새긴다는 뜻이다. 삶의 지침이 될 귀한 조언이기에 마음에 새겨두고 잊지 않겠다는 다짐의 표현이다.

선현들은 교육적인 차원에서 이런 글들을 모아 책을 만들기도 했다. 어린이에게 유교의 가르침을 쉽게 전하기 위해 중국의 여러 고전에서 마음에 새길만한 금언과 명구들을 뽑아서 편집한 『명심보감』이 바로 그것이다.

사람들은 대부분 자신의 삶을 이렇게 살겠다는 자신만의 철학 또는 가치관을 가지고 있으며, 이를 신조 또는 좌우명이라고 부른다. 좌우명座右銘을 만들어 스스로 실천하고자 마음을 먹으면, 어떤 일에 대한 의사결정을 내리는 것이 한결 쉬워진다.

신조나 좌우명은 바로 그 사람의 정체성을 나타내는 것이다. 개인적 차원에서의 핵심가치라 할 수 있는 좌우명은 자리 오른쪽에 붙여 놓고 반성의 자료로 삼는 격언格言이나 경구警句를 말한다.

이 좌우명의 유래가 춘추 5패 중 한 명인 제나라 환공桓公이 늘 곁에 두고 교만을 경계했던 술독에서 비롯되었다는 이야기가 있다. 그 술독은 텅 비어 있을 때는 기울어져 있다가 술을 반쯤 담으면 바로 서지만, 가득 채우면 다시 엎어지는 특이한 것이었다.

어느 날, 공자가 제자들과 함께 환공의 묘당을 찾았다. 공자는 제자들에게 물을 길어 와서 그 술독을 채우게 했다. 비스듬하게 있던 술독은 물이 차오르자 똑바로 서더니, 물을 계속 붓자 다시 쓰러지고 말았다. 공자는 제자들에게 말했다. "공부도 이와 같은 것이다. 공부를 많이 했다고 마치 모든 것을 다 배운 것처럼 교만을 부리는 자는 반드시 화를 당하게 되는 법이다." 그 후 집으로 돌아온 공자는 똑같은 술독을 만들어서 의자 오른쪽에 두고는 스스로를 가다듬었다고 한다.

술독이었든, 혹은 격언이나 경구이든 간에 늘 자신의 가까이에 두고 스스로를 성찰한다는 차원에서는 좌우명의 본질에 차이가 없다고 여겨진다. 좌우명은 보통 굳게 믿어서 지키고 있는 생각이라는 뜻의 신조信條나 굳게 믿고 있는 바를 뜻하는 소신所信과 비슷한 용어로 쓰이고 있다. 따라서 어떤 사람의 좌우명을 알게 되면 그 사람이 지향하는 가치 추구의 핵심을 이해할 수 있다.

삶의 신조를 잘 표현한 자기소개서는 인사담당자들에게 호감을 준다. 자신의 인생관이 무엇인지를 분명히 밝히고 그에 따라 어떻게 살아

왔는지를 보여주기 때문이다. 다음은 유명인들의 좌우명, 또는 신조
이다.

- 기업은 사회를 위해 존재한다. – 유한양행 유일한 창업주
- 공명정대하게 살자. – 코오롱그룹 이원만 창업주
- 덕을 숭상하며 사업을 넓혀라. – 효성그룹 조홍제 창업주
- 한 번 사람을 믿으면 모두 맡겨라. – LG그룹 구인회 창업주
- 학습을 통하여 스스로 문제를 해결한다. – SK그룹 최종현 회장
- 경청 – 삼성그룹 이건희 회장
- 약속은 꼭 지킨다. – LG그룹 구본무 회장
- 정직 – 휠라코리아 윤윤수 대표
- 원칙이 곧 지름길이다. – 국순당 배중호 대표
- 깊이 생각하고 최선을 다하자. – 휴맥스 변대규 대표
- 성공하려면 귀는 열고 입은 닫아라. – 록펠러재단 창립자 존 데이비슨 록펠러
- 편집광만이 살아남는다. – 인텔 전 회장 겸 CEO 앤디 그로브
- 변화의 첫 걸음은 행동에 옮기는 것이다. – IBM 전 회장 겸 CEO 루 거스너
- 문제를 명쾌하고 간결하게 만들어야 진정한 프로다.

  – 르노닛산그룹 회장 카를로스 곤
- 고객의 성공에 집중하라. – 시스코시스템즈 CEO 존 체임버스
- 경쟁력은 제품이나 기술이 아닌 '사람'이 좌우한다. – MS CEO 스티브 발머

자, 당신을 한 마디로 말해줄 당신의 좌우명은 무엇인가?

한 사람의 결단이
해인사를 구했다

　6.25전쟁 중인 1951년 12월 18일 오전 6시 30분, 경남 사천의 공군 제10전투비행전대에 출격 명령이 떨어졌다. F-51 전투기 4대가 즉시 출격했다. 전투기마다 230kg짜리 폭탄 2개, 로켓탄 6개, 50구경 기관총용 실탄 1,800발씩을 장착하고 있었다. 편대장 전투기에는 340kg짜리 네이팜탄까지 실렸다. 전투기들은 편대장 김영환 대령의 인솔 하에 낙동강 줄기를 따라 북상하다가 함안 상공에서 기수를 산악지대로 돌렸다. 합천 상공 800피트에서 미 5공군 정찰기 T-6 일명 '모스키토'를 따라 가라는 무전 명령이 내려졌다. 미 공군정찰기가 편대를 인도한 곳은 가야산 중턱이었다. 곧이어 미 정찰기는 해인사 마당에 백색 연기가 피어오르는 연막탄을 떨어뜨렸다. 표적에 폭탄을 투하하라는 신호였다. 공격 목표는 다름 아닌 해인사였던 것이다.

　사태 파악을 한 김대령은 곧바로 편대원들에게 명령을 내렸다. "각 기는 편대장의 뒤를 따르되 편대장 지시 없이 폭탄과 로켓탄을 사용하지 말라." 그리고 사찰 주변 능선에 있던 인민군 패잔병들을 상대로 기관총 공격만 하도록 했다. 비행기를 향해 적군의 대응 사격이 이어졌다. 이를 본 미군 정찰기에서 독촉 훈령을 내렸다. "해인사를 네이팜과 폭탄으로 공격하라. 편대장은 무엇을 하고 있는가?" 이어 편대원 한 명이 빨리 공격을 하자고 재촉했다. 그러나 김대령은 다시 강하게 명령했다. "각 기는 공격하지 말라." 김대령 편대는 결국 해인사 뒷산 몇 개의 능선

너머에 있는 인민군 보급기지에 폭탄과 로켓탄을 투하하고 귀대했다.

그날 저녁 미 공군 고문단 장교가 한 장교를 대동하고 사천의 공지空地 합동작전본부로 찾아왔다. 동행한 장교는 미 5공군 정찰기 조종사였다. 미군 소령은 김대령에게 목표지가 아닌 엉뚱한 곳을 공격한 이유를 물었다. "그 곳은 사찰이었습니다." 김대령이 답했다. 그러자 미군 소령은 "사찰이 전쟁과 무슨 관계가 있습니까, 국가보다 사찰이 더 중요하다는 말입니까?"라며 따지고 들었다. 김대령이 다시 대답했다. "사찰이 국가보다 중요하지는 않지만 공비보다는 사찰이 더 중요합니다. 그 사찰에는 공비와 바꿀 수 없는 팔만대장경이라는 세계적 국보이며, 우리 민족의 정신적 지주인 문화재가 있습니다. 가야산에 출몰하는 공비 몇 백 명을 살상했다고 해서 전쟁이 판가름 나는 것도 아니지 않습니까? 그 절은 1,300년의 역사가 이어져 온 국보급 사찰입니다."

이어 "2차 대전 때 그 흉악했던 독일군도 프랑스 파리는 폭파하지 않았습니다. 당신네 미군도 일본을 공격할 때 교토는 폭격하지 않았지요. 이는 문화유산의 소중함을 알고 있기 때문 아닙니까?"라고 설득했다. 그러자 미군 소령은 "대령님 같은 훌륭한 상관을 모신 대한민국 공군장병들이 부럽습니다"라고 말하며 존경심을 표했다.

대한민국 군 형법 44조(항명) 1항은 적과 대치한 상황에서 상관의 정당한 명령에 반항하거나 복종하지 아니한 자에게 사형, 무기, 또는 10년 이상의 징역이라는 엄한 처벌을 규정하고 있다. 군인에게, 그것도 전쟁 중에 항명은 있을 수 없는 일이다. 그러나 문화재의 가치를 아는 한 군인의 목숨을 건 결단에 의해 유네스코 등재 세계문화유산과 세계기록유

산인 해인사 팔만대장경(국보 제32호)과 장경판전(국보 제52호)이 보존될 수 있었다.

휴전 협정 체결 후인 1953년 12월 15일, 공군 제1전투비행전단장으로 전보되어 전투조종사 양성에 주력하던 김대령은 1954년 1월 28일 공군 준장으로 진급했다. 그 해 3월 4일 김영환 장군은 공군 제10전투비행전단 창설 기념식 참석을 위해 F-51 비행기를 조종하고 가던 중 악천후를 만나 기체 추락으로 사망했다. 향년 34세였다. 그는 대한민국 국군과 대한민국 공군의 창설자로, 영화 〈빨간마후라〉의 실제 주인공이다. 2010년 대한민국 정부는 해인사 폭격을 거부하여 팔만대장경을 지킨 공로를 인정해 고 ^{故} 김영환 장군에게 금관문화훈장(1급)을 추서했다.

지리산 남쪽 기슭에 위치한 천년 고찰, 화엄사 역시 전쟁의 포화 속에 사라질 위기에서 가까스로 살아남은 문화재다. 각황전(국보 제67호)은 우리나라 불교 건축 가운데 대규모 건축물이다. 사사자삼층석탑(국보 제35호)과 화엄사 동오층석탑(보물 제132호)등 많은 문화유산이 화엄사에 있다. 화엄사 부도전 맞은 편 '시의 동산'에는 고은 시인이 글을 쓴 차일혁 총경 공적비가 있다. 명산대찰에 고승도 아닌 경찰관의 공적비가 세워진 이유는 무엇일까?

1951년 5월, 남한 빨치산 남부군을 토벌하기 위해 지리산에 도착한 전투경찰대 제 18대대장 차총경은 구례 화엄사를 불태우라는 군의 명령을 받게 된다. 화엄사가 빨치산들의 은신처로 이용되고 있다는 이유에서다. 그는 고민에 빠진다. "절을 태우는 데는 한나절이면 족하지만 절을 세우는 데는 1,000년 이상의 세월로도 부족하다." 백제 무왕 때(636년)

세워져 1,300년을 지내온 내장사가 이미 빨치산 토벌작전에 나선 전투경찰대에 의해 불태워진 것에 가책을 느꼈던 그였다. 아무리 전쟁 중이지만 화엄사는 대한민국의 자랑스러운 문화유산이다.

100여 명의 경찰대원을 이끌고 화엄사에 도착한 차총경은 부하들에게 각황전 문짝을 모두 떼어서 대웅전 앞에 쌓아 놓게 했다. 그리고 어리둥절해하는 부하들에게 "태우라는 상부의 명령을 받았으니 이를 어길 수는 없다. 절의 문짝들을 태운 것이니 명령은 이행한 것이다"라며 쌓아 놓은 문짝에 불을 지르도록 했다.

사찰에 문이 없다면 빨치산들이 숨어서 지내기 어려울 것이란 판단에 따라 법당 내 모든 문짝들만 떼어 소각하는 방법으로 화엄사를 지켜낸 것이다. 차총경은 작전명령 불이행으로 감봉처분을 받았다. 그러나 각황전을 비롯한 화엄사 전각들은 화마를 피할 수 있었다. 그는 화엄사뿐 아니라 지리산의 천은사와 쌍계사, 모악산의 금산사, 장성 백암산의 백양사, 고창의 선운사 그리고 덕유산의 크고 작은 사찰 등 전라도 일대의 많은 고찰들을 전쟁의 피해로부터 구했다. 1998년 조계종은 많은 사찰들을 지켜낸 차총경의 공적을 기리기 위하여 화엄사 경내에 공덕비를 세웠다. 정부는 2008년 10월, 그에게 문화훈장을 추서했다. 경찰청도 2011년 8월, 차총경을 경무관으로 승진 추서했다.

전시에 군인에게 항명은 곧 죽음이다. 하지만 목숨을 걸고 자신의 가치관, 즉 소신을 지키는 사람도 있다. 문화재의 가치를 아는 두 영웅의 위대한 항명에 의해 소중한 문화재들이 전쟁의 포화 속에서도 살아남아 우리에게 전해지고 있다.

세금부터 갚아?
아니면 안 내고 떼먹어?

　가치는 갈등 상황, 선택의 상황에서 힘을 발휘한다. 납세는 국민의 4대 의무 중 하나이다. 대다수 직장인들은 '유리알 지갑'으로 불릴 만큼 소득이 투명하게 드러나 철저하게 세금징수가 이루어진다. 하지만 전문직 고소득 자영업자나 기업가들 중에는 세금 문제로 물의를 빚는 경우가 아직도 많다.

　제주도에서 세탁업체 한라산업을 경영하는 김창기 대표는 '세금은 꼭'이란 가치관을 실천한 기업인이다. 90년대 후반 제주도 여러 호텔들의 침대 시트와 수건 등의 세탁물량을 대량으로 수주하면서 김대표의 사업은 성장하였다. 그러다가 98년 IMF 외환위기 때 심각한 타격을 입었다. 사업 확장을 위해 공장을 증설하면서 들여온 외국산 세탁설비의 임대료가 2배로 치솟았고, 제주지역 관광산업이 타격을 받으면서 일감이 크게 줄었기 때문이다. 회사를 유지하기 위해 친인척들에게는 물론 사채까지 빌려야만 했다. 빚은 순식간에 20억 원을 넘었다. 내지 못한 세금도 10억 원이나 되었다. 김대표는 당시 "죽고 싶은 심정이었다"고 했다.

　감당하기 어려울 만큼 세금이 체납되는 상황에 처한 사업자들은 납부할 엄두를 못 내고 세금 회피 방법을 모색하는 경우가 많다. 그는 그러나 어려운 가운데서도 반드시 세금만큼은 정리한다는 신념을 지니고 있었다. 이에 따라 세무서에 체납세금 징수유예를 신청하였고, 주기적으로 분할 납부하면 된다는 해결 방법을 얻었다. 직원들과 힘을 합해 종전보다 더 열심히 일했다. 다행히 외환위기가 비교적 일찍 극복되고 제주도를 찾는 손님들이 늘어나자 한라산업의 세탁 일감도 덩달아 늘어났다. 돈이 들어올 때마다 이자에 이자가 붙는 사채를 먼저 정리하고, 세금도 조금씩 갚아나갔다. 결국 김대표는 3년 뒤 빚과 체납 세금을 모두 정리했다.

한 걸음 더 나아가 위기극복 과정에서 받은 도움을 되갚기로 다짐하였다. 2001년부터 복지관의 도움을 받아 일자리가 없는 장애인과 노인들을 고용했다. 장애인 근로자가 52명으로 전체 직원의 70%에 달한다. 이중 지적 장애인을 비롯한 중증 장애인이 35명이나 된다. 이 때문에 김대표는 출퇴근이 어려운 장애인 직원을 위해 직접 출퇴근 차량을 운행하고 있다. 매월 장애인, 치매 환자 시설을 찾아가 봉사활동도 펼치고 있다. 김대표는 국세청이 2011년 처음으로 제정한 아름다운 납세자상 수상자 33명 중 한 사람으로 선정되어 상을 받았다.

하지만, 세상에는 아름다운 납세자만 있는 것이 아니다. 그 반대편에는 많은 고액체납자와 고소득 자영업자의 고질적 탈세가 존재한다. 국세청의 꾸준한 추징 노력에도 불구하고 1억 원 이상 미정리 체납자 수는 2011년 말 4,816명으로 2010년보다 오히려 늘었다. 또한 체납금액도 2조 370억 원으로 2010년보다 증가했다. 국세청은 이에 따라 2012년부터 기존 체납정리 특별전담반을 숨긴 재산 무한추적팀으로 확대 개편하고, 역외탈세 고액체납자 및 100억 원 이상 체납자 등에 대한 중점 관리를 하고 있다.

서울에 사는 홍모씨의 사례는 70대 노인임에도 불구하고, 세금 회피

1억 원 이상 미정리 체납 현황

구분	2009년	2010년	2011년
인원(명)	3,687	4,770	4,816
금액(억 원)	12,651	17,144	20,370

자료 : 국세청

를 위해 위장이혼과 위장전입까지 했던 경우이다. 홍씨는 경기도 용인시 신봉동 소재의 대지(1만 9,902㎡, 6,030평)를 팔아 챙긴 양도소득세(약 21억 원)에 대한 주민세 2억 1,000만 원을 체납했다. 2006년부터 부과된 세금을 내지 않음에 따라 가산금 75%가 붙어 2009년 세금은 3억 6,600만 원으로 불어났다. 홍씨의 체납세금을 징수하기 위해 서울시 공무원들이 조사해보니, 홍씨는 세금체납 전에 2005년 3월 전 부인인 유모씨와 협의 이혼하여, 재산이 한 푼도 없는 것으로 나타났다. 하지만 유씨는 서울 논현동에 있는 5층 빌라와 배기량 4,500cc의 에쿠스 승용차를 갖고 있었다. 그러면서도 정작 자동차 보험료의 계약자는 홍씨였다. 빌라 인근 금융회사에 의뢰한 결과, 홍씨는 주기적으로 현금을 입출금 하고 있었다.

징수과 공무원들은 위장 이혼이라고 판단하고, 유씨의 빌라로 찾아갔다. 문을 열어주지 않으려는 유씨와 옥신각신하는 바람에 경찰이 출동하고 열쇠전문가까지 동원되었다. 집 안으로 들어가는데 문을 4개나 열어야 했다. 집 안에는 가족사진이 붙어있었고, 홍씨의 옷이나 소지품들도 고스란히 발견되었다. 집에 있던 홍씨는 방과 연결된 베란다를 통해 집밖으로 빠져나가다가 공무원들에게 덜미가 잡혔다. 이후 징수과 공무원들이 유씨의 집에 있는 가재도구들과 동산을 압류하자 홍씨는 변호사를 통해 압류무효소송을 제기했다. 고등법원까지 가는 소송에서 홍씨는 패소했고, 결국 체납된 3억여 원을 납부했다.

서울시의 2012년 말 기준 3,000만 원 이상 지방세 고액·상습 체납자는 총 5,085명(법인포함)이며 총 체납액은 7,978억 원에 이른다.

당신은 어떤가? 절세는 지혜이다. 세금은 최대한 안 내는 것이 상책이라고 생각하는가? 이 나라는 세금으로 운영된다. 따라서 세금은 가능한 많이 내야 한다고 생각하는가? 그 결론 또한 당신의 가치관에 달려있다. 그런데 세금을 많이 내려고 노력하는 사람은 역설적으로 많이 버는 사람이 될 것이다.

마지막으로 남길
유산은 무엇인가?

"잘 다녀올게" "다녀오겠습니다" 등은 평일 아침, 직장 또는 학교에 가기 위해 집을 나서면서 직장인과 학생들이 하는 말이다. 그리고 대부분 학교와 직장을 잘 마치고 집으로 돌아간다. 하지만 누구나 그런 것은 아니다. 2011년 한 해 발생한 자동차 사고 건수는 총 22만 여건으로 사망자는 5,229명에 달했다. 안타깝게도 하루 평균 14명은 집으로 돌아가지 못했다. 하루를 시작하면서 모든 사람들이 잘 다녀오기를 소망하지만 이 작은 소망도 본인의 뜻대로 되는 것만은 아니다.

통계청 자료에 의하면, 2011년 말 기준 한국인의 기대수명은 81.2세로, 남성은 77.6세, 여성은 84.5세다. 1970년 62세이던 기대수명은 약 40년 동안 19세가 늘어났다. 해마다 0.5세 가량이 늘어난 셈이다. 이런 추세라면 '평균 수명 100세 시대'가 곧 다가올 것이다. 그래서일까? 사람은 누구나 제한된 시간의 삶을 살고 있지만, 그 사실을 절박하게 깨닫지 못한다.

불치의 암 선고를 받고, 사랑하는 아내와 6살, 3살의 두 아들, 그리고 18개월 된 딸을 남겨 둔 채 몇 달 후 세상을 떠나야 하는 가장이 있었다. 당신이 만약, 그런 경우를 맞게 된다면 심정이 어떻겠는가? 생의 남은 시간에 무엇을 하고 싶은가? 사랑하는 가족들을 위해 무엇을 유산으로 남길 것인가? 시한부 인생 선고를 받는 것은 하늘이 무너질 일이지만, 사고사에 비한다면 시간의 은혜가 주어진 경우로 볼 수도 있다.

랜디 포시 교수가 그런 경우였다. 미국 카네기멜론대학교 컴퓨터공학과 교수로 재직 중이던 2006년 여름, 그는 47세의 나이에 췌장암 말기라는 시한부 선고를 받았다. 삶에 대한 강한 의지와 체력을 지닌 그는 담낭, 췌장, 소장의 상당 부분을 잘라내는 대수술을 감행했다. 방사선 치료를 포함한 항암 치료로 몸무게가 20kg이나 줄고, 걷기조차 힘든 상황을 이겨냈다. 수술 직후에는 완치된 듯 보였으나 그 해 8월 암세포가 다시 간을 비롯한 다른 장기로 전이되어 손을 쓸 수 없는 상태가 되었다. 주어진 시간은 불과 몇 개월, 한정된 남은 시간을 어떻게 쓸 것인가?

랜디 포시 교수는 과제를 2가지로 보았다. 그가 남긴 책 『마지막 강의』에 따르면, 우선 "가족들과 남은 시간을 함께 보내며 그들을 보살펴야 한다. 몸을 움직일 수 있을 때 가족과의 순간순간을 소중하게 갈무리하고, 내가 없더라도 당황하지 않도록 앞날의 계획을 세워 놓아야 한다." 또 하나 중요한 문제는 "적어도 20년은 더 살면서 내 아이들에게 가르쳐줘야 할 많은 것들을 어떻게 짧은 시간에 다 전해줄 수 있을까 하는 것이다." 결국 포시 교수는 대학에서 요청 받은 마지막 강의와 책 출간이라는 2가지 방법으로 자신이 살면서 경험하고 깨달았던 삶의 소중한 가치들을 남기고자 결심했다.

그러나 그것마저도 쉬운 일은 아니었다. 왜냐하면 포시 교수에게 남은 시간은 그의 시간인 동시에 가족들의 시간이기도 했기 때문이다. 그의 아내 재이는 포시 교수가 마지막 강의를 하지 않기를 바랐다. 학교 인근 피츠버그에서 아이들의 외가가 있는 버지니아로 막 이사를 한 터라 짐 정리 등 할 일이 많았다. 게다가 평소 일 중독자였던 포시 교수가 마지막 강의를 잘 하려고 열정과 시간을 쏟는다면 그것은 그만큼 가족과 함께 할 시간을 빼앗는 것이기 때문이었다. 포시 교수는 강의를 포기할 수 없는 이유를 진지하게 성찰한 뒤 아내에게 말했다.

"부상당한 사자라도 여전히 으르렁거릴 수 있는지 알고 싶은 거야. 자만심 하고는 다른 인간에 대한 자부심 같은 것이라고"라며 결정적인 이유를 말했다. 아이들이 더 자란 후에 나의 아버지는 누구였을까, 어떤 사람이었을까 하는 질문을 하게 될 때 녹화된 강의가 답이 될 수 있을 것이라고. 마침내 아내 재이는 허락했다. 포시 교수가 아이들에게 유산을 남겨줄 방법을 찾는 일에 열중하고 있다는 것을 잘 알았기 때문이었다.

랜디 포시 교수는 2007년 9월, 카네기 멜론 대학에서 '어릴 적 꿈을 성취하는 방법'이라는 주제로 강연을 했다. 대학 강의로서 마지막이기도 했지만, 그에게는 생의 '마지막 강의'이기도 했다. 유쾌하면서도 열정적이었던 1시간 동안의 강의는 그 해 12월 '마지막 강의'라는 제목으로 유튜브에 올려져 세계적인 화제를 모았다. 그는 강의에서 다음과 같은 사항들을 강조했다.

- 감사하는 마음 : 감사할수록 삶은 위대해진다.
- 준비하는 자세 : 행운은 준비가 기회를 만날 때 온다.
- 가장 좋은 금은 쓰레기통 밑바닥에 있다. 그러니 찾아내라.
- 당신이 뭔가를 망쳤다면 사과하라. 사과는 끝이 아니라 다시 할 수 있는 시작이다.
- 완전히 악한 사람은 없다. 모든 사람에게서 장점을 발견하라.
- 가장 어려운 일은 듣는 일이다. 사람들이 당신에게 전해주는 말을 소중히 여기라. 거기에 해답이 있다.
- 매일같이 내일을 두려워하며 살지 말라. 오늘 바로 지금 이 순간을 즐겁게 살라.
- 불평하지 마라. 그저 노력해라.
- 절대 포기하지 마라. 장벽은 절실하게 원하지 않는 사람들을 걸러내려고 존재한다.

랜디 포시 교수는 노련한 교수답게 강연 끝에 반전을 두었다. 두 개의 헤드페이크 Head Fake를 언급했다. 헤드 페이크의 뜻은 미식축구 필드에서 선수가 머리를 어느 한쪽으로 움직여 상대방을 그쪽으로 유도하고,

정작 선수는 반대쪽으로 나가는 것이다. 또 다른 의미는 '우회적 가르침'을 말한다. 포시 교수는 1시간에 걸친 강의 내용을 정리한 뒤 "헤드페이크는 찾아냈습니까?"라고 물었다. 그리고 강의 제목이 '어릴 적 꿈을 성취하는 방법'이었지만, 내용은 어떻게 당신의 꿈을 달성하느냐에 관한 것이 아니라 어떻게 당신의 인생을 이끌어 갈 것이냐에 관한 것이었다고 말했다. 포시 교수는 "만약 당신이 인생을 올바르게 이끌어 간다면, 그 다음은 자연스럽게 운명이 해결해 줄 것이고 꿈이 당신을 찾아갈 것"이라고 조언했다. 이어 "두 번째 헤드페이크를 찾았느냐?"고 청중들에게 물었다. 잠시의 침묵이 흐른 뒤, 그는 아내 재이, 그리고 딜런, 로건, 클로이와 함께 찍은 가족사진을 마지막 슬라이드로 보여줬다. 이어 "이 강의는 여기 모인 사람들을 위한 것만은 아니다. 내 아이들에게 남기는 것이다"고 밝혀 청중들에게 잔잔한 감동을 주었다.

2008년 7월 25일 새벽 4시, 포시 교수는 결국 버지니아 자택에서 가족들이 지켜보는 가운데 숨을 거두었다. 하지만 세 자녀에게 남겨진 '마지막 강의' 선물은 그들만이 아니라 그들의 자녀와 그 후손들에게까지 이어지는 귀중한 유산이 될 것이라고 믿는다.

2003년 8월, 내 아버님께서 돌아가셨다. 평소와 다름없이 조용히 주무시다가 세상을 떠나셨다. 이에 따라 유언도 남기지 못하셨다. 남기신 재산이 많지 않았기에 유족들 간에 상속분쟁은 없었다. 고인이 생전에 자식들에게 준 가르침은 "정치 도덕적 품성과 고상한 정서의 배양에 힘쓰라"였다. 나를 포함한 3형제는 아직도 이 가르침의 깊은 뜻을 제대로 체득하지 못하고 있다. 장례를 치른 후 아버님의 유품을 정리하면서 죽음이란 자신이 아닌 누군가를 통해 자신의 모든 것이 정리되는 과정이라는 생각이 들었다.

아버님을 보내고 난 뒤 한동안 나는 과연 내 자식들에게 무엇을 유산으로 남길 것인가를 고민했다. 특히 유언장은 미리 써두어야 하는 것이란 생각에 유언장 초고를 써보려 한 적이 있다. 유산을 어떻게 분배한다는 유언장이 아니라, 이러 이러한 가치를 지니고 살라는 유언장은 짧은 시간에 나올 수 있는 것이 아님을 그 때 절감하였다. 결국 유언장 초고 작업은 아직도 완성하지 못했다.

랜디 포시 교수가 남긴 '마지막 강의'는 그래서 내게 감동인 동시에 도전이기도 하다. 내가 만약 시한부 선고를 받게 된다면, 나는 어떤 유산을 남길 것인가?

2장

중앙이 아닌
가장자리로

사람들은 누구나 인정받기를 원한다. 높은 자리와 가운데 자리를 바란다. 이를 거슬러서 기꺼이 낮은 자리, 가장 자리로 가는 것은 보통 어려운 일이 아니다. 확고한 신념이 없으면 불가능하다. 하지만 남들과는 다른 생각으로 자신만의 길을 가는 사람들도 있다.

누구나 원하는 성공과 출세를 마다하며, 현실과 타협하지 않는 바른 교육을 실천하는 학교가 있는가 하면 부의 한도를 정하여 300여 년을 유지한 가문이 있다. 이는 교훈과 가훈을 통해 그 정신을 이어 받았기에 가능하다. 앞서 개인의 가치관에 대해 살펴본데 이어 2장에서는 조직의 공통 가치관을 알아보려 한다.

핵심가치는 조직의 공통 가치관이나 신념을 말한다. 기업이나 공조직 등에서 많이 쓰이는 용어이지만 집안의 가훈이나 학교의 교훈도 핵심가치와 같은 역할을 한다. 이는 하나의 전통으로 이어져오고 있다.

단두대가 기다리는
곳으로 가라

　　성공과 출세는 많은 사람들의 지상 목표이다. 취업도 쉽지 않은 것이 현실이다. 그런데 직장을 선택할 때 "월급이 적고, 승진 기회가 거의 없는 곳, 장래성이 전혀 없는 곳으로 가라"고 조언을 한다면 과연 어떤 대답을 듣게 될까? 아마도 "농담하는 것이냐"는 말을 들을 가능성이 높다. 그러나 경남 거창군 거창읍에 있는 거창고등학교의 홈페이지를 보면 학교 소개 메뉴의 하단에 '직업선택 십계'란 제목으로 아래의 10가지 계명이 올려져 있다.[2]

- 월급이 적은 쪽을 택하라.
- 내가 원하는 것이 아니라 나를 필요로 하는 곳을 택하라.
- 승진의 기회가 거의 없는 곳을 택하라.
- 모든 조건이 갖추어진 곳을 피하고 처음부터 시작해야 하는 황무지를 택하라.
- 앞을 다투어 모여드는 곳을 절대 가지 마라. 아무도 가지 않는 곳을 가라.
- 장래성이 전혀 없다고 생각되는 곳으로 가라.
- 사회적 존경 같은 것을 바라볼 수 없는 곳으로 가라.
- 한 가운데가 아니라 가장자리로 가라.
- 부모나 아내나 약혼자가 결사반대를 하는 곳이면 틀림없다. 의심치 말고 가라.
- 왕관이 아니라 단두대가 기다리고 있는 곳으로 가라.

거창고의 직업선택 10계는 청년실업 100만 명이 넘는 요즘 상황에서 보아도 매우 도전적이다. 어찌 보면 가장 어리석은 사람이 되라는 주문처럼 들린다. 하지만 핵심은 그 속에 담긴 정신이다. 직업선택 10계는 개척, 봉사, 희생정신과 그렇게 살아갈 수 있는 용기와 신념을 학생들에게 당부하고 있다. 개척정신으로 자신을 계발하고, 그로 인해 얻어진 결과를 자신뿐 아니라 남에게도 유익한 삶이 되도록 봉사와 희생을 해야 한다는 뜻이다. 거창고등학교가 이러한 직업선택 10계명을 제시한 이유를 이해하려면 학교설립 이념과 역사를 알아야 한다.

거창고등학교는 1953년 설립인가가 났으나 운영난을 겪던 중, 일본 고베 신학교와 해방 후 미국 컨콜디아 신학교를 졸업한 전영창 선생이 1956년 3대 교장으로 부임하면서 새로운 전기를 맞게 된다. 전교장은 풀무원 원장인 원경선 선생을 이사장으로 모시고 사실상 학교를 새로 시작하였다. '하나님을 섬기고 두려워함이 지식의 근본'이라는 교훈 아래 '사랑이 사람을 변화시킨다'는 신념으로 몸소 사랑을 행동으로 실천하면서 학교를 일구어 나갔다. 거창고등학교의 교육목표는 '기독교정신을 바탕으로 한 민주시민 양성'이다.

거창고등학교는 교육의 목적이 무엇인지, 학교가 왜 존재해야 하는지를 목숨 걸고 지킨 역사가 있다. 원경선 전 이사장은 한국일보에 연재했던 칼럼 '나의 이력서'를 통해 학교를 맡게 된 이후 거창고의 시련은 끝이 없었다고 회고했다. 대부분의 시련은 현실과 타협하지 않고 바른 교육을 시키겠다는 전영창 교장과 이사진의 의지에서 비롯된 경우가 많았다고 밝혔다.

1969년 3선 개헌파동 때 거창고 학생들도 개헌 반대 데모 행렬에 참여했다. 교육위원회와 각 기관들은 학교 측에 주모자를 처벌하라는 압력을 가했다. 그러나 전교장은 "학생들이 틀린 주장을 한 게 아니다"며 꿈쩍도 하지 않았다. 그러자 공화당의 지역구 의원까지 가세해 학교를 압박했다. 그 의원은 거창까지 내려와 전교장을 만나 "그렇게 고집을 부리면 학교 문 닫을 줄 알아"라며 큰 소리쳤다. 전교장은 이에 "거창고가 문 닫기 전에 공화당이 먼저 문 닫을 줄 아시오"라고 맞받아쳤다고 한다. 그 일이 있은 뒤 곳곳에서 트집을 잡는 바람에 거창고는 더욱 궁지에 빠지게 되었다. 한번은 교육청에서 감사를 내려와 한나절이면 끝날 일을 4일 동안 샅샅이 뒤지더니 3가지를 위반사항이라고 지적하였다. 학급당 정원을 초과했고, 무자격 교사를 채용했으며, 이사장 승인 없이 교장이 200만 원을 기채起債했다는 것이다. 이를 빌미로 교장 임명을 취소해 버렸다. 원이사장은 학교재단 이사인 장기려 박사와 함께 부산에 있던 교육청으로 찾아갔지만 교육감도 "어쩔 수 없다"며 발을 뺐다. 하는 수 없이 소송을 했는데, 교육청이 말도 안 되는 트집을 잡았기 때문에 학교 측이 승소를 했다. 이에 교육청은 대법원에 상소까지 했지만 최종적으로 기각되는 바람에 거창고를 계속 지켜나갈 수 있었다.

참여정부 시절 교육혁신위원회 위원장을 지냈던 전성은 선생이 교장으로 있던 지난 5공 정권 때도 위기를 겪었다. 군사 쿠데타로 정권을 잡은 전두환 정권은 사회정화사업을 이유로 각 학교에 문제 학생을 삼청교육대로 보내라는 지시를 내렸다. 전영창 교장의 아들이면서 제자였던 전성은 당시 교장과 도재원 당시 교감은 고민 끝에 "그런 곳에 보낼 만한 문제 학생이 없을뿐더러, 설사 있다고 해도 교육전문가인 선생님들도 그런 학생들의 선도를 못 하는 데 어떻게 군인들이 할 수 있느냐"며 거절했다. 목에 칼이 들어와도 바르게 살라고 가르치는 교사 입장에서 단 한 명이라도 삼청교육대에 보낸다면 앞으로 어떻게 학생들 앞에 설 수 있겠느냐는 생각에서였다. 이 같은 결정은 학교 문을 닫을 수 있다는 결심이 있기에 가능했던 일이다.

이후에도 학교는 여러 차례 문을 닫을 위기를 겪었다. 이는 설립자가 운명을 달리한 뒤에도 바른 교육의 이념을 이어가기 위한 노력이 계속되었음을 의미한다.

핵심가치란 이처럼 조직이 절체절명의 위기를 맞이한다 해도 지키고자 하는 가치를 의미한다. 바른 교육을 하지 않는다면 차라리 학교 문을 닫는 것이 낫다는 가치관과 철학을 일관되게 지켜온 거창고등학교의 사례는 핵심가치가 무엇이며, 어떻게 살아 움직여야 하는지를 보여주는 귀중한 사례라고 할 수 있다.

300년 부의 비결, 벼슬하지 마라

우리나라 속담에 "부자는 3대를 못 간다"는 말이 있다. 그런데 3대를 지키기도 힘든 부를 무려 10대, 300년에 걸쳐 지켜온 집안이 있다. 바로 경주 최부잣집이다. 경주 최부잣집은 경주 최씨 시조 고운 최치원의

17세손이자 가암파 파조 최진립과 그 셋째 아들 최동량이 터전을 이루고, 손자(19세손)인 재경 최국선(1631~1682)으로부터 28세손인 문파 최준(1884~1970)에 이르는 약 300년 동안 부를 누린 10대 일가를 말한다. 중세 르네상스를 이끌었던 이탈리아의 메디치 가문이 200년 가까이 부와 권세를 누렸지만 300년 동안 부를 이어 온 경우는 세계적으로도 흔치 않다. 말이 300년이지, 격동과 혼란의 역사를 이겨온 것이다. 구체적으로 조선 중기 선조 시절부터 임진, 정유 2번의 왜란 및 병자호란 등의 외침과 숱한 당쟁, 사화를 겪었다. 또한 개화와 근대화의 진통은 물론 청일전쟁, 러일전쟁, 조선의 멸망과 일제 식민통치, 그리고 해방에 이르는 시기이다. 일제 식민치하에서 독립운동 자금을 지원 하다가 가세가 기울고, 해방 이후 인재양성을 위해 대구대학(1967년 영남대로 통합) 건립에 남은 전 재산을 내놓으며 만석꾼 집안의 막을 내린 것도 예사롭지 않다.

경주 최부자는 단순히 재물이 많았던 부호가 아니라 9대에 걸쳐 진사를 지낸 양반 부자였다. 전란 이후 농지 개간과 농업의 생산성 향상을 통해 정당하게 부를 축적하고, 나아가 부를 적절히 사회에 환원하여 백성들의 존경을 받은 부자였다. 경주 최부자 가문에는 후손들에게 남긴 유훈들이 많다. 6가지의 가훈을 비롯하여, 가정에서 지켜야 할 도리를 정리한 가거십훈家居十訓, 개인적인 처신법을 다룬 육연六然 등이다. 다음은 가훈 6가지다.

첫째, 과거를 보되, 진사 이상은 하지 마라.
둘째, 재산은 만 석 이상 지니지 마라.

셋째, 과객을 후하게 대접하라.

넷째, 흉년에는 땅을 사지 마라.

다섯째, 며느리들은 시집온 후 3년 동안 무명옷을 입어라.

여섯째, 사방 백리 안에 굶어 죽는 사람이 없게 하라.

이 가훈은 가문의 부를 지키기 위한 행동지표로, 하지 말라는 것 3가지와 하라는 것 3가지로 나누어 볼 수 있다.

벼슬하는 것을 입신양명의 목표로 삼았던 다른 양반가와 달리 중앙관직에 나서지 말 것을 가훈의 첫 번째로 제시한 점이 독특하다. 이는 신분사회였던 조선에서 양반계급을 지켜가되 정쟁에 휘말려 자칫 멸문의 화를 피하기 위한 선택이었다. 또한 농지를 헐값에 사들일 수 있는 절호의 기회인 흉년에 땅을 사지 말라는 것과 만석 이상의 재산을 지니지 말도록 상한선을 정한 것은 백성들과 다른 권문세가의 원성과 질시를 받지 않도록 함으로써 부의 정당성과 균형을 지키려 한 것으로 볼 수 있다.

하라는 것은 검소함을 실천하고, 동리는 물론 멀리까지 인심을 얻으며, 구휼에 적극 나서 덕을 쌓을 것을 권면하는 내용이다. 요즈음으로 말하면 기업의 사회적 활동을 적극 실천하라는 것이다.

최부잣집의 사랑채에는 육연六然이 적힌 액자가 걸려 있고, 집안의 어린아이들은 한 달에 한 번씩 이 육연을 써서 어른에게 보이고 뜻을 새겨야 했다고 한다.

육연은 사람이 어떤 상황에 처했을 때 가져야 할 올바른 자세를 구체적으로 제시한 6가지 행동적 교훈을 뜻한다. 즉, 사람의 처지를 혼자 있을 때, 사람을 대할 때, 특별한 일이 있을 때와 없을 때, 특별한 일로 인해 결과가 좋을 때(득의)와 나쁠 때의 6가지 상황으로 나누어 그 때마다 취해야 할 태도와 자세를 제시 한 것이다.

자처초연自処超然 : <u>스스로 초연하게 처신하라</u>

대인애연對人靄然 : 남에게 부드럽고 온화하게 대하라

무사징연無事澄然 : 일이 없을 때는 맑게 처신하라

유사감연有事敢然 : 일이 있을 때는 과단성 있게 하라

득의담연得意淡然 : 뜻을 얻었어도 담담하게 처신하라

실의태연失意泰然 : 뜻을 잃었어도 태연하게 처신하라

최근 국내외 많은 기업과 공공기관들이 하고 있는 핵심가치 내재화 교육을 300년 전부터 생활을 통해 시행한 셈이다. 경주 최부잣집이 10대에 걸쳐 부를 유지하고, 여자 문제나 술, 도박 등의 문제로 어려움을 당한 일이 거의 없었던 것을 보면 집안의 핵심가치인 가훈의 힘이 얼마나 큰 것인지를 절감하게 된다.

빈민구호,
음악으로 세우다

음악은 전 세계인을 하나로 묶을 수 있는 소통의 매개체다. 세상에서 소외된 사람들에게 감동을 줄 수 있고, 때로는 희망을 만들어내기도 한다. 음악으로 작은 기적을 일으킨 대표적인 사례가 국제 NGO 단체 굿네이버스가 만든 케냐 지라니 합창단이다.

케냐는 동아프리카 제일의 관광지인 동시에 정치, 경제, 문화 등 여러 면에서 아프리카의 중심지로 꼽히는 나라다. 1963년 영국으로부터 독립했고, 한반도의 2.7배 규모의 국토에 43개 부족, 4,000만 명 정도가 살고 있다. 1인당 GDP는 2,000달러에 조금 못 미치며, 소득 불균형과 부정부패로 빈부격차가 매우 크다. 부족 간 갈등으로 대규모 폭력 사태가 일어나기도 했다.

케냐의 수도 나이로비는 인구가 약 400만 명에 달하는 대도시로 쭉 뻗은 도로망과 높이 솟은 고층빌딩들이 늘어서 있다. 하지만 가난한 농촌을 벗어나 일자리를 찾아서 도시로 몰려드는 많은 사람들로 인해 나이로비에는 거대한 슬럼가가 형성되어 있다. 도시 면적의 5%도 안 되는 슬럼에 나이로비 시민의 절반 이상이 살고 있다.

꼬불꼬불한 골목을 따라 4~6평 남짓한 작은 집들이 이어지고, 그 작은 집마다 열 명도 넘는 가족이 한데 모여 산다. 슬럼가에 사는 이들이 하루 한 끼를 해결하는데 필요한 돈은 16센트, 한국 돈으로 300원 가량이다. 하지만 하루 한 끼를 해결하는 것도 벅차다. 위생시설이 없어 보통 100여 명, 어떤 곳은 400여 명이 화장실 한 곳을 같이 쓰고 있다. 수돗물을 공급받는 가정은 20%도 안 된다. 전기 공급이 안 되는 곳이 대부분이다. 사정이 이렇다 보니 온갖 생활쓰레기와 오물이 그대로 방치되어 악취가 진동을 한다. 치안 상태도 최악이어서 경찰조차 마을을 제대로 통제하지 못하고 있다.

　시내 중심가에서 차로 1시간 거리에 있는 고로고초 슬럼가의 경우 길이 1km에 폭이 1.5km 규모의 지역에 15만 명이 거주하고 있다. 고로고초는 케냐 현지어인 스와힐리어로 쓰레기란 뜻이다. 고로고초에는 나이로비에서 수거한 수백 톤의 쓰레기가 매일 버려진다. 일자리도 먹을 것도 없는 사람들이 쓰레기 처리장에 하나 둘 모여들면서 쓰레기 마을이 만들어졌다. 쓰레기 처리장 인근에 임시로 집을 지어서 사는 것이라 주민들은 1년 내내 악취와 쓰레기를 태우는 검은 연기를 견디며 살아간다.

　2005년 12월, 굿네이버스 이사인 임태종 목사는 아프리카 5개국의 해외 지부를 방문하게 되었다. 굿네이버스는 1991년 한국에서 설립되어 전 세계 29개국에서 전문 사회복지사업과 국제 구호개발 사업을 하는 NGO다. 첫 방문지로 케냐의 고로고초 사업장을 찾은 임목사는 쓰레기장에서 썩은 음식을 주워 먹는 한 아이의 모습을 보고 큰 충격을 받았다. 아프리카 방문을 마치고 한국으로 돌아왔지만, 임목사는 케냐에서 봤던 아이를 잊을 수 없었다. 그는 사방이 쓰레기로 둘러싸인 고로고초 마을에서 태어나 굶어 죽거나, 병들어 죽거나, 혹은 음식물 쓰레기를 먹으면서 살아가는 아이들에게 희망을 줄 수 있는 방법이 무엇인지를 기도하며 고민했다.

　핵심은 '어떻게 도울 것인가'였다. 빈민 구호는 당연히 이뤄져야 하지만 의타심이나 노예근성 등 근본적인 변화의 측면에서는 한계가 있다는 것이 문제다. 그들 스스로 삶의 변화가 일어나는 접근이 필요했다. 사람을 바꾸는 일, 지도자를 세우는 일이 필요하다고 생각한 임목사는 오랜 고민 끝에 합창단을 만들기로 했다. 빵으로 배고픔을 채워주는 것을 넘어 노래를 통해 영혼까지 회복시키고자 한 지라니 어린이 합창단이 탄생한 배경이다.[3] 지라니는 현지어로 '좋은 이웃'이란 뜻이다.

이후 2006년, 김재창 지휘자가 합창단을 이끌기로 결정되었다. 김 지휘자는 도, 레, 미 음계 이름조차 모를뿐더러 발성은커녕 목소리도 제대로 내지 못하는 아이들과 함께 연습을 거듭했다. 노래 연습을 시작한 지 불과 2개월만인 2006년 12월, 지라니 합창단은 케냐 나이로비 국립극장에서 케냐 문화부장관 등 4백여 명이 모인 가운데 첫 공연을 성공적으로 마쳤다. 이어 2007년 6월 1일, 케냐 대통령궁의 초청을 받아 5,000여 명의 국빈들 앞에서 공연을 했고, 케냐 대통령으로부터 극찬을 받았다. 2007년 11월부터 2008년 초까지 서울을 비롯한 전국 9개 도시를 돌면서 한국 순회공연을 했다. 또한 LA를 시작으로 밴쿠버, 시카고, 워싱턴, 뉴욕 등 미주 순회공연도 성황리에 마쳤다. 천상의 노래로 희망의 메시지를 들려주는 지라니 어린이 합창단은 전 세계를 놀라게 했다.

지라니 합창단의 대표 곡인 후잠보송은 '하쿠나 마타타 Hakuna Matata' 라는 후렴이 반복 된다. 하쿠나 마타타는 스와힐리어로 '아무 문제없어' '걱정 없어'라는 뜻이다. 절망의 땅 쓰레기 마을 아이들로 구성된 지라니 합창단의 밝고 열정이 넘치는 노래는 관객들에게 감동을 전달했다. 노래를 부르는 그들이 바로 '절망을 딛고 일어 선 기적'이며, '살아 있는 희망' 이기 때문이다.

공연을 거듭하면서 지라니 합창단 아이들이 변화되기 시작했다. 아무런 꿈이 없던 아이들이 장래에 변호사, 의사가 되어 사람들을 돕겠다는 구체적인 꿈을 품고 성장했다. 지라니 어린이들은 한양대학교로부터 장학증서를 수여 받았고, 미국 예일대학에서도 입학 허가를 받았다. 현재 지라니문화사업단 회장을 맡고 있는 임목사와 지라니 식구들은 20년 후 아이들이 지역 사회를 변화시키고, 세상에 사랑을 되돌려주는 그 날을 꿈꾸고 있다.

세상의 가장 자리인 슬럼가의 어린이들을 노래를 통해 회복시키고, 지도자로 세우겠다는 가치관이 빈민구호의 새 역사를 만들어내고 있는 것이다.

3장

혼이 있는 조직,
NGO

NGO, 즉 비정부 조직은 핵심가치로 운영되는 대표적인 예이다. 국내 뿐 아니라 전 세계적으로 많은 비정부, 비영리 조직이 존재한다. 비영리 조직은 돈을 버는 것이 목적이 아니기 때문에 조직의 설립 목적에 얼마나 충실히 활동하느냐에 성공과 실패가 나뉜다. 조직의 존재 이유인 설립 목적이 넓은 의미에서의 핵심가치이다.

따라서 핵심가치는 조직의 정신 또는 조직의 혼이라고 말할 수 있다. 조직 구성원 모두가 조직의 핵심가치를 자신의 것으로 받아들이고, 핵심가치에 따라 활동하는 기업을 가리켜 혼이 있는 기업이라고 부른다.

오랜 역사와 전통을 지닌 NGO들은 혼이 있는 조직이라고 부르기에 충분한 요소들을 갖추고 있다. 인권, 환경, 생명, 아동보호 등 여러 분야의 NGO들이 있지만 국제기구인 국제적십자사와 국제엠네스티, 그리고 한국의 대표적인 NGO인 아름다운가게를 알아본다. 그들이 어떤 핵심가치를 가지고 있는지, 그리고 이를 지켜나가기 위해 어떤 활동들을 하고 있는지 관심을 갖고 보기 바란다.

고통이 있는 곳에
적십자 있다

2012년 한반도는 기상재해로 많은 피해를 입었다. 7월에 태풍 카눈에 이어 8월에도 강력한 태풍 볼라벤과 덴빈이 사흘 간격으로 한반도를 지나갔다. 9월에 다시 태풍 산바가 북한 지역을 관통함으로써 한 해 동안 무려 4개의 태풍이 몰아쳤다. 이로 인해 우리나라뿐 아니라 북한도 집중호우와 태풍으로 재해를 당했다. 하지만 경색된 남북관계가 풀리지 않아 북한에 대한 정부 차원의 구호는 이뤄지지 못했다.

이 때 제일 먼저 발 벗고 나선 곳이 국제적십자사연맹이다. '인류가 있는 곳에 고통이 있고, 고통이 있는 곳에 적십자가 있다'는 슬로건대로 국제적십자사는 이념이 아니라 오직 인도주의라는 하나의 목표를 위하여 활동하고 있다. 태풍 볼라벤이 오기 전인 2012년 8월 1일, 국제적십자사는 "홍수 피해를 본 북한의 2,500가구 주민 1만 명을 즉각 지원할 수 있도록 재난구호 긴급기금에서 30만 스위스 프랑(약 30만 8천 달러)을 책정했다"고 밝혔다. 집중호우로 피해를 본 평안남도와 강원도의 수재민들에게 임시천막을 만들 수 있는 비닐 박막과 이불, 주방 기기, 수질 정화제, 위생 용품 등을 제공하기로 한 것이다. 대한적십자사도 국제적십자사의 참여 요청을 받고, 8월 중순 인도주의와 동포애 차원에서 북한 주민의 구호 물자 구입에 필요한 10만 달러(약 1억 1천만 원)를 국제적십자사의 기금과 별도로 지원하였다.

국제적십자사는 매년 분쟁지역이 아닌 곳에서 자연재해와 기술상의 재해, 건강위협을 받는 약 2억 명의 사람들을 지원하고 인도주의 원칙과 가치를 보급하는 일을 하고 있다.[4] 적십자는 재해구호 기구로 잘 알려져 있지만 보건교육과 재해대비 위험 줄이기 프로그램을 통해 지역사회 능력을 강화하는데도 힘을 쓰고 있다. 150년의 역사를 지닌 적십자운동은 인도주의에 대한 한 개인의 간절한 소망이 더 나은 세계, 보다 안전한 세계를 위해 기여할 수 있음을 보여주는 대표적 사례다.

적십자의 창시자 앙리 뒤낭은 1863년 출간된『솔페리노의 회상』을 통해 자신이 1859년 북 이탈리아 솔페리노에서 목격한 전쟁의 참혹함을 상세히 묘사하고, 2가지 중요한 제안을 한다. 전쟁 중 아무런 치료도 받지 못하고 죽어가는 군인들을 위해 평시 구호기관을 설립하여 전시 부상자들을 구호할 봉사원들을 훈련시키고 구호기관과 봉사원들의 안전한 활동을 보장할 수 있는 국제 협약을 만들자는 것이었다. 이 제안은 유럽에서 큰 반향을 불러 일으켰고, 앙리 뒤낭과 귀스타브 므와니에 등 제네바의 명망 있는 인사 5명이 1863년, 전시부상자 구호위원회를 조직하게 된다. 이들은 스위스 정부를 설득하여 각국 대표들이 모이는 외교회의를 개최, 전시 부상자 구호에 관한 최초의 제네바협약을 체결하기에 이른다. 이후 전시부상자구호위원회는 국제적십자위원회로 이름을 바꾸고 인도주의 활동을 펼치게 된다.

현재 전 세계에 187개의 적십자사 및 적신월사가 있다. 대한적십자사는 1903년 대한제국 정부가 최초의 제네바협약에 가입하고, 그로부터 2년 뒤인 1905년 10월, 고종황제 칙령으로 설립되었다.

하지만 그 규모가 늘어나면서 적십자사 내부의 규정들이 조금씩 복잡해지기 시작했다. 1864년 최초 협약 당시 10개조에 불과하던 것이, 네 개의 제네바협약과 두 개의 추가의정서 등으로 인해 600개가 넘는 조문이 생겨났다. 국제적십자운동은 튼튼하고 신뢰할 수 있는 조직이 되려면 이 조직의 모든 구성체를 연결시켜줄 수 있는 명확한 신조가 필요하다는 것을 절감하게 되었다. 이에 따라 1965년 국제적십자운동을 이끄는 7개 기본 원칙이 선언되었다. 국제적십자운동의 핵심가치라 할 수 있는 이 7대 원칙은 1986년 25차 국제적십자회의에서 정관의 전문에 포함되었다.

- **인도의 원칙** : 7개 기본 원칙 중 주된 원칙이고 이상이며, 목표다. 국제적, 국내적 능력이 미치는 한도 내에서 어디서든지 인간의 고난을 예방하고 경감시키기 위하여 노력한다는 것이다. 생명과 건강을 보호하며 인간존중을 보장하는 것이 적십자 운동의 목표다.
- **공평의 원칙** : 국적, 인종, 종교, 계급 또는 정치적 견해가 다르다고 차별하지 않는다는 것이다. 오직 개개인의 절박한 필요에 따라 고통을 덜어주고, 가장 위급한 재난으로부터 우선적으로 해결하도록 노력한다는 원칙이다. 공평은 비차별의 전제 조건이다.
- **중립의 원칙** : 지속적으로 모든 사람의 신뢰를 받기 위하여 적대행위가 있을 때 어느 편에도 가담하지 않고, 어떤 경우에도 정치적, 인종적, 종교적 또

는 이념적 성격을 띤 논쟁에 개입하지 않는 원칙이다.

- **독립의 원칙** : 각국 적십자사는 정부의 인도주의 사업에 대한 보조자로서 국내 법규를 준수하지만, 어느 때든지 적십자원칙에 따라 행동할 수 있도록 항상 자율성을 유지해야 한다는 원칙이다.
- **자발적 봉사의 원칙** : 국제적십자 운동은 자발적 구호 운동으로서 어떤 이익도 추구하지 않는다는 것이다. 봉사의 본질은 타인에 대해 무료로 봉사하는 것으로 적십자의 첫째 원칙인 인도의 원칙을 가장 직접적으로 나타내 준다.
- **단일의 원칙** : 한 나라에는 하나의 적십자만 존재할 수 있다는 것이다. 이 원칙에 따르면 적십자사는 모든 사람에게 개방되어야 하며, 그 나라 영토 전역에서 인도주의 사업을 수행해야 한다.
- **보편의 원칙** : 국제적십자 운동은 각 나라의 적십자사들이 동등한 지위와 책임과 의무를 가지고 서로 돕는 범세계적 운동이라는 것이다. 각국 적십자가 갖는 권리의 평등성은 연맹 총회와 국제적십자 회의에서 각 적십자사가 하나의 투표권을 갖는다는 사실에도 반영되어 있다.

국제적십자연맹의 비전은 인간의 고통을 예방하고 경감한다는 관점에서, 각국 적십자사가 하고 있는 모든 형태의 인도주의 활동을 항상 격려하고, 권장하여, 인간의 존엄성과 세계 평화를 유지하고 증진시킨다는 것이다.

이러한 비전과 원칙을 지켜나가고 효율적으로 달성하기 위해 '전략 2020'을 만들었다. '전략 2020'의 슬로건은 '생명을 구하는 변화의 생각 Saving Lives, Changing Minds'이다. 2020년까지 '더 멀리' 보고 '더 많이' '더 잘'

하자는 뜻을 담고 있다.

국제적십자운동은 150년의 역사를 지녔음에도 늘 "우리는 누구인가,
무엇을 할 것인가, 어떻게 일할 것인가"에 대한 고민의 끈을 놓지 않으며
인도주의 실천운동을 하고 있다.

모든 사람이 인권을 누리는 세상을 위해,
국제앰네스티

2003년 국가인권위는 정부의 이라크 파병 결정에 반대 의견을 표명
했다. 이에 대해 당시 여당이던 열린우리당이 인권위원회에 대한 비난 성
명을 냈고, 청와대도 섭섭하다는 뜻을 전달했다고 한다. 인권위원회는
곧이어 교육행정정보시스템에 대해 인권침해 소지가 많다는 의견을 내
는 등 정부와 갈등을 빚었다. 하지만 당시 노무현 대통령이 "인권위원회
는 원래 정부와 다른 목소리를 내라고 만든 기구이며, 그게 민주주의다"
라고 정리를 하면서 갈등은 진정되었다.

5년이 흐른 뒤 인권위원회는 2008년 미국산 쇠고기 수입반대 촛불집
회 때 경찰의 진압 행태와 관련, "인권침해의 소지가 있다"는 의견을 냈
다. 그러자 곧바로 감사원 감사가 진행되었고, 인권위원회의 조직 감축이
시작되었다. 진보적 성향의 상임위원들은 물론 한나라당 추천으로 일했
던 문경란 상임위원도 2009년 말 사퇴했다. 문 전 위원은 "인권은 헌법
이 보장하는 국민의 기본적 권리"라며 "그런 점에서 인권은 보수의 것도

진보의 것도 아니지만, 굳이 따지자면 오히려 보수가 더 챙겨야 할 가치"라고 말했다. 특히 "인권에는 좌우가 없다"는 유명한 말을 남기고 떠났다.

국제적 인권운동 단체인 앰네스티도 2008년 10월 미국산 쇠고기 수입 관련 촛불집회에서 인권침해가 있었다고 잠정 결론을 내린 보고서를 발간했다. 나아가 2010년 11월 29일, "한국의 국가인권위원회가 독립성과 권위를 잃어가고 있는 위태로운 상황"이라며 "깊은 우려를 표한다"고 밝혔다.

국제앰네스티는 '모든 사람은 세계인권선언과 유엔 인권조약에 의해 보장된 인권을 누려야 한다'는 비전을 가지고, 중대한 인권침해를 막고 이를 종식시키기 위해 주력하고 있다. '전 세계의 모든 인권 상황에 대한 조사와 활동을 수행하는 것'을 사명으로 내세우고 있다. 앰네스티는 영국의 인권 변호사인 피터 베넨슨이 1961년 5월 옵저버지에 기고한 '잊힌 수인forgotten prisoners'이라는 칼럼이 계기가 되어 창설되었다. 그는 칼럼을 통해 양심수 문제를 전 세계에 알렸고, '사면을 위한 탄원Appeal for Amnesty' 활동을 계기로 앰네스티가 설립하게 되었다. 현재는 150여 개국 300만 명의 회원과 지지자들이 활동하고 있으며, 한국에도 지부가 있다. 앰네스티의 로고는 철조망에 둘러싸인 촛불 모양으로 억압 속에서도 꺼지지 않는 인류연대의 희망을 상징한다.

앰네스티 활동의 핵심은 인권침해 조사와 긴급한 인권 사안에 대한 전 세계적 캠페인 활동이다. 전통적 활동 방식은 개별적 인권침해 사례에 대해 탄원편지쓰기 네트워크를 통해 정부나 인권침해 당사자에게 직접 항의 및 격려 편지를 보내는 것이다. 참여 회원들은 이를 통해 세계적인 인권옹호 네트워크의 힘을 경험하게 된다. 최근에는 온라인을 통한 탄원편지 쓰기 활동도 병행하고 있다. 앰네스티는 또 고문 및 테러 반대, 양심수 석방, 여성폭력 추방, 사형제도 폐지, 난민 및 이주자 권리보호, 무기거래 통제, 개별국가 인권보호, 빈곤퇴치 등 다양한 활동을 펼치고 있다. 다음은 앰네스티 7대 활동 원칙이다.

- **국제적인 연대의 원칙** : 인권 문제가 국경을 초월하는 보편적인 사안이라는 점에서 비롯된다. 인권문제의 해결은 한 나라가 전적으로 감당해야 할 사안이 아니라 국제적 과제라는 신념이다.
- **개별 인권침해 피해자에 대한 효과적인 활동** : 1961년 포르투갈의 두 명의 양심수 석방 운동에서 시작한 앰네스티 활동은 지난 50여 년간 모든 활동에 있어서 인권침해 피해자 개인의 사례를 중요하게 다루고 있다.
- **전 세계적인 활동 범위** : 앰네스티는 국경을 초월하여 세계 어디에서나 인권을 위해 활동한다. 국가 간 인권침해 정도를 비교하거나 등급을 매기지 않으며, 인권침해 사례의 중대성에 따라 조사 및 활동을 한다는 원칙이다.
- **보편성과 불가분성의 원칙** : 인종, 성, 성적 지향, 종교, 민족, 정치적 견해, 국적 및 사회적인 계층에 관계없이 모든 인간은 존엄성과 권리에 있어 자유롭고 동등하다. 인권은 보편적인 것이다. 인간의 존엄성이 보장되는 삶이 가능 하려면 자유롭고 안전하며 일정 수준의 생활을 누릴 권리 등이 함께 보장되어야 한다.
- **정치적인 불편부당성** : 앰네스티는 특정한 정부나 정치체제에 대해서 지지

하거나 반대하지 않는다. 이는 앰네스티가 보호하고자 하는 인권침해 피해자의 정치적인 견해에 대해서도 마찬가지다. 모든 지부와 지역사무소는 전 세계에서 활동하고 있으며, 각기 다른 정치적 상황에 처해 있다.

- **독립성** : 앰네스티는 어떠한 정부, 정치적인 이념, 경제적인 이해관계 또는 종교로부터 독립적이다. 이러한 독립성을 유지하기 위해 앰네스티는 인권침해에 대한 조사 활동 및 캠페인 등의 활동에 대해 정부나 정당의 후원금을 받지 않는다.
- **민주주의 및 상호존중의 원칙** : 앰네스티의 활동 방향과 핵심 활동은 민주적인 의사결정 과정을 통해 정해진다. 국제운동의 활동 방향과 핵심 활동은 각 지부의 대의원이 2년에 한 번씩 열리는 국제대의원총회(ICM, International Council Meeting)에서 의결하여 결정한다.

앰네스티는 50여 년의 역사를 이어 오면서 세계적인 인권 향상에 크게 기여했다. 몇 가지 사례를 보면, 우선 설립 초기부터 고문 반대 캠페인을 지속적으로 전개해 1984년 유엔에서 고문방지협약을 채택하는 데 기여했다. 또 지속적인 사형제 폐지 캠페인으로 2007년 11월 유엔총회에서 사형제도의 전면적 폐지를 목적으로 한 사형집행유예 결의안을 통과시키는 성과를 이끌어냈다. 무기남용으로 인한 인명피해에 주목하여, 1995년부터 옥스팜Oxfam, Oxford Committee for Famine Relief, 국제소형무기행동네트워크IANSA, International Action Network on Small Arms 등과 강력한 무기통제 캠페인을 벌였다. 이어 2003년 이후 전 세계 100만 명 이상이 지지하는 초국가적 캠페인으로 발전시켜 2006년 10월 유엔총회에서 국제무기거래조약을 체결하도록 했다.

앰네스티는 인권 원리와 규범의 원칙에 충실하면서도 객관적이고 투명한 조사 보고, 선진국을 통한 압력, 미디어와 유무선 인터넷을 동원한 상징적 압력 등을 통해 각국 정부가 친 인권적 정책을 펼치도록 노력하고 있다. 이러한 국제앰네스티의 민주적인 의사결정 방식은 앰네스티가 운영에 있어서 가장 중요하게 생각하는 가치이다. 앰네스티는 민주적인 조직 운영을 위하여 총회와 이사회라는 의사결정구조를 두고 있다. 이 중 국제대의원총회는 앰네스티의 최종 의사결정기구다. 국제대의원만이 국제앰네스티 규약을 개정할 수 있는 권한을 갖고 있다.

1972년 설립된 국제앰네스티 한국지부는 현재 16,000여 명의 회원들이 있으며, 사형제도 폐지운동, 인권캠프 개최, 앰네스티언론상 시상 등 인간의 존엄과 자유를 위해 다양한 활동을 펼치고 있다.

나눔과 순환의 아름다운 세상 만들기, 아름다운가게

아름다운가게는 융합 조직이다. 친환경 재사용 나눔가게를 운영하는 사회적 기업인 동시에 국내외 소외계층을 지원하는 비영리재단법인이며, 기획재정부가 인가한 공익성 지정기부금 단체이기도 하다. 사업 영역도 다양하다. 재사용 물품 판매 매장인 아름다운가게 운영을 비롯해, 벼룩시장, 공정무역, 재활용 디자인 사업, 자선 및 나눔 사업, 국제구호

빈민지원을 위한 종합 모금사업 등을 전개하고 있다. 2012년 10월, 설립 10주년을 맞은 아름다운가게는 70년의 역사를 지닌 국제구호 단체 옥스팜의 한국판 버전이라고 할 수 있다. 하지만 성장 가능성 측면에서는 원조격인 옥스팜도 벤치마킹을 할 정도의 수준으로 발전했다.

옥스팜은 1942년 영국 옥스퍼드에서 설립한 옥스퍼드 기아구제위원회에서 시작된 단체다. 2차대전 중 나치 치하에서 어려움을 겪고 있는 그리스 주민들을 돕기 위한 식량원조 캠페인을 전개한 것이 계기가 되었는데, 전쟁 중 구제 활동을 알리기 위해 사용한 텔렉스 이름이 '옥스팜'이었다. 전쟁 이후 옥스팜은 구조 활동의 폭을 넓혀 전쟁 난민에 대한 구호에 앞장섰다. 옥스팜인터내셔널은 현재 14개 기구 연합체로서 전 세계 100여 개국 3,000여 단체와 파트너십을 맺고 빈곤 해결과 불공정 무역에 대항하는 대표적 국제기구다.

옥스팜은 1946년부터 재활용품 판매 매장인 옥스숍을 운영하여, 그 수익을 제3세계 빈곤퇴치를 위해 활용해 왔다. 주로 책, CD, 의류, 신발, 액세서리, 기타 생활용품 등 일반 시민의 기부물품과 제3세계의 공정무역 상품을 판매한다. 옥스팜 매장은 영국에만 750개, 전 세계적으로는 15,000여 개의 점포가 있다. 옥스팜의 1년 모금액 중 40% 정도를 이 재활용 매장에서 벌어들인다. 옥스팜 매장은 일반 시민들이 가난한 사람을 돕는다는 자선과 구제를 넘어서 지구촌 함께 살리기라는 나눔의 공동체 의식을 갖게 한다는 점에서 중요하다. 빈곤과 불평등, 환경 문제 등 지구적 차원의 과제들에 대한 해결노력을 시민들이 일상생활 속에서 쉽게 참여할 수 있도록 통로를 제공하기 때문이다.

아름다운가게는 2002년 참여연대 대안사업팀이 독립하면서 만들어 졌다.[5] 당시 참여연대 이사였던 박원순 현 서울시장이 영국 유학 중 옥스 팜 재활용 자선 매장을 보고 사업구상을 한 것이 계기가 되었다. 사업 검 토 시엔 이를 반대하는 사람들이 훨씬 많았다고 한다. 헌 물건을 사고팔 면 이익이 나지 않고, 재활용 매장은 한국 정서에 맞지 않는다는 이유에 서다. 그러나 막상 안국역 앞에서 길거리 장터를 열자 시민들의 호응이 좋았고, 결국 아름다운가게 설립으로 이어졌다. 2002년 10월 17일, 서울 안국동에 첫 매장을 연 지 10년 만에, 최초의 해외 매장인 미국 LA점을 포함해 전국에 130여 개의 매장을 운영하는 성과를 거두었다. 2002년 부터 2012년 8월까지 시민들은 5,332만여 점의 물품을 기증했고, 아름 다운가게는 이를 판매해 212억 원을 사회에 환원했다.[6] 시민들이 이처 럼 적극적으로 물품을 기증하고 봉사활동에 참여한 이유는 무엇일까? 무엇보다 참여의 방법이 쉽다는 점을 들 수 있다. 주변을 돌아보면, 집안 과 사무실 곳곳마다 아직도 쓸 만한데 불필요해져서 쓰지 않고 있는 물 건들이 부지기수다. 아까워서 그대로 묵혀 두거나, 아니면 버리거나 간 혹 파는 경우가 처리 방법의 전부였다. 그런데 기부라는 새로운 대안이 생긴 것이다. 물질적 대가 없이 기부하는 기부자는 나눔을 실천하면서 도 자신이 아꼈던 물건이 다른 누군가에게 재사용 될 것이라는 만족감 을 얻는다. 또한 구매자는 가격이 저렴한데다 친환경적 소비를 한다는 자부심을 갖게 된다. 아름다운가게는 기존의 중고품 시장과는 질적으 로 다른 새로운 비즈니스 모델을 만들어냈다. 기부라는 미덕을 매개로 신뢰가 형성된 새로운 브랜드 가치를 창출한 것이다. 옥스팜이 영국에서 그랬듯이 아름다운가게는 한국에서 어렵게 느껴졌던 나눔과 환경보호, 자원봉사 문화를 일상 속에서 쉽고 재미있게 참여할 수 있도록 했다.

아름다운가게는 '모두가 함께하는 나눔과 순환의 아름다운 세상 만들기'를 미션으로 하고 있다. 물건의 재사용과 재순환을 통해 우리사회의 생태적, 친환경적 변화에 기여하고 국내외 소외계층 및 공익활동을 지원한다. 이를 통해 시민의식 성장과 풀뿌리 공동체 발전에 기여하는 것이 사명이다. 독특한 것은 핵심가치 대신 '운동철학'이란 용어를 사용하고 있는 점이다.

아름다운가게의 3대 운동철학은 '그물코 정신' '되살림 정신' '참여와 변화'이다.

'그물코 정신'은 관계라는 눈으로 세상의 진실을 본다는 것이다. 과도한 소비로 인한 환경파괴, 절대빈곤 등의 사회문제가 결국 나로 인한 것이며, 내 삶과 남의 삶이 따로 떨어져 있지 않고, 미래와 현재 그리고 과거가 긴밀하게 연결되어 있음을 아는 것으로부터 '나눔과 순환'에 대한 실천은 시작된다는 것이다. 마치 씨줄과 날줄로 빈틈없이 서로 엮어져 있는 그물코처럼 우리 모두가 서로의 삶에 책임 있는 존재라는 인식이다.

'되살림 정신'은 순환을 통해 세상의 생명을 연장한다는 것이다. 과도하게 편중된 물질적 부, 소비만이 미덕인 세상에서 자신만의 이익을 최고로 하는 문화는 결국 모두에게 아픔을 줄 뿐이라는 것이다. 아름다운가게는 나눔과 순환의 실천만이 아픔을 치유하고 우리 모두를 되살릴 수 있다고 믿는다.

'참여와 변화'는 작은 실천으로 세상을 바꾼다는 신념이다. 작은 물방

핵심가치

울이 모여들어 큰 강을 이루듯 물건 하나의 기증, 한 시간의 자원봉사, 한 푼의 기부가 결국 세상을 바꾸어 낼 수 있다는 믿음이 아름다운 가게 운동의 원동력이다.

아름다운가게는 경제소외 해결, 미래세대 지원, 공익과 변화 협력, 국제개발, 공정무역, 나눔문화 확산을 나눔사업의 5대 과제로 정하고, 이 5개 분야에 수익금을 배분하고 있다. 특히 나눔사업은 공정성, 적합성, 효과성, 현장성, 투명성의 5대 원칙을 적용하여 업무의 신뢰성을 유지하는 데 주력하고 있다.

아름다운가게는 '공익성과 전문성을 갖춘 세계적 수준의 NGO'를 비전으로 제시하고 있다. 이를 위해 구성원들에게 공익성과 전문성, 효율성을 강조한다. 비영리법인으로서의 순수성, 가치지향성, 공익을 지켜내면서도 공익적 가치를 생산하는 데 있어서 기업 이상의 최고 효율을 추구하고 있다. 실제로 시민들의 접근성을 높이기 위해 매장과 기증함 외에 버스를 개조한 이동매장, 벼룩시장, 온라인 쇼핑몰 등으로 기증품 수집 경로를 넓히고 있다. 특히 폐 현수막이나 헌 옷, 낡은 가죽 등의 재료를 모아서 독특한 디자인으로 가공해 새로운 콘셉트의 상품으로 만들어 파는 에코파티 메아리 사업은 큰 주목을 받고 있다. 이 사업에 다른 사회적 기업과 여성 자활센터 등을 참여시켜 부가가치 창출과 확산이 이뤄지도록 한 것도 탁월한 접근이다. 이렇게 재탄생한 인형, 가방, 지갑, 티셔츠 등은 친환경 가치와 디자인적 요소를 함께 담고 있어서 서울은 물론 뉴욕 현대미술관에서까지 전시, 판매되고 있다.

이렇듯 아름다운가게는 공익성과 효율성이라는 상반되는 가치를 추구하면서도 혁신적인 실천을 통해 모두를 잘 감당해내고 있다. 나눔문화와 사회적 가치를 전파시키고 있는 것이 아름다운가게의 미덕이다. 하지만 옥스팜이 조직운영과 사업규모가 커지면서 운동논리가 아닌 사업 중심적 활동으로 전락할 위험이 높다는 지적이 나오고 있는 것을 타산지석으로 삼아야 한다. 시민운동단체인 비영리법인의 성격과 사회적 기업의 혼재에 따른 조직 내 갈등이 일어날 수 있음에 대비해야 한다는 의미다.

4장

국가의
핵심가치

국가에도 핵심가치가 있다고 하면 놀라는 독자들이 있을 것이다. 하지만 국가는 세상 그 어떤 조직보다 명확하고 성문화된 핵심가치를 지니고 있다. 바로 헌법이다. 헌법은 국가의 정체성뿐 아니라 국가가 지향해야 할 가치를 분명하게 제시하고 있다. 나아가 그 해석의 혼란을 방지하고 헌법의 정신을 일관되게 구현하기 위해 헌법재판소라는 별도의 기구를 두고 있다. 핵심가치는 기업조직에만 있는 것이 아니다. 가정이나 학교, 병원, NGO는 물론 국가에도 존재한다. 국민의 가치와 이해관계를 대표하는 정당조직도 핵심가치가 있다. 다만, 용어가 다를 뿐이다. 정당의 핵심가치는 강령이라고 말한다.

이 장에서는 헌법의 구성과 핵심적인 내용, 그리고 정당의 강령이 어떤 내용을 담고 있는지를 간략히 알아본다. 그리고 노르웨이 연쇄 테러때 노르웨이 국민들이 보여준 국가적 가치의 실천에 대해서도 살펴본다.

국가의 핵심가치,
헌법

　헌법은 인권과 국가운영의 핵심가치를 담고 있다. 대한민국 헌법에는 행복을 추구하는 인류의 꿈과 그 꿈을 이루기 위해 우리 사회가 지향해야 할 가치와 따라야 할 원칙이 다 들어 있다. 대한민국 헌법은 전문과 1장 총강부터 10장 헌법 개정까지 모두 10개장 130개조와 부칙으로 구성되어 있다. 1장 총강에 이어 사실상 가장 앞부분인 헌법 2장은 국민의 권리와 의무에 관한 것이다. 10조에서부터 39조까지 2장의 29개 조항 가운데 의무에 관한 것은 겨우 2개 조항뿐이다. 38~39조 납세와 국방의 의무이다. 나머지 27개 조항은 모두 자유와 권리에 관한 내용들이다.

　헌법 제10조는 "모든 국민은 인간으로서의 존엄과 가치를 가지며, 행복을 추구할 권리를 가진다. 국가는 개인이 가지는 불가침의 기본적 인권을 확인하고 이를 보장할 의무를 진다"고 명시하고 있다. 국민 한 사람 한 사람이 모두 인간으로서의 존귀함과 가치를 지니고 있으며, 행복할 권리가 있다는 것을 분명히 하고 있다. 특히 국가는 인간답게 살아가기 위한 기본적인 권리를 보장할 의무를 지니고 있음도 규정하고 있다. 물론 헌법이 국민 각자가 행복을 추구할 권리가 있음을 적시했다고 해서 행복의 성취권까지 부여한 것은 아니다. 행복함에 이르는 길은 개개인마다 다를 수 있기 때문이다.

　또한 헌법 11조 1항은 "모든 국민은 법 앞에 평등하다. 누구든지 성별, 종교 또는 사회적 신분에 따라 정치적, 경제적, 사회적, 문화적 생활의 모든 영역에 있어서 차별을 받지 아니한다"고 규정하고 있다. 2항은 "사회적 특수계급의 제도는 인정되지 아니하며, 어떠한 형태로도 이를 창설할 수 없다"고 못 박고 있다. 물론 현실에 있어서는 재벌 2,3세 등 이른바 '금수저를 물고 태어난 행운아'들이 존재하고, 경제적인 격차로 인한 차별 등 여러 가지 차별이 있을 수 있다. 하지만 헌법은 그러한 차이가 차별로 정당화 되거나 고정될 수는 없음을 분명히 하고 있는 것이다.

행복을 추구하기 위해서는 자유로운 존재이어야 하고, 타인의 자유를 침해하지 않는 범위 안에서 자유롭게 생각하고, 말하며, 행동할 수 있어야 한다. 따라서 신체의 자유는 물론 양심과 사상의 자유, 언론출판의 자유, 집회결사의 자유, 직업선택의 자유, 거주이전의 자유 등이 보장된다.

대한민국 헌법 제1조에서는 "대한민국은 민주공화국이며, 대한민국의 주권은 국민에게 있고 모든 권력은 국민으로부터 나온다"고 정하고 있다. 주권이 국민에게 있다는 것과 정치제도로서의 민주주의를 분명히 한 것이다. 그런데 500여 년을 이어온 조선 왕조는 잘 알다시피 시민혁명이 아닌 일본 제국주의에 의해 무너졌다. 그 후 일본의 식민지 지배를 받다가 자력이 아닌 연합군에 의해 해방을 맞이하게 되었다. 1948년 제헌헌법에 의해 대한민국은 '처음부터 민주공화국'이었다.

유시민은 저서 『후불제 민주주의』에서 대한민국 헌법은 충분한 대가를 지불하지 않고 손에 넣은 일종의 '후불제^{後佛制} 헌법'이었고, 그 '후불제 헌법'이 규정한 민주주의 역시 나중에라도 반드시 그 값을 치러야 하는 '후불제 민주주의'였다고 지적하였다. 해방 이후 제헌의회가 선진국 헌법을 큰 틀에서 복제하여 인류가 오랜 세월에 걸쳐 20세기에 도달한 최고의 문명수준을 단숨에 올라섰다는 것이다.

또한 대한민국 정부수립 이후 60여 년 동안 1960년 4.19혁명, 1980년 5.18, 1987년 6월 항쟁 등을 통해 수많은 학생, 지식인, 언론인, 종교인, 정치인, 회사원, 노동자, 농민, 시민들이 엄청난 수고와 희생을 치르며 민주공화국에 들어가는 비용을 후불하였다고 평가한다. 민주공화국을 만들기 위해서는 자신이 나라의 주인이라는 주권의식, 헌법과 민주적 절차에 대한 적절한 이해, 공정한 경쟁규칙의 수립과 경쟁 결과에 대한 승복, 생각이 다른 타인에 대한 존중과 배려 등이 어우러져야 한다. 대한민국 국민은 지난 60여 년 동안 이 모든 것을 아주 잘 해냈으며, 앞으로도 긴 세월에 걸쳐 '후불제 민주주의'의 비용을 청산해야 할 것인데 미래에도 잘 해낼 것이라는 희망을 피력하였다.

서양 시민혁명의 산물이며, 인권과 자유, 평등, 행복 등 인류의 보편적 가치를 담은 근대 헌법을 우리가 빌려서 사용하느라 그 값을 후불로 치렀으며, 앞으로도 대한민국 헌법과 헌법이 규정한 민주공화국의 실질적인 완성을 위해서는 비용을 더 물어야 할 것이라는 유시민의 해석은 매우 뛰어난 통찰이라 여겨진다. 후불제 헌법, 후불제 민주주의란 쉽게 말하면 '외상 헌법'과 '외상 민주주의'였다는 것이다. 국가의 핵심가치를 담고 있는 헌법의 완성을 위해 우리나라 국민이 앞으로 더 갚아야 할 외상값은 과연 어느 만큼일까?

시련에서 꽃 피운 가치,
노르웨이 'OSLOVE'

국가적 차원에서 가치가 무엇인지를 잘 가르쳐준 사례는 2011년 노르웨이 연쇄 테러사건 때 보여준 노르웨이 국민들의 대응이다.

2011년 7월 22일, 노벨상 시상식이 열리는 평화의 상징도시, 노르웨이 수도 오슬로에서 최악의 연쇄 테러가 발생했다. 먼저 오슬로 정부 종합청사 건물 인근 도로에서 폭탄이 터져 주변 건물의 외벽이 날아가고 총리와 장관 집무실 유리창이 깨졌으며 차량들이 뒤집혀 일대가 아수라장이 되었다. 폭발음은 오슬로 시내 건물 전체가 흔들릴 정도로 엄청났다. 9.11 테러 직후의 뉴욕을 연상케 하는 수준이었다. 폭탄 테러로 8명이 숨졌다. 폭탄 테러 발생 약 2시간 후 오슬로에서 북서쪽으로 38㎞쯤 떨어진 우토야섬에서 열린 집권 노동당 청소년 캠프에서 다시 총격 사건이 발생했다. 경찰 복장을 한 안데르스 베링 브레이빅은 오슬로 폭탄 테러로 안전을 돕기 위해 배치되었다며 학생들을 불러 모은 뒤 가방에서 자동소총을 꺼내 약 1시간 30분 동안 무차별 총격을 가했다. 총격이 시작된 후 섬 전체는 비명을 지르며 흩어져 달아나는 청소년들로 아수라장이 되었다. 총격이 시작된 지 50여분 후 경찰특공대 헬기가 출동해 섬 주변을 선회하는 데도 그는 계속 총기를 난사했다. 브레이빅의 무차별 총격으로 69명이 숨졌다. 캠프 참가자들은 14~19살의 어린 청소년들이었다. 전 세계를 충격에 빠뜨린 연쇄테러범 브레이빅의 범행 동기는 노르웨이 집권당의 외국인 이민자에 대한 다문화주의 정책과 이슬람 이민자들에 대한 반감 때문이었다. 그는 범행 며칠 전 1,500쪽에 달하는 성명서와 그 내용을 요약한 12분 분량의 동영상을 인터넷에 게재했다. '2083: 유럽 독립선언서'라는 제목의 이 성명은 폭발물 입수 경위 등 테러 준비 내용을 치밀하게 기록한 일기, 폭탄 제조법, 정치적 비판 등 세 부분으로 나뉘어 있다. 이 중 정치적 비판은 다문화주의와 이슬람 이민자들을 비판한 내용이 주를 이룬다.

평화와 관용, 복지의 부국 노르웨이에서 어떻게 이런 참사가 일어났을까? 노르웨이는 수백 년 동안 덴마크와 스웨덴의 지배를 받아오다 1905년 독립한 내각책임제의 입헌군주국이다. 국토 면적은 한반도의 1.7배 크기지만 인구는 5백만 명이 채 안 되는 작은 나라다. 해운업과 어업이 발달했고 석유와 가스, 조선산업 등에서 커다란 부가가치를 올리며 1인당 GDP가 8만 4천 달러에 이르는 부국이다. 하지만 부족한 인구로 인해 산업발전 과정에서 수많은 외국인 노동자들을 필요로 했다. 1970년 인구의 2%에 불과했던 노르웨이의 이민자 수는 현재 전체 인구의 11%까지 증가했다. 이 중 이슬람 이민자는 16만 3천명으로 전체 인구의 3.4%를 차지한다. 이민자 유입으로 수도 오슬로 인구는 유럽에서 가장 빠른 속도로 늘고 있다.

세계 5대 석유 수출국인 노르웨이는 여기서 올린 수입 덕분에 다른 유럽 국가가 겪는 경기침체와 재정위기의 영향을 받지 않고 '나 홀로 호황'을 구가하고 있다. 또한 이웃나라인 스웨덴, 덴마크와 더불어 세계 최고수준의 복지국가이다. 1971년에 완성된 국민사회보장계획에 따라 전

국민에 대하여 무료교육제도, 의료혜택, 실업수당, 노후연금 등 완벽한 사회보장책이 마련되어 있다. 그러다 보니 일부 국민들은 자신들이 향유하는 높은 복지 수준이 이민 유입으로 인해 질적 저하를 맞을 수 있다는 우려를 하고 있다.

향후 20년 안에 프랑스 인구의 10.3%, 스웨덴의 9.9%, 영국의 8.2%, 스위스의 8.1%, 독일의 7.1%가 이슬람 인구로 채워질 것으로 전망하고 있는 가운데, 노르웨이 연쇄 테러는 이슬람 이민자들을 수용하는 다문화정책에 대한 반감을 넘어 이슬람 공포증이 극단적 행동으로 표출된 것으로 볼 수 있다. 인구 감소로 노동력 부족을 겪고 있는 유럽 국가들로선 이민을 통한 노동력 공급을 막을 수도 없다. 프랑스와 독일은 이민자들이 본국의 문화를 수용해야 한다는 동화정책을 폈다. 영국도 일자리를 만들어 줄 수는 없지만, 주거권리, 고용, 직업훈련, 문화통합, 참여교육 등은 시행했다. 하지만 동화정책은 실패했다. 따라서. 이슬람에 대한 다문화정책을 폐기할 수도, 고수할 수도 없는 딜레마에 빠져있다. 노르웨이 같은 북유럽 국가들은 사회 민주주의적 복지정책을 확대하는 차원에서 언어를 가르쳐주고 예산을 쓰면서까지 일자리를 마련해 줄 정도로 적극적인 정책을 폈다. 그러한 인도주의 이민정책이 브레이빅의 연쇄테러로 시험대에 오른 것이다.

하지만 노르웨이 국민들의 대응은 달랐다. 그들은 77명의 목숨을 앗아간 사상 최악의 테러에 무력으로 맞서지 않고, 사랑으로 화답했다. 테러 참사 후 사흘 만에 열린 추모식에는 인구 50만의 수도 오슬로에서 무려 15만 명의 사람들이 장미꽃을 들고 추모행렬에 참여했다. 그들은 또한 위로와 격려의 콘서트를 열었다. 테러 발생 8일 후 오슬로 시내 오슬로 대성당에서 콘서트를 개최하고 경찰관과 구급차 운전기사, 긴급 의료원, 소방관들이 참석한 가운데 테러 수습과 구호 활동에 애쓴 이들에게 경의를 표했다. 노르웨이 경찰은 늑장 대응으로 피해를 키웠다는 비난을 받아왔으나, 시민들은 분노를 표출하기보다 평화와 화합을 다짐하는 콘서트로 이들을 격려했다.

스톨텐베르그 노르웨이 총리는 테러 사건 닷새 뒤에 가진 기자회견에서 "테러 공격에 위협받지 않을 것이며 개방과 관용, 포용이라는 우리의 가치를 굳건히 지킬 것"이라고 약속했다. 그는 또 "이번 사건에 대한 노르웨이인들의 대응은 '더 큰 민주주의' '더 많은 개방' '폭 넓은 정치참여'"라고 강조했다. 실제로 그는 테러 방지를 핑계로 인권을 침해하는 정책을 도입하지 않았다. 오슬로 거리의 폐쇄회로 카메라를 늘리지도 않았고, 경찰이 무기를 소지하려면 특별 허가를 받게 했다. 스톨텐베르그 총리는 2012년 1주년 추모식에서 "노르웨이 국민은 폭탄과 총격까지 포용했다"며 "민주주의가 훼손되지 않았다"고 평가했다. 노르웨이에서는 수도 '오슬로Oslo'와 사랑을 뜻하는 '러브love'의 합성어인 '오슬러브Oslove'가 국민적인 구호가 되었다. 비극의 현장인 우토야섬으로 건너가는 부둣가의 바위들 곳곳에도 '오슬러브' 문구가 새겨졌다. 또한 이 섬을 평화의 상징으로 재건하기 위한 국제모금운동도 전개했다.

브레이빅은 범행 전 성명에서 한국과 일본의 가부장적 문화를 노르웨이 등 유럽이 본받아야 한다고 주장했다. 하지만 그는 정작 노르웨이가 추구하고 있는 개방과 관용, 포용이라는 진정한 가치를 미처 깨닫지 못한 것 같다. 노르웨이 국민들이 보여준 핵심가치는 오히려 연쇄 테러라는 비극을 통해 널리 전파되어 빛을 발했다.

정당의 핵심가치, 강령

한 나라의 정치 수준은 그 나라의 정당정치 수준을 보면 알 수 있다. 대한민국 정당법은 정당을 "국민의 이익을 위하여 책임 있는 정치적 주장이나 정책을 추진하고 공직선거의 후보자를 추천 또는 지지함으로써 국민의 정치적 의사형성에 참여함을 목적으로 하는 국민의 자발적 조직"이라고 정의하고 있다.

정당은 민주성과 대표성, 책임성을 근간으로 하는 조직이다. 정당의 1차적 기능은 국민의 가치와 이해관계를 대표하는 것이다. 누구를 대표하고, 무엇을 대표할 것이냐가 바로 정당의 정체성을 구성하는 핵심 요소라 할 수 있다. 정당은 선거를 통해 자신의 가치와 정책을 국민들로부터 평가 받는다. 선거에서 승리하여 집권하게 되면 선거 때 내세웠던 공약들을 실천함으로써 국민에게 책임을 진다.

우리나라 정당정치 발전을 위한 핵심 과제는 각 정당이 노선과 정체성을 명확히 하는 동시에 풀뿌리 민주주의 실현을 위한 대중적 토대를 갖추는 것이다. 한국의 정당체계는 다당제이지만 현실에 있어서는 양당제 구도로 선거가 이뤄지는 경향이 짙다. 글로벌 시대, 복잡하고 세분화된 오늘날과 같은 사회에서 유권자들은 자신을 대변하는 뚜렷한 정당을 찾지 못하고 있다. 만약 가치와 노선에 따라 현재의 정당구도를 확대 구분한다면 어떻게 될까? 대략 진보당, 민주당, 공화당, 자유당 정도로 나눌 수 있다. 언론에서 흔히 표현하는 좌파와 우파로 구분한다면 좌파, 중도좌파, 중도우파, 우파이다. 좌파에서 왼쪽으로 더 나아가면 극좌파가 될 것이고, 우파보다 더 오른쪽은 극우파가 된다.

2013년 현재 국회의원이 있는 한국의 정당을 위의 구도에 따라 분류하면 자유당은 새누리당, 민주당은 민주당, 진보당은 진보정의당으로 구분할 수 있다. 시장을 인정하되 공익과 시민정신을 강조하는 공화당은 비어있다고 봐야 할 것이다. 통합진보당은 북한에 대한 관점 때문에 좌파보다도 더 왼쪽으로 구분하는 것이 맞을 것이다.

정당의 가치와 노선, 기본 방침을 강령이라고 한다. 당헌은 정당의 헌법이란 의미다. 또한 강령의 실현을 위한 정책의 큰 줄기를 정강政綱이라고 한다. 강령은 정당이 천명하는 핵심가치라 할 수 있다. 각 정당의 웹사이트를 보면 잘 나와 있고 특히 강령이나 당헌의 전문을 읽어보면 알 수 있다. 하지만 강령 전문을 다 소개하기에는 상당히 길기 때문에 당헌 1장 총칙에 있는 각 정당의 목적을 비교하여 살펴보도록 한다.

새누리당은 당명을 바꾸면서 당헌도 국민과의 약속을 실천하기 위한 새누리당 스스로의 약속이라고 개념을 재 정의했다. 당헌 제1장 총칙 제2조(목적) "새누리당은 자유민주주의와 시장경제를 기본이념으로 인권과 정의가 구현되는 사회, 개인의 자유와 창의가 발현되는 사회, 중산층이 두터워지는 사회, 소외계층의 생활 향상을 위해 자생적 복지정책을 추진하여 사회양극화가 해소되는 사회를 추구하며, 실용주의 정신과 원칙에 입각한 통합과 조정의 리더십으로 합리적인 변화와 혁신을 추구하고, 세계와 함께하는 인류공영의 정신과 빛나는 우리의 고유문화를 바탕으로 한반도의 평화통일과 21세기 선진 일류국가를 창조할 것을 목적으로 한다"고 하였다.[7]

민주당은 당헌 제1장 총칙 제2조(목적)를 통해 "민주당은 국민 모두에게 혜택이 골고루 돌아가는 경제민주화의 실현, 보편적 복지를 국민의 기본적 권리로 보장하는 복지국가 건설, 한반도 평화통일, 동북아 지역 협력과 발전을 이루는 미래지향적 대한민국 건설을 목적으로 한다"고 하였다.[8]

진보정의당의 당헌 제1장 제2조(목적)는 "2013년 2단계 창당까지 우리 당이 추구하는 강령을 달성하기 위한 조직과 활동의 민주적 운영 등에 관한 기본사항을 규정함을 목적으로 한다"며, 정당의 목적이 아닌 당헌의 목적을 규정하고 있다.[9]

한국 정당정치의 발전을 가로 막는 지역구도 해소를 위해서는 독일이나 일본과 같은 권역별 정당비례대표제 도입이 필요하다고 생각한다. 국회의원 선거가 정당의 지지도에 따라 지역별로 의원 수가 배정되는 권역별 정당비례대표제로 개정될 경우 각 정당은 국민의 선택을 받기 위해 가치와 노선, 정책을 더욱 분명히 하는 경쟁을 하게 될 것이다. 복지정책의 경우 대통령 선거에서는 이슈가 되지만, 소선거구제 하의 국회의원 선거에서는 쟁점이 되지 못한다. 왜냐하면 복지정책은 지역 이슈가 아닌 전국적 이슈이기 때문이다. 따라서 국회의원들은 사실 복지정책에 대한 관심이 낮다. 그런데 권역별 정당비례대표제로 바뀔 경우 지역구도 해소와 더불어 국회의원 선거에서도 복지정책 등 각 정당의 핵심정책이 주요 쟁점으로 부각될 것이다.

그런데, 왜 가난한 사람이 부자 증세를 반대하고 기업인들의 이익을 늘리는 정책에 몰두하는 보수정당을 지지하는 걸까? 한국은 물론 미국도 그렇다. 미국의 저널리스트 토머스 프랭크는 『왜 가난한 사람들은 부자를 위해 투표 하는가』에서 이를 분석했다. 일반적으로 생각할 때 미국에서 노동자와 가난한 사람들, 사회적 약자와 고통 받는 사람들을 위한 정당은 민주당이다. 그러나 캔자스를 비롯한 낙후된 지역이 자신의 이익과 상관없는 부자들의 정당 공화당을 지지했다. 자신의 고향이며, 가장 진보적인 지역이었던 캔자스를 공화당이 어떻게 가장 보수적인 지역으로 바꾸어 놓았는지를 추적한 내용이다. 왜 그들은 자신들의 이익에 반하여 투표하는가? 프랭크에 따르면 그들의 정치적 판단 기준이 경제가 아니라 문화이기 때문이다. 선거에서 자신의 경제적 이익보다도 보수적 가치가 더 우선적인 고려사항이 된다는 것이다.

이런 결론은 민주당 지지자였던 미국 캘리포니아대학교 교수 조지 레이코프가 그의 저서 『프레임 전쟁』에서 이미 밝힌 내용이기도 하다. '프레임Frame'은 생각의 틀 또는 사고체계란 의미이다. 레이코프에 따르면 유권자들은 반드시 자기 이익에 따라 투표하지 않는다. 그들은 자신의 정체성과 자신의 가치관에 따라 투표한다. 즉, 자신이 동일시하고 싶은 대상에게 투표한다는 것이다. 자신이 추구하는 가치가 이익보다 더 큰 힘을 발휘한다는 이야기다.

왜
핵심가치인가?

1장

기업과 소비자,
가치를 묻다

가치 혼란의 시대다. 가치가 혼란스러워지자 사람들은 진정한 가치가 무엇이냐를 묻기 시작했다. 기업의 가치관 또한 이 문제로 부각되었다. 현대 금융자본주의 본산지인 미국에서 기업 활동 성적표인 재무제표를 조작하는 사태가 여러 차례 일어났다. 기업들이 불신을 받게 되고, 투자자와 소비자가 외면하는 기업은 존립이 어려워졌다. 시장이 글로벌화 되면서 기업들의 경쟁 환경은 날로 치열해 지고 있다. 하지만 이제 경제적 가치만이 아니라 인권과 환경적 가치까지 고려하지 않으면 안 되는 상황이 전개되고 있다. 좋은 제품을 넘어 착한 제품을 요구하는 소비자들이 늘어나면서 기업의 평판이 중요해졌다. 지속가능성은 지구의 문제인 동시에 기업들의 절실한 문제가 되었다.

기업 환경의 대변화에 따라 기업들은 주주와 직원들은 물론 고객, 지역사회 등과 공존하는 기업시민으로의 전환을 추진 중이다. 기업 정체성을 새롭게 하기 위해서는 사업전략만이 아니라 사명과 핵심가치도 명확히 해야 한다. 이 장에서는 핵심가치가 중요한 이슈로 떠오르게 된 이유와 배경들을 살펴보도록 한다.

기업과 사회에 경종을 울리다, 엔론 사태

21세기에 들어서 미국은 두 가지 충격적인 사건을 겪게 된다. 첫째는 2001년 9.11 테러다. 9.11 테러는 미국 본토가 침공 받은 최초의 사건이다. 2차 대전 당시 일본군에 의해 진주만을 공격 받은 적은 있지만 건국 이후 20세기까지 미국 본토가 공격을 받은 적은 없었다. 항공기 납치 동시다발 테러로 뉴욕의 110층짜리 세계무역센터 쌍둥이 빌딩이 무너졌고, 워싱턴 D.C의 국방부 펜타곤이 공격을 받았다. 세계 최강대국 미국은 순식간에 아수라장이 되었고, 미국 경제의 상징인 뉴욕은 공포의 도가니로 변했다. 수천 명의 무고한 시민이 목숨을 잃었으며, 미국의 자존심이 주저앉았다.

미국은 9.11 테러의 충격이 채 가시기도 전에 엔론 사태를 맞는다. 미국의 거대 에너지기업이었던 엔론은 12월 2일, 법원에 파산 신청을 냈다. 불과 1년 전인 2000년만 해도 엔론은 1,110억 달러의 매출액을 기록하고, 직원 2만 여명을 둔 세계에서 가장 선도적인 에너지 기업이었다. 천연가스를 모태로 전기, 펄프 및 제지, 통신사업 등 계속적인 인수합병을 통해 성장세를 이어갔다. 미국 경제전문지『포천』은 엔론을 6년 연속 '미국에서 가장 혁신적인 기업'으로 선정했다. 엔론은 미국에서 가장 존경 받는 기업 10위 안에 뽑혔고, 사회적 공헌을 많이 하는 가장 양심적인 기업 10위 안에 포함된 적도 있었다. 그런데 엔론의 실제 모습은 적자기업이었고, 기업 부실을 드러내지 않기 위해 조직적이고 체계적으로 회계 부정을 저질러 온 것으로 드러났다. 엔론이 사용한 분식회계 방법은 특수목적법인SPE, Special Purpose Entity을 만들어 이 법인에게 부실을 떠넘겨 숨기는 것이었다. SPE는 엔론의 부실자산을 비싼 값에 사주고, 엔론이 이익을 내도록 낮은 가격에 에너지를 공급하였다. 엔론이 지급보증을 해 준 이 거래들로 인해 SPE는 당연히 막대한 손실을 입게 되어 있었다. 이런 내용을 재무제표에서 숨겨오다가, 마침내 분식회계가 탄로 나자 엔론은 파산에 이르게 되었다. 600억 달러가 넘는 주식 가치와 종업원 연금 약 20억 달러가 공중 분해되었다. 맥킨지 컨설턴트 출신 최고경영자 제프리 스킬링은 2006년 법원에서 부실자산 은닉 등 회계조작에 대한 죄로 24년 4개월의 징역형을 선고 받았다.

엔론의 파산 절차가 끝나기도 전인 2002년 7월 21일, 미국 통신회사 월드컴이 파산 신청을 했다. 월드컴은 미국에서 두 번째로 큰 장거리 전화사업자이자 미 전역 인터넷 통신망의 50%를 점유한 업체다. 당시 월드컴의 자산은 엔론보다 400억 달러나 더 많은 1,039억 달러에 달했다. 월드컴이 파산에 이르게 된 것은 38억 달러의 순이익을 부풀린 사실이 드러났기 때문이었다. 네트워크 장비 보수에 들어간 38억 달러를 지출 항목이 아니라 자본투자 항목에 넣어 회계조작을 했다. 최종적으로 밝혀

진 월드컴의 회계 부정 규모는 110억 달러에 달했다.

엔론에 이어 타이코, 라이트 에이드, 아델피아 커뮤니케이션, 임클론 시스템 등의 기업들이 경영 투명성에 물의를 빚은 데다 월드컴마저 회계 부정이 드러나자 미국 기업들에 대한 신뢰는 곤두박질쳤다. 주가상승 및 유지를 위해 많은 기업들이 이익과 기업 가치를 부풀렸고, 회계 법인마저 여기에 동조했다는 것 때문에 기업 재무제표조차 믿을 수 없다는 분위기가 팽배해졌다.

2002년 미국 의회는 투자자 보호를 위해 사베인즈 옥슬리법^{Sarbanes-Oxley Act}이라는 증권법 개정안을 통과시켰다. 기존 연방 증권법 가운데 기업 지배구조 부분을 대폭 강화한 것이었다.

핵심 내용 3가지 중 첫째는 독립성으로, 회사의 최고 의결기관인 이사회가 경영을 제대로 감시하고 결정할 수 있도록 이사회의 독립성 기준을 강화했다. 회계 감사의 독립성도 강조되어, 회계 감사를 하는 회계 법인이 회계감사 대상회사에 컨설팅 등의 서비스를 할 수 없게 했다.

둘째는 윤리인데, 기업 윤리 규정 채택을 의무화 시켰다. 기업 부정에 대한 내부 신고를 장려하기 위해 내부 신고자를 보호하는 규정도 신설되었다.

셋째는 최고 경영진의 책임 강화다. 경영에 대한 최고 책임만이 아니라, 각종 정부 보고서나 연례 보고서에 담는 재무회계 자료들의 정확성을 최고 경영자가 직접 보증하도록 요구하였다.

한국에서도 기업들의 회계부정 사건은 낯설지 않다. 김우중 전 대우그룹 회장과 임직원들이 1997~1998년에 무려 41조 원의 회계 분식을 하고, 9조 원의 대출사기를 했다. 공인회계사들이 2년에 걸쳐 감사보고서를 허위로 작성했고, 대우의 대표는 허위 수입서류를 이용해 해외에 설립한 법인BFC, British Finance Center에 약 44억 달러의 재산을 빼 돌린 것으로 검찰수사에서 드러났다. 또한 SK그룹의 계열사인 SK글로벌도 2001년 1월, 은행 명의의 채무잔액증명서를 위조해 약 1조 1천억 원에 달하는 은행채무를 없는 것처럼 처리 하는 등 재무제표상 1조 5,587억 원의 분식회계를 하고, 허위 공시한 사실이 밝혀졌다.

엔론과 월드컴, 대우그룹 등 거대 기업들의 잇단 파산 사태를 계기로 투명성이 떨어지는 기업은 투자자와 소비자들의 신뢰를 잃게 되고, 신뢰를 상실한 기업은 시장에서 살아남을 수 없다는 사실이 분명해졌다. 기업의 경영 투명성은 그 기업이 수십 년 동안 쌓아 올린 기업가치 전부와 맞먹는 커다란 값어치를 지닌다는 것을 깨닫게 된 것이다.

이제 소비자들은 기업의 진정성을 따지기 시작했다. 기업들이 아무리 그럴듯한 광고를 해도 소비자들은 쉽게 마음을 열지 않는다. 진실과 거짓을 구분하기 어려운 시대가 되자 소비자들은 자신이나 주변 사람들이 특정한 제품이나 서비스를 써본 경험에 진실이 있다고 믿게 되었다. 미국의 유명 컨설턴트인 조지프 파인은 『진정성의 힘』에서 오늘날의 경험경제 시대에 소비자들은 진실하다고 여겨지는 것을 원하고, 가식적인 것은 피하려는 경향이 있음을 강조하였다. 이제 기업들은 소비자에게 '어떻게 진정성을 전달할 것인가'라는 새로운 과제를 안게 되었다. 소비자와 사회가 바라는 가치를 충족시키고, 이를 통해 기업의 목표를 실현하는 동시에 기업 가치를 높여 나가야 한다.

이 때 주목 받은 단어가 윤리경영이다. 윤리경영은 기업경영에 있어서 윤리를 최우선 가치로 한다는 것이다. 이 가치를 지키기 위해 투명하고 공정하며 합리적으로 기업 활동을 수행하겠다는 약속이다. 엔론, 월드컴 사태 이후 미국을 비롯한 선진 각국은 기업 윤리규정 채택이 법으로 의무화 되었다. 1997년 외환위기를 겪은 한국도 윤리경영의 중요성을 깨닫고 있었다. 당시 사업 구조조정과 외자유치 과정에서 투명성과 도덕성을 확보하지 않은 기업은 존립 자체가 위태로울 수 있다는 사실을 많은 경영자들이 절감하게 되었다. 이에 따라 공기업은 물론 대다수 대기업들은 윤리헌장과 강령을 제정하고 전담부서를 설치하는 등 윤리경영 프로그램을 적극적으로 도입하였다. 이로 인해 기업 내부의 준법 시스템 확립과 투명성을 높이는 데 일부 성과가 있었다. 하지만 일부 기업과 경영자들의 비리는 여전히 계속되어 윤리경영이 조직문화로까지 정착되지 못했다는 비판도 제기되고 있다.

윤리경영을 넘어서,
공유가치 만들기

CSR^{Corporate Social Responsibility}, 즉 기업의 사회적 책임은 윤리경영보다 조금 더 적극적인 개념이라고 할 수 있다. CSR은 1990년대 후반 유럽에서 먼저 제기된 개념이었다. 다국적 기업들이 후진국에서 기업 활동을 하면서 더 많은 이윤추구를 위해 아동노동과 환경파괴 등의 비윤리적

행위를 일삼는 것을 지적하기 위한 것이었다. 그 후 미국에서도 회계부정 스캔들을 겪으면서 기업의 사회적 책임론이 널리 확산되었다.

글로벌 금융위기 이후 투명성, 기업의 사회적 책임, 그리고 지속가능 경영에 대한 관심과 기대수준이 매우 높아졌다. 주주와 투자자, 감독기관뿐만 아니라 이제는 고객과 일반 대중들까지도 기업의 부정부패를 용납하지 않고, 기업의 책임 있는 행동을 그 어느 때보다 강하게 요구하고 있다. 새롭게 등장한 소셜 미디어들이 기업에서 발생하는 부정사건을 실시간으로 알리고 있는데다 기업 활동을 감시하는 글로벌 시민단체들도 곳곳에서 활동하고 있다. 기업의 윤리경영 실패는 기업의 명성과 고객충성도, 브랜드 파워, 자본조달과 핵심인재 확보 등 여러 부문에서 부정적인 영향을 끼치고, 기업의 존폐에도 영향을 미치게 된다.

기업경영의 목적을 이윤추구라고 규정하던 시대가 지났다. 기업이 자신의 이윤추구만을 위해 활동한다면 그 기업의 사회적인 이미지가 나빠져서 고객들이 외면하게 되고 결과적으로 생존 가능성이 낮아지게 되는 시대가 된 것이다. 이로 인해 기업들은 이익의 일부를 사회에 환원함으로써 책임 있는 사회구성원의 하나임을 입증하는 사회공헌 활동에 주력하고 있다. 기업의 이미지를 개선하고 소비자들이 해당 기업에 대해 호감을 갖도록 하기 위해서다. 이러한 활동이 축적되어 긍정적 이미지와 신뢰를 얻게 되면, 소비자들은 그 기업에 대한 소비를 늘릴 것이고 결과적으로 소비자와 기업 모두 '윈윈' 하는 관계를 얻을 수 있다. 이에 따라 기업들은 사회공헌 활동에 적극 나서고 있다.

예를 들어, 코카콜라는 사회공헌 활동으로 물 자원을 아끼고 재생하여 다시 채운다는 3R^{Reduce, Recycle, Replenish} 원칙을 천명하고 있다. 자사 공장의 물 사용 성과(물 효율, 수질, 폐수처리)에서부터 상수원 보호, 물 자원에 대한 홍보는 물론 공공의식 증진까지 포함한다. 이를 위해 2011년 폐수처리 및 재사용 기준을 확립하고, 빗물저장과 농업용수의 효율적 공급 등에 대한 투자를 했다. 코카콜라는 비즈니스 성장으로 절대적인 물 사용량이 늘어났지만 물 사용 효율을 20% 향상시켜 2012년에 약 500억 리터의 물을 절약했다. 또한 국제 환경보호단체인 그린피스와 함께, 코카콜라의 자동판매기 및 쿨러 기계에서 배출되는 탄소가스의 감축 노력도 하고 있다.

현대차그룹은 네티즌 댓글로 자동차를 선물하는 '달리는 당신을 사랑합니다' 캠페인을 펼쳐 시민들의 관심을 모았다. 이 캠페인은 2010년 하반기 자동차가 필요한 이웃에게 차를 선물하자는 아이디어로 시작되었다. 방법은 각계각층의 추천을 받아 선정된 세 명의 주인공 이야기를 각각 TV광고로 제작하여 한 달간 방송한다. 그 후 TV광고를 본 시청자들이 현대차그룹의 프로젝트 블로그에 응원 댓글을 달도록 하여 댓글 수가 100개가 넘으면 자동차를 선물하는 것이다. 자동차 선물 후에는 주인공들의 실제 자동차 활용 내용을 현대차그룹 캠페인 블로그에 게시하였다. 이는 온, 오프라인을 혼합한 사회공헌활동 프로젝트이다.

서울 노원구 상계동에 포크와 나이프, 스푼 등 금속 양식기를 전문적으로 만드는 유진크레베스라는 기업이 있다. 2012년 한국소비자선호 브랜드 금속 양식기 부문 대상을 받았다. 유진크레베스는 1996년 회사 설립 후 베트남에 해외생산 법인 유진비나를 세워 30여 종의 고품질 금속 양식기를 독일, 영국, 네덜란드 등에 연간 8,000만개 이상 생산 수출하고 있다. 유진크레베스는 베트남 현지 공장에서 양식기 하나를 생산할 때마다 1원씩을 적립해 베트남, 중국, 라오스, 필리핀에 있는 해외 심장병 어린이들의 무료 수술사업을 하고 있다. 베트남 하노이에는 'Sunny Korea 적십자병원'을 설립했다. 비록 적은 금액의 적립이지만 기업 활동을 통한 나눔의 정신을 꾸준히 실천해 온 것이다. 이 밖에 베트남 다낭시에 태권도 전용 체육관을 설립하여 한국의 태권도를 널리 알리고 있다. 중국 내몽골자치구 통랴오시에 있는 내몽고민족대학교에 한국어과를 설립하고, 장학 사업도 벌이고 있다. 이러한 나눔 활동을 통해 회사 직원들의 자긍심과 애사심도 깊어지고, 베트남 현지 직원들의 신뢰도 또한 높아졌다.

이렇듯 기업의 사회적 활동이 기부에서 사회적 책임으로 발전했지만 한걸음 더 나아가 공유가치 창출CSV, Creating Shared Value로 진화해야 한다는 주장이 최근 세계적인 주목을 받고 있다. 공유가치 창출은 하버드 경영대학원 마이클 포터 교수가 제시한 개념이다. 그는 정부나 시민사회가 기업의 이익 분배를 강제하는 이익공유의 개념이나, 기업이 사회에 수익의 일부를 내어놓는 생색 내기식 사회적 공헌으로는 자본주의 문제를 근본적으로 해결할 수 없다고 주장한다. 기업의 사회적 책임만 강조하다 보면 새로운 가치창출 없이 기존에 생산된 이익의 분배에만 초점이 맞춰질 가능성이 있다. 사회적 책임은 기업이 벌어들인 수익의 일부를 활용하기 때문에 활동 폭이 제한적이고 지속가능성에도 한계가 있다는 것이 포터 교수의 지적이다. 이에 반해 공유가치 창출은 기업이 혁신을 통해 사회문제를 적극적으로 해결하고 경제, 사회적 가치의 총량을 확대하자는 발상의 전환이다. 자본주의 위기를 극복하려면 기업들이 사회의 요구를 귀담아 듣고 문제를 해결해 경제적 가치와 사회적 편익을 동시에 창출하는 공유가치의 새 원칙을 세워야 한다는 것이다. 사회문제 해결은 기업이 아닌 정치인 몫이라는 과거의 시각으로는 새로운 사업기회를 발굴 할 수 없으며, 기업들이 발상을 바꾸고 자체 혁신을 이루면 사회적 이익과 기업 이익이 공유되는 영역에서 새로운 가치가 창출된다는 관점이다. 기업이 수익성을 획기적으로 높이면서 공동체가 직면한 다양한 문제도 해결할 수 있다는 것이 포터 교수의 논지이다.

예를 들어, GE는 저가의 헬스케어 장비를 개발해 1억 명 이상에게 값싸고 질이 좋은 의료서비스를 제공했는데, 이 신사업은 기존 사업 대비 2배 이상의 성장률을 기록했다. 네슬레는 아프리카, 남미 등에서 영농기술 교육, 수로 건설, 금융 지원 등 63개의 영농 지원 프로그램을 운영해 농업 생산성을 높이는 데 도움을 주었다. 동시에 이곳에서 원료를 구매해 회사의 원가 경쟁력도 끌어올릴 수 있었다. 지식정보 제공 글로벌 기업인 톰슨 로이터는 인도에서 분기당 5달러에 일기예보뿐 아니라 농사정보, 농작법 자문 제공 서비스를 하고 있다. 현재 200만 명의 농부가 이 서비스를 이용하고 있다.

포터 교수는 CSV를 통해 기업이 돈을 벌면서 사회적 편익을 극대화하려면 상품과 시장의 재구성, 가치사슬 생산성의 재정의, 산업 클러스터 구축 등이 필요하다고 주장하였다. 나아가 기업이 상품과 시장을 재구성하려면 사회가 원하는 보건, 주택, 영양개선, 노인주거, 환경오염 방지 등의 사회문제에 주목해야 한다고 강조하였다.

이제 기업이 경제적 가치와 사회적 편익을 동시에 만들어 내야 하는 시대가 된 것이다.

가치의 위기,
신뢰의 위기

위기가 일상화 되었다. 위기관리라는 말이 무색해졌다. 글로벌 금융 위기는 5년이 넘어가지만 아직 극복하지 못하고 있다. 주요 20개국을 비롯한 세계 각국 정부가 금융위기 극복을 위해 재정투입과 금리인하 등으로 공동 대응에 나섰다. 하지만 재정 여력이 취약한 미국과 유럽 일부 국가들에서 이번엔 재정위기가 문제로 떠올랐다. 금융위기에다 재정 위기가 더해진 복합위기로 확대된 것이다. 1997~1998년 한국을 비롯한 동아시아의 경제위기 때 구조에 나선 것은 미국과 국제통화기금이었다. 그런데 2008년부터 시작된 글로벌 금융위기의 진원지는 아이러니 하게 도 미국이었다. 그 연원을 간략히 살펴보면 이렇다.

1990년대 미국 경제의 호황을 이끌었던 IT버블이 꺼지자 2000년 초 부터 미국 경제는 침체에 빠졌다. 경기 침체를 극복하기 위해 부시 전 대 통령은 감세 정책을 추진했다. 감세 정책이 제대로 효과를 얻지 못하자 금리인하를 통한 통화증대 정책도 병행되었다. 하지만 금리인하의 효과 는 공장건설이나 설비투자로 이어지지 않았다. 이미 설비과잉이었기 때문이다. 저금리가 부동산 투자 붐을 일으키고서야 소비가 살아나고 미국 경기가 회복되었다. 당시 미국 국내총생산의 3분의 2 이상이 주택 관련 부분에서 창출될 정도였다. 쉽게 말해, 새집을 짓거나 그 집에 채울 가전제품과 인테리어 제품 등을 구입하거나, 아니면 소비를 위해 기존 주택을 담보로 돈을 빌리는 활동과 관련이 있었다. 부동산 붐에 힘입어 주택 담보를 중심으로 한 대출과 보험 그리고 파생상품들이 쏟아져 나왔다.

부동산 붐은 거품으로 이어졌고, 그 절정은 대출금 상환능력이 희박한 사람들에게도 주택을 담보로 대출을 해주는 서브프라임모기지론 subprime mortgage loan이었다. 거래비용에서 얻는 손쉬운 이익의 유혹으로 인해 은행들은 저당주택을 증권화 시키는 작업에 나섰다. 보험사와 신용평가사들은 서브프라임 모기지를 연기금이 보유해도 좋을 만큼 안전한 AAA등급 상품으로 바꾸는 마술을 부렸다. 이에 따라 미국뿐 아니라 유럽은 물론 한국을 비롯한 아시아에서도 증권화된 모기지 상품을 사들였다. 은행과 증권, 보험사들은 리스크를 분산시켰다고 여겼지만 정작 시장이 무너지자 그들 역시 독 안에 든 쥐 신세였다. 금융혁신이라고 자랑하던 복합파생상품은 그저 은행들의 나쁜 대출을 멋지게 포장했을 뿐이었다. 부동산 거품이 붕괴되자 대출금을 상환하지 하지 못하는 사람들이 속출했고 이들에게 돈을 빌려준 금융기관들의 부실도 눈덩이처럼 불어났다. 은행들이 모기지를 바탕으로 복잡한 상품들을 만들었기 때문에 거품이 터졌을 때 그 파장은 증폭됐고, 전 세계에 영향을 미쳤다.

2008년 3월 투자은행 베어스턴스가 JP모건체이스에 합병되고, 9월 초 미국 주택담보대출 시장에서 1, 2위를 다투던 국책 모기지기관인 페니메이와 프레디맥이 파산 직전까지 몰렸다. 시장 붕괴를 우려한 미국 연방준비제도이사회FRB, Federal Reserve Board는 페니메이와 프레디맥에 공적 자금을 투입하는 종합지원대책을 내놓았다. 하지만 불과 1주일만인 9월 15일, 158년의 역사를 가진 리먼브라더스가 파산하고, 메릴린치는 500억 달러에 뱅크오브아메리카 은행그룹에 팔렸다. 다음 날, 미국 최대 보험회사인 AIG가 파산 위기에 몰리자 FRB는 고심 끝에 850억 달러에 이르는 긴급구제 금융을 제공했다. 1조 달러가 넘는 자산과 세계 130개국에 7,400만 명의 고객을 보유하고 있는 보험사 AIG가 파산할 경우 세계 금융시장에 엄청난 충격을 가져올 것이기 때문이었다. FRB는 신용붕괴를 막기 위해 은행에 대한 단기 유동성 공급 규모를 1,750억 달러에서 2,000억 달러로 확대했다. 이와 별도로 골드만삭스, 시티그룹, 모건스탠리 등 민간 은행 및 증권사 등 10개로 구성된 금융기관들이 총 700억 달러의 긴급대출기금을 조성해 금융기관들을 지원해주도록 했다. 이에 따라 361개 금융기관에 4,143억 달러의 자금이 지원되었다. 은행 시스템의 기본 전제인 신뢰와 신용은 허공으로 날아갔다.

위기 수습 과정에서 금융기관들뿐 아니라 미국 정부도 신뢰를 잃었다. 서브프라임론 사태로 촉발된 금융위기 발생 원인은 은행들의 대출심사 부실과 신용평가 기관들의 과실에 있지만 금융감독 당국의 적절한 규제 실패도 큰 원인으로 작용했기 때문이다. 게다가 미 재무부는 9개 대형 금융회사에 구제자금을 투입하면서 이들 회사의 재무상태가 좋지 않은 상태임을 의회와 국민에게 제대로 알리지 않았고, 구제자금 사용처에 대한 보고서를 제출하도록 하는 의무 조항도 소홀히 했다. 미국 시민들은 특히 구제금융을 받은 금융기관 경영진의 모럴 해저드(도덕적 해이)에 분노했다. 공적 자금을 투입 받은 BOA 메릴린치는 임원 두 명에게 170만 달러의 급여와 930만 달러의 퇴직금을 지급했다. 역시 구제금융을 받은 AIG 보험사도 임직원들에게 1억 6천5백 달러의 보너스를 지급했다. 시민들은 도덕적 해이에 빠진 임직원들의 오만하고, 부도덕하고, 탐욕스런 소행이라고 비난했다. 이에 따라 미 하원은 구제금융을 받은 금융회사들이 지급한 보너스에 90%의 세율로 중과하는 법안을 통과시켰다.

미 금융기관들에 대한 시민들의 분노는 '월가를 점령하라Occupy Wall Street'는 시위로 나타났다. 2011년 9월 17일, 세계 금융시장의 중심가 월스트리트 근처의 작은 공원에 30여 명의 청년 실업자들이 모여 월가를 비판하는 구호를 외쳐댔다. 이들은 월가 금융기관 최고 경영자들이 미국을 경제파탄의 위기에 빠뜨렸고, 그 때문에 자신들을 포함해 2,000만 명 이상이 직장을 잃는 등 어려움을 당했는데도 책임을 지기는커녕 수백만 달러 이상의 퇴직금을 챙겨 떠나는 부도덕한 행태에 대해 비판했다. 처음에는 귀 기울이는 사람들이 많지 않았지만 하루 이틀 지나면서 트위터나 페이스북 같은 SNS를 타고 이들의 외침이 퍼져나갔다. 한 달 후 'We are the 99%'라는 구호를 앞세워 미국 최고 부유층 1%를 겨냥한 시위에 수많은 사람이 동참했다. 시위 소식은 국경을 넘어 전 세계로 전해졌고, 마침내 10월 15일, 80여 개국 900여 개 도시에서 동시집회가 열리는 세계적인 사건으로 발전했다.

미국의 신학자 짐 월리스는 『가치란 무엇인가』에서 "2008년 세계 금융위기의 근본 원인은 제어되지 않은 탐욕과 도덕의 붕괴"라고 지적하였다. 나아가 금융위기로 인한 대 불황을 논의하고 있지만, 불황보다 더 심각한 것은 '가치의 위기'라고 역설하였다. 그는 "금융위기로부터 무엇을 배울 것인가가 중요하다"면서, 미국 사회의 도덕 회복을 주장하였다.

세계적 PR회사인 에델만은 2001년부터 매년 신뢰도 지표조사를 발표하고 있다. 2012년 발표 자료를 보면 전 세계적으로 정부에 대한 불신이 팽배하고 있음을 알 수 있다.[10] 각국의 정부 신뢰도는 2011년 평균 52%에서 2012년 43%로 9%나 하락했다. 정부신뢰도가 가장 큰 폭으로 떨어진 곳은 브라질로, 85%에서 32%로 무려 53%나 추락했다. 스페인도 43%에서 20%로 하락하는 등 현재 금융위기를 겪고 있는 유로존 국가들의 정부신뢰도는 독일(33%)을 제외하고는 대부분 내려갔다. 아시아 국가 중 한국은 50%에서 33%로 17% 하락했고, 중국도 88%에서 75%로 13% 떨어졌다. 특히 일본의 하락 폭이 컸다. 51%에서 25%로 26%나 급락했다. 일본은 지진 및 원전사고 이후 정부 26%, 미디어 12%, NGO 21%의 신뢰도 하락률을 보였다. 이 같은 현상에 대해 에델만은 미국, 유럽, 일본 등 선진국들의 재정위기, 유로 존 붕괴 위기, 개도국의 부패청산 실패, 그리고 일본의 원전 사고 관리 허술 등이 원인이라고 지적했다.

기업에 대한 신뢰도는 전 세계적으로 56%에서 53%로 3%의 신뢰도 하락을 보여 정부에 비해서는 신뢰도가 덜 내려갔다. 그러나 유럽 금융위기로 스페인, 프랑스는 물론 독일에서도 기업 신뢰도가 두 자리 수나 낮아졌다. 한국도 46%에서 31%로 15%나 하락했는데, 특히 금융분야에서는 64%에서 39%로 떨어졌다. 또한 CEO에 대한 신뢰도도 9년 만에 크게 하락하면서, 한국과 일본에서는 각각 34%, 43%가 내려갔다.

에델만의 CEO인 리처드 에델만은 "불신의 시대를 벗어나 신뢰를 쌓는데 정부기관 보다는 기업이 더 적극적인 역할을 맡아야 한다"면서 "기업은 수익을 위한 성장 엔진이면서 동시에 사회를 위한 선한 기부자 및 후원자가 되어야 한다"고 강조했다. 위기를 극복하고 신뢰를 회복하기 위해서 기업이 앞장서야 할 때가 온 것이다.

2장

가치주도 시대의
부상

앞서 살펴본 것처럼 이제 사회는 불안정한 시대, 반복되는 위기로 인해 힘든 상황을 견뎌낼 확고한 가치를 요구한다. 그렇다면 가치란 과연 무엇일까? 우리는 종종 '가치 있는 삶' 혹은 '우리의 삶에서 가장 소중한 가치는 무엇인가'처럼 삶의 의미나 우선순위를 정할 때 가치를 언급한다. 이런 맥락에서는 사랑, 행복, 정의, 자유, 평등, 평화, 관용, 공동체, 민주주의 등이 중요한 가치 목록으로 꼽힌다. 이와 더불어 우리는 역사적 가치, 문화적 가치, 경제적 가치, 상품가치, 투자가치, 브랜드 가치, 기업가치, 주주가치 등의 용어도 자주 사용하고 있다. 이러한 단어들은 주로 경제적 관점에서 쓰인다.

국어사전은 가치를 사물이 지니고 있는 쓸모, 대상이 인간과의 관계에 의하여 지니게 되는 중요성이라고 정의하고 있다. 우리는 흔히 어떤 일이나, 사물에 대해 "가치가 있다" 혹은 "가치가 없다"는 말을 자주 사용하는데 이는 어떤 일이나 사물을 구분하는 기준이 있다는 것을 의미한다. 결국 가치는 "인간의 욕구나 관심의 대상, 목표가 되는 진, 선, 미 등을 통틀어 이르는 말"이다.

신뢰를 잃어가는 모습을 접한 소비자들은 이제 수많은 갈등 상황에도 확고한 판단의 기준이 되고, 앞으로 나아갈 방향을 제시하는 가치를 중요시하게 되었다. 가치를 궁극적인 목표로 삼는 가치주도의 시대가 도래한 것이다.

가치는
공통성의 기반

가치의 유무를 구분한다는 것은 달리 말하면 평가한다는 것을 뜻한다. 철학자 박이문은 저서 『둥지의 철학』에서 가치에 대해 이렇게 밝혔다. "가치는 존재하는 것이 아니다. 존재하는 모든 것은 그 자체로서는 가치중립적이다. 가치는 어떤 '존재'를 지칭하는 것이 아니라 가치평가라는 인간의 행동만이 있을 뿐이다. 가치, 더 정확히 말해서 평가는 우주 안의 모든 것들과는 전혀 다른 오로지 인간의 존재양식에서 필연적으로 생겨나는 인간의 주관적 의식의 내용과 태도일 뿐이다"고 하였다. 즉, 가치의 원천은 바로 인간의 선택행위이며, 선택은 그 대상에 대한 평가를 전제로 한다는 것이다. 그는 "가치는 인간이 분비한 것이다"라는 프랑스 철학자 장 폴 사르트르의 말을 인용하여 "대상에 대한 가치평가는 대상에 대하여 '가치'라는 인간의 분비물을 칠했을 때만 가능하다"고 강조하였다.

가치의 역할에 대해 독일의 사회학자 디르크 베커는 "가치는 공통성의 전제이다"라고 말했다.[11] 가치는 특정 집단 또는 조직에서 공통으로 인용할 수 있는 하나의 구조를 만드는 기능으로 작용하기 때문이다. 소통에 참가하는 사람은 누구나 가치에 토대를 둘 수 있기 때문에 베커는 가치를 '소통의 구조'라고 강조하였다.

안타깝게도 한국 사회는 소통의 구조가 견고하지 못하다. 달리 말해 가치에 대한 공유가 제대로 이뤄지지 않고 있다. 한국은 진보와 보수간 대립이 치열해서 마치 두 개의 나라처럼 느껴질 때가 많다. 2012년 말에 치러진 18대 대선을 비롯해 대통령 선거 때가 되면 이러한 현상이 여실히 드러난다. 보수의 가치와 진보의 가치가 서로 대화하면서 정책이 같은 것은 함께 하고 다른 것은 다음을 위해 남겨두는 구동존이求同存異의 정신이 발을 붙일 자리가 없다. 연립정부나 정책연합의 경험이 거의 없고, 승자독식의 선거제도 하에서 상대를 꺾고 오직 이겨야 한다는 의지와 행동들이 낳은 문화적 산물이다. 해방 이후 불과 반세기 만에 압축적 경제성장과 민주화를 이룩한 역사의 진통이기도 하다.

한국은 5개의 국립묘지가 있는 나라다. 서울 동작구와 대전에 국립현충원이 있고, 서울 수유리에 국립 4.19묘지, 경남 마산 회원구에 국립 3.15묘지, 광주광역시 북구 민주로에 국립 5.18묘지가 있다. 영천, 임실, 이천의 호국원까지 포함하면 공식적으로는 8곳이다. 이 가운데 국립서울현충원은 국방부 소관이고, 나머지 국립묘지와 호국원들은 국가보훈처가 관리하고 있다. 그런데 상징성 차원에서 본다면 국립묘지를 크게

3개로 구분할 수 있다. 즉, 건국과 산업화를 상징하는 국립서울현충원과 민주주의와 민주화를 상징하는 국립 4.19 묘지 및 국립 5.18 묘지로 나눌 수 있다. 국립서울현충원에는 이승만 전 대통령과 박정희 전 대통령의 묘역이 있다. 대한민국 건국과 산업화를 상징하는 인물들이다. 다행스럽게 민주화를 상징하는 인물인 김대중 전 대통령의 묘역도 서울현충원에 마련되었다. 하지만 윤보선 전 대통령은 충남 아산의 선산에, 노무현 전 대통령은 경남 진영 봉하마을에 안장되어 있다. 시대의 불화를 상징적으로 보여주고 있는 사례다.

1948년 건국과 1960년 4.19 세대, 그리고 산업화 세대, 1980년 5.18과 1987년 6.10 민주항쟁 세대, 1997년 IMF 외환위기 세대, 2002년 월드컵 세대 등 각 세대별로 가치관에 차이가 있다. 차이는 경쟁과 발전의 기반이다. 하지만 가치의 차이를 인정하고 합리적인 수용이 이뤄지기 위해서는 역시 소통이 중요하다. 차이가 차별이 되지 않도록 하고, 다름을 인정하는 상호존중의 문화가 절실히 요구된다. 노무현 정부와 이명박 정부를 거치면서 '소통의 위기'가 크게 거론되었다. 노무현 전 대통령 시절엔 소통의 과잉이, 이명박 대통령은 소통의 부재가 지적되었다. 탄핵과 국가보안법, 사학법, 광우병 촛불시위, 미디어법, 천안함 및 연평도 포격 사태 등 굵직한 사건들이 터질 때마다 소통부족의 문제가 제기되었다.

정치권이나 정부와 달리 기업조직에서는 소통이 잘 되고 있을까? 삼성경제연구소가 2011년 3월 경영진과 직장인을 대상(총 935명)으로 설문조사를 한 결과, 직장인의 3분의 2(65.3%)가 조직에서 소통이 잘 안 된다고 평가를 내렸다.[12] 점수로 환산한 한국기업의 소통수준은 54점이었다. 소통의 주된 장애요인으로는 상명하복의 위계문화와 개인과 부서의 이기주의, 지나친 단기 성과주의가 꼽혔다. 직장 내 소통의 유형을 업무적 소통, 창의적 소통, 정서적 소통의 3가지로 나누고, 각 유형별 문제점도 조사했다.

업무적 소통에서는 상사의 불명확한 업무지시와 부적절한 피드백으로 인해 업무의 비효율이 초래되고 있는 것으로 조사되었다. 쌍방향 토론이나 의견교환 없이 일방적으로 진행되는 회의도 문제였다. 창의적 소통에서는 부서 간 정보교류와 협력 부족을 주요하게 거론했는데, 그 이유로 부서 이기주의라고 답했다. 정서적 소통 측면에서는 현장의 고충이나 애로사항에 대한 경영진과 상사의 관심 부족과 이를 해결하려는 의지가 미흡하다고 여겼다. 또한 서로 칭찬하고 격려하는 분위기도 부족하다고 했다.

소통은 구체적인 조직목표 달성을 위해 구성원의 일체감과 결속력을 이끌어내는 핵심 수단이다. 조직 내 신뢰구축과 위기극복을 위해 '소통하는 경영'이 요구되고 있다. 기업의 존재가치를 명확히 해야 구성원들을 하나로 모아낼 수 있는 소통이 원활히 이루어진다. 또한 소비자와의 소통도 쌍방향으로 활발하게 전개된다. 사회 구성원간 소통의 구조인 가치가 흔들리게 되면 결과적으로 사회 전체가 소통의 위기, 통합의 위기를 겪을 수밖에 없다. 원활한 소통이 이루어져야 핵심가치도 효과적으로 실현된다.

돈에서 사람 중심으로,
가치의 전환

가치를 평가하는 프레임이 바뀌면 가치의 중요성 역시 달라진다. 대표적으로 가치관의 변화를 들 수 있다. 가치관價値觀은 가치에 대한 관점을 뜻한다. 가치관은 중요하게 여기는 여러 가치들 중에서 우선순위를 결정하는 기준으로, 지속성과 가변성을 함께 지니고 있다.

시장을 보는 관점이 변화하고 있다. 세계적인 마케팅학자 필립 코틀러는 그의 저서 『마켓 3.0』에서 지금 우리들은 '3.0 시장' 즉 '가치 주도' 시대의 부상을 목도하고 있다고 주장하였다. 시장의 진화 과정을 코틀러는 '1.0 시장' '2.0 시장' '3.0 시장'이라고 구분한다. 오늘날 거의 대부분의 기업들이 '1.0 시장'에 머물러 있고, 일부는 '2.0 시장'을 선도하고 있다. 아주 극소수만이 '3.0 시장'을 향해 움직이고 있는데, '3.0 시장'을 먼저 읽고 개척하는 자들에게 그 이전에는 상상할 수 없었던 기회가 찾아올 것이라고 코틀러는 강조한다.

시장 구분의 핵심은 이렇다. 먼저 '1.0 시장'은 산업화 시대, 제품 중심의 시대를 말한다. '2.0 시장'은 오늘날의 정보화 시대, 즉 핵심기술이 '정보화 기술'인 시대와 더불어 출현하였다. 소비자들은 다양한 범위의 기능과 대안들을 놓고 선택의 자유를 즐길 수 있다. 기업은 소비자가 왕이라는 황금률을 신조로 삼고, 소비자의 필요와 욕구를 채우기 위하여 최선의 노력을 다한다. 즉 소비자 지향의 시대이지만, 불행하게도 소비자는 '수동적 타깃'으로 대상화 된다. 이에 반해 '3.0 시장'은 '가치 주도'의 시대다. '3.0 시장'은 소비자들의 행동 방식이나 태도의 변화에 크게 영향을 받는 시대다. 보다 세련되고 복잡해진 형태의 '소비자 중심 시대'라는 것이다. 소비자들이 협력과 문화, 그리고 영성 마케팅을 전보다 더 많이 요구하는 시대로 코틀러는 구분한다.

이러한 시장의 변화를 만들어낸 동력은 '세계화'와 '소셜 네트워크의 확대', 그리고 '창의적이고 영적으로 변화하는 세계'로 설명한다. '3.0 시장'을 이끌어 가는 이른바 '3.0 기업'들은 사람들을 단순한 소비자로 대하지 않고 이성과 감성, 영혼을 지닌 전인적 존재로 바라보는 접근방식을 택한다. '3.0 기업'들은 단순히 고객 만족과 이익 실현을 넘어서, 좀 더 큰 미션과 비전, 가치를 통해 세상에 기여하고자 한다. 그들은 가치를 통해 스스로를 차별화하며, 혼란의 시기일수록 이러한 차별화는 강력한 힘을 발휘하게 될 것이라고 코틀러는 강조한다. '3.0 기업'들은 기업 활동을 통해 경제위기와 질병, 빈곤, 환경파괴 등 산적한 사회문제들을 해결하겠다는 궁극의 목적을 안고 있다.

2008년 글로벌 금융위기를 겪은 이후 자본주의를 바라보는 관점도 크게 변화하고 있다. 가장 의미 있는 사례가 영국의 경제평론가 아나톨 칼레츠키가 제시한 '자본주의 4.0' 논의이다. 칼레츠키는 자본주의가 위기를 통해 진화하는 적응력 있는 사회시스템이라고 규정하고, 위기 극복을 위한 새로운 자본주의의 필요성을 역설한다. 칼레츠키는 "자본주의 3.0은 자체의 반정부 이데올로기의 모순 때문에 무너졌다"고 지적한다. 따라서 '자본주의 4.0'은 정부와 시장의 역할 가운데 하나만 강조했던 이전 시대의 경제 인식과는 달리 정부와 시장이 모두 잘못될 수 있다는 사실에 기초하여 정치와 경제를 적대적인 관계가 아니라 서로 협력하는 관계로 인식해야 한다고 주장한다. 그는 이러한 '자본주의 4.0'의 특징을 '적응성 혼합경제'라는 말로 압축해서 표현한다. 새로운 자본주의 시스템은 민간부문과 공공부문이 모두 중요한 역할을 한다는 점에서 혼합경제이며, 상황과 여건에 따라 정부와 시장의 관계를 포함한 모든 경제규칙들이 끊임없이 변화한다는 점에서 '적응성 경제'라고 강조하였다.

칼레츠키에 앞서 빌 게이츠는 2008년 1월 스위스 다보스에서 열린 세계경제포럼 연설에서 새로운 자본주의 시스템으로 '창조적 자본주의'를 제안한 바 있다. '창조적 자본주의'란 전통적인 기부나 자선의 의미를 넘어, 시장의 힘과 작동원리를 활용해서 가난한 사람들과 불평등을 겪고 있는 사람들을 도울 수 있는 강력한 시스템을 만들자는 개념이다. 기업의 이윤추구와 더불어 사회적 책임을 강조하여 불평등을 완화하고 더 많은 사람들이 이익을 얻도록 하는 보다 진보된 형태의 자본주의를 제안하였다.

2012년 다보스포럼은 20세기 글로벌 질서를 주도했던 자본주의와 민주주의 모델을 고민하고 대안을 모색하는 자리였다. 클라우스 슈바프 세계경제포럼회장은 개회에 앞선 기자회견에서 "현 자본주의 시스템은 세계가 직면한 문제를 해결하는 데 실패했다"면서 "나는 자유시장의 신봉자이지만 자유시장은 사회를 위해 봉사해야한다"고 역설했다. 이어 그는 자본주의 대신에 인재주의에 초점을 맞춰야 한다"고 대안을 제시했다. 돈에서 사람 중심으로 가치가 바뀌는 거대한 전환이 세계적 차원에서 전개되고 있는 것이다.

새로운 경쟁우위,
핵심인재를 키워라!

경쟁우위는 특정 기업이 제공하는 제품이나 서비스가 시장에서 먼저 선택되도록 하는 능력이다. 쉽게 말해 경쟁에서 이길 수 있는 힘이다. 그런데 왜 경쟁력이란 말보다 경쟁우위라는 용어를 더 많이 쓸까? 현대 경영전략 분야의 석학인 마이클 포터가 『경쟁론』과 『경쟁우위』 등의 저서에서 이 용어를 사용한 뒤 일반화되었기 때문이다. 어떤 기업이든 다수의 경쟁자에 비해 모든 분야에서 경쟁력을 지니기는 어렵다. 어떤 부분에서는 경쟁자보다 더 낫고, 어떤 부분에서는 경쟁자 보다 못한 경우가 많다. 여기서 어떤 부분이 강하고, 어떤 부분이 약하냐를 설명하기 위해 포터는 그 유명한 가치사슬 개념을 도입한다. 기업 활동을 제품의 설계, 생산, 마케팅, 유통 등의 세분화된 활동으로 나눈 것이다. 기업의 각 활동은 독립된 것이 아니라 서로 연계성을 지닌다. 가치사슬은 구매자들이 더 높은 값을 내게 하는 가치의 원천은 무엇인지, 또 어떤 제품이나 서비스는 왜 다른 것으로 대체 가능한지에 대한 분석의 틀을 제공한다. 포터는 기업의 경쟁우위를 위한 기본 전략으로 저원가 전략, 차별화 전략, 집중전략 3가지를 제시하였다. 이 중 기업이 창출할 수 있는 경쟁우위는 원가우위와 차별화 우위다. 제품과 서비스를 경쟁자보다 더 싸게 제공하거나 아니면 비싸더라도 소비자가 사게 되는 차별화 포인트를 갖춰야 한다는 것이다.

경쟁우위와 비슷한 개념을 세계적 경영석학 C.K 프라할라드는 핵심역량으로 표현했다. 핵심역량은 경쟁기업이 모방할 수 없고 절대적으로 경쟁우위를 창출할 수 있도록 하는 기업의 독특한 자원과 능력의 조합을 의미한다. 그는 특히 마이클 포터와 달리 기업의 장기적인 생존 여부를 결정하는 요소는 외부 환경이 아닌 내부의 핵심역량에 의해 결정된다고 주장했다. 기술이 급변하고 경쟁이 치열해 지면서 시장에 대한 예측이 어려워지자 기업 외부환경에 치중하던 경영전략 대신 기업 내부에서 성공의 원천을 찾으려는 관점이다. 즉, 경쟁기업보다 훨씬 우월한 내부의 핵심역량을 찾아서 이를 통합 관리하고 발전시켜 나가야 한다는 것이다.

경쟁우위나 핵심역량 모두 기업이 무엇으로, 또한 어떻게 경쟁자들과 차별화 시킬 것인가에 초점을 맞추고 있다. 지식 정보화 시대, 창조경제의 시대를 맞아 기업이 근본적인 차별성을 지닐 수 있는 방법은 과연 무엇인가? 거시적 관점에서는 사람과 탁월한 가치 제안이 대안이다.

삼성전자는 2012년 매출액 201조 500억 원, 영업이익 29조 100억 원을 기록했다. 세계 경기침체와 특허 분쟁의 어려움 속에서 이뤄낸 사상 최대의 실적이다. 휴대폰과 스마트 TV 등에 대한 수요가 더 있다고 가정하고, 현재의 시스템을 2배 규모로 늘린다고 예상해보자. 자본과 토지, 시설, 사람 중에 어떤 자원이 가장 부족할 것인가? 과거에는 자본이 관건이었으나 지금은 하루에도 수십조 원 규모의 디지털화된 돈이 세계를 넘나든다. 적절한 수익을 보장하면 삼성전자의 신용도에서 자본조달은 문제가 안 된다. 공장과 사무실 부지, 관련 설비 등도 구하는 것은 어렵지 않다. 관건은 사람이다. 현재 삼성전자에서 200조원이 넘는 매출액을 달성할 정도로 재능 있고 훈련된 사람을 구하는 것이 가장 문제가 될 것이다.

맥킨지 컨설팅은 『인재전쟁』에서 과거의 현실과 새로운 현실을 이렇게 비교했다. 과거에는 기계, 자본, 지리적 위치가 경쟁우위였으나 현재는 재능 있는 사람들이 경쟁우위다. 과거에는 더 나은 인재가 약간의 차이를 만드는 정도였으나 현재는 더 나은 인재는 엄청난 차이를 만든다. 과거에는 직장이 희소했으나 현재는 재능 있는 사람이 희소하다. 과거에는 직원들이 충성스럽고 고용은 안정적이었으나 현재 직원들은 이동하기 쉽고 직원들이 헌신은 단기적이다.

맥킨지 컨설팅은 특히 '인재개발이 모든 리더의 의무'라고 규정하고, 뛰어난 인재유치를 위해 EVP^{Employee Value Proposition} 즉, 직원 가치제안을 만들 것을 조언하였다. EVP는 고객 가치제안인 CVP^{Customer Value Proposition}를 응용한 것이다. EVP는 직원들이 회사의 일원으로 일하면서 경험하고 부여 받게 되는 모든 것들의 총합이다. 일에 대한 본연적인 만족감에서부터, 보상, 환경, 리더십, 동료 등을 모두 포괄하는 개념이며, 회사가 직원들의 필요와 기대, 꿈까지도 얼마나 잘 충족시켜주고 있는가를 가리킨다고 하였다.

인재의 중요성에 대한 강조는 맥킨지만 하는 것이 아니다. 매일경제신문이 주최한 2010년 세계지식포럼에서 세계적 컨설팅 회사인 프라이스워터하우스쿠퍼스 데니스 낼리 회장은 글로벌 금융위기 이후 많은 기업들이 비용절감 등 단기적 문제해결에 치중하고 있지만 위기에서 벗어나 상황이 좋아지면 인재유치 경쟁이 시작될 것이라고 전망했다.

시스코 시스템스의 글로벌 사업 총책임자인 윔 엘프링크도 지속가능한 기업이 되려면 뛰어난 인재를 유지하라고 강조했다. 즉 이제는 '무엇을 얼마나 만드냐' 보다 '어떤 인력으로 어떤 세상을 만들고 싶은가'가 기업을 상징하는 브랜드 아이덴티티를 규정하는 시대다.

3장

CEO 같은 직원이
많아진다면

2010년 3월, 남한산초등학교 중강당에서 경기도리더십아카데미가 열렸다. 이날 열린 경기도리더십아카데미에서는 2가지 주제를 다뤘다. 대안학교가 아닌 공립학교인데도, 초등 공교육 혁명을 이뤄내고 있는 남한산초등학교의 성공 사례와 함께 경기도 핵심가치인 G-Value에 대한 것이다.

남한산초등학교의 사례 또한 핵심가치를 만들고, 잘 실천해 성과를 거둔 우수사례이기에 잠깐 언급하고 넘어가겠다.

남한산초등학교는 100년이 넘는 역사를 가지고 있지만 학생 수가 적어 폐교 위기까지 몰렸다가, 학교를 살리겠다는 교사와 학부모, 지역사회의 노력으로 지금은 아이들이 학교에 가는 것을 즐거워하는 학교가 되었다. 새로운 학교를 만든다는 목표에 따라 관료적 교육행정의 산물인 공문 작성과 전시성 행사를 과감하게 없애고, 학생 중심의 교육과정이 이뤄지도록 교사들에게 자율성을 부여했다. 이에 따라 40분 수업에 10분 쉬는 다른 학교와 달리 이 학교는 80분 수업에 30분 쉬는 '블록수업 시간제'를 실시한다. 공부를 집중적으로 하는 만큼 쉬는 시간에는 축구나 야구를 하며 맘껏 뛰어 논다. 권위의 상징이던 조회대와 교훈판 등을 없애고, 교실 바닥을 온돌방으로 바꿔 분위기를 따뜻하게 만드는 등 모든 것을 아이들의 눈높이에 맞췄다. 즐거운 학교생활을 위해 공동체의 만남이 있는 숲속학교(바다학교), 생활문화체험의 여름계절학교, 그리고 예술문화체험의 가을예술학교를 운영하고 있다.

'관료적 학교문화냐, 학부모 위주의 수요자 중심 교육이냐'에서 머물던 기존 교육 틀을 깨고 남한산초등학교는 교장-교사-학부모-지역주민 등 학교 구성원의 합의를 통해 교육 내용과 형식에서 혁신을 이뤄냈다. 이에 따라 경기도는 물론 부산과 전북 등 전국에서 도심 속 공립 초등학교의 모델로 '남한산 방식'을 벤치마킹하고 있다.

최웅집 당시 남한산초등학교장의 특강에 이어 저자는 핵심가치의 개념과 중요성, 그리고 G-Value, 즉 경기도 핵심가치에 대하여 강의를 했다.

1시간가량의 강의를 통해 핵심가치는 조직의 설립 목적, 즉 존재 이유를 실천하는 리더와 구성원들의 신념이자 믿음임을 설명했다. 핵심가치는 조직의 방향 설정과 구성원들의 몰입 유도, 팀워크 강화에 크게 기여하며, 비전과 가치에 의해 움직이는 조직은 위기에 매우 강하다. 여기서 중요한 것은 리더들의 솔선수범이다. 부하 직원들이 핵심가치를 열심히 배우고 실천하는데 정작 리더들이 핵심가치에 어긋나는 행위를 하게 되면 조직의 신뢰가 한 순간에 무너지기 때문이다.

263명의
시장 만들기

　6개월이 지난 2010년 9월, 경기도 안성시 교육협력과에서 강의를 위한 면담 요청을 받고 안성시청을 방문하게 되었다. 그런데 실제 미팅을 한 사람은 이철섭 당시 부시장(2011.6.30 명예퇴임)이었다. 인사를 나누고, 명함을 교환하고 나자 이 부시장이 나를 보자고 한 이유를 말했다. 남한산초등학교에서 열렸던 경기도 리더십아카데미에서 내 강의를 잘 들었는데, 그 후 안성시 부시장으로 부임하게 되었다는 것이다. 그러면서 안성시청의 6급 이상 공무원들을 대상으로 '핵심가치와 시민만족 행정을 위한 공직자의 자세'에 대한 강연을 해달라고 요청했다. 신임 안성시장의 시정 목표가 '시민만족 행정'이므로 핵심가치와 시정 목표를 연계하여 강연을 잘 해달라는 당부였다.

　얼마 후 안성시민회관에서 요청 받은 강연을 하게 되었다. 그런데 참석한 공무원들에게 미리 공지한 강연 제목이 내게 요청한 것과 달랐다. 공지된 강연 제목은 '263명의 시장 만들기 프로젝트'이었다. 이 전 부시장이 머리가 좋으신 분이라 핵심가치의 의미를 바로 파악한 것까지는 괜찮은데 강연 제목을 본인 뜻대로 바꿔 버린 것이다.

　다소 난감하기는 했지만, 이미 모인 사람들은 그 제목에 대한 강의를 기대하고 왔을 것이기에 제목에 맞추어 이야기를 풀어 나갔다. 강연 서두에 제목은 서로 다르지만 두 개의 제목이 그 뜻에 있어서는 상통한다는 점을 언급했다. 덕분에 강연장의 열기는 더 뜨거웠고, 호응 또한 여느 강연보다 많았다.

　6급 이상 263명의 안성시 공직자들이 신임 시장의 생각과 안성시의 핵심가치를 공유한다면 시장은 한 명이지만 263명의 시장이 움직이는 효과를 거둘 수 있다. 이것이 가치 기반의 조직 운영이고, 핵심가치의 힘이다.

　기업이 글로벌 규모로 성장하면서 해외출장이 잦은 CEO 중에 가끔 "내 몸이 열 개였으면 좋겠다"는 말을 하는 사람이 있다. 중국의 소설『서유기』에 보면 손오공이 자기 머리카락을 뽑아 자신과 똑같은 분신들을 만들어서 요괴를 물리치는 분신술이 나온다. 아마도 이런 분신술을 꿈꾸는 것이리라. CEO가 많은 일을 하는 것은 당연하다. 그러나 직원들과 함께 성장하는 조직을 위해서라면 CEO가 모든 것을 하려는 생각부터 버려야 한다. 조직의 창업자와 CEO의 신념을 토대로 조직 구성원들이 합의하여 조직의 핵심가치를 만들고, CEO를 포함한 모든 구성원들이 핵심가치를 토대로 함께 활동하는 것이 중요하기 때문이다. 이렇게 해야 시너지가 이뤄지고, 조직이 더욱 발전한다.

진정한
리더의 조건

　2013년 1월, 우루과이, 핀란드, 미국, 한국, 스웨덴 등 5개국의 사례를 통해, 요즘 화두가 되고 있는 '착한 성장'을 이룰 수 있는 리더십 모델이 어떤 것인지를 제시하는 SBS스페셜 〈리더의 조건〉이 방송된 후 인터넷과 트위터가 뜨겁게 달궈졌다.

호세 무히카 우르과이 대통령은 관저는 노숙자들에게 내어주고 대통령이 되기 전에 살던 아내 소유 농가에서 출퇴근한다. 재산은 중고차 한 대가 전 재산이다. 그런데도 월급 1,300만 원의 90%는 빈민층의 주택마련을 위해 내놓는다. 재선을 포함해 12년의 대통령직을 수행한 핀란드의 국민 엄마 타르야 할로넨 전 핀란드 대통령도 소개되었다. 그녀는 대통령 시절 해외 순방 중에도 숙소에서 직접 다림질을 하고, 머리는 스스로 빗는 것으로 끝낼 정도로 검소함이 몸에 배었다. 여성 판사로 일 하다가 불공평한 사회를 개선하기 위해 19년째 국회의원 활동을 하고 있는 수산네 에버스테인 스웨덴 국회부의장도 나왔다. 그녀는 출퇴근 시 대중교통을 이용하고 근무 후에는 슈퍼에서 직접 장을 본다. 이 3명은 정치인인 반면 미국과 한국 사례는 기업인이었다. 미국 사례는 노스캐롤라이나 주에 있는 소프트웨어 업체 새스 인스티튜트의 짐 굿나이트 회장, 한국은 IT 벤처기업 제니퍼소프트의 이원영 대표가 소개되었다. 방송에서 소개된 리더들은 모두 특권 의식이 없고, '리더이지만 보통 사람과 다르지 않음'과 '신뢰'라는 공통의 덕목을 지니고 있었다.

제니퍼소프트 이원영 대표의 경우, 방송에서는 IT기업이라는 것 외에는 회사 이름도 소개되지 않았지만, 리더의 조건, 이원영 대표 등이 포털 사이트 검색어 상위권을 차지하는 등 크게 화제가 되었다. 네티즌들은 '한국에도 저런 회사 사가 있다니' ' 꿈의 직장' '대기업도 부럽지 않은 직장'이라는 반응을 보였다.

경기도 파주시 예술인마을 인근에 위치한 제니퍼소프트 사옥은 지하 1층, 지상 3층의 붉은 벽돌로 지어진 건물이다.[13] 지하 1층에는 수영장과 스파가 있고, 1층은 제니퍼 카페라는 커피숍 겸 식당이 있다. 앞뒤가 전면 유리로 탁 트여 있어 데이트 장소로도 손색이 없다. 정규 바리스타가 커피를 만들고, 호텔 출신 요리사가 식사를 준비하는데 이들은 모두 정규직이다. 직원들이 자녀를 데리고 올 수 있도록 별도의 놀이방도 마련돼 있다. 2층과 3층은 사무실이다. 2층은 마케팅 등 대외 활동이 많은 부서가, 3층은 프로그램을 개발하는 개발자들이 사용한다. 사장실은 따로 없다. 직원들이 앉을 자리를 먼저 정하고 남은 2층 자리 중 하나를 쓰고 있다.

오후 2시가 되면 일부 직원들은 지하 1층 수영장으로 내려가 수영을 한다. 다른 직원은 악기를 연주한다. 업무시간은 오전 10시부터 오후 6시까지다. 점심시간 1시간을 제외하면 근무시간은 7시간이다. 공식적으로 일주일에 35시간을 업무시간으로 명시하고 있다. 하지만 일반 회사들과는 개념이 다르다. 수영을 하거나, 혼자 사색을 하거나 휴식을 취하는 것도 근무 시간에 포함된다. 사장 눈치를 안 보고 자유롭게 놀고 일하는 자유분방한 직원들의 모습에 시청자들은 놀라워했다. 입사 첫 해에 20일의 휴가가 주어지며, 입사 연차에 따라 휴가 일수가 늘어난다. 휴가원을 미리 내는 것도 아니다. 날씨가 너무 좋아서 갑자기 놀고 싶어졌으니 급한 일은 휴대폰으로 연락 달라고 아침에 회사로 메일을 보내면 사장이 "잘 했다"고 칭찬하는 댓글을 단다. 5년 이상 근무한 직원들에게는 가족 해외여행이 지원되고, 10년 이상 근무자는 두 달의 유급휴가가 주어진다. 직원들의 출산 장려금으로 자녀당 1,000만 원이 지급되는 복지 혜택이 주어진다.

방송에서 이원영 대표는 파격적인 발언들을 했다. "직원들이 회사에서 좀 놀면 안 되나요? 그래야 직원이 행복하잖아요. 행복하게 살기 위해 우리 회사에 오신 분들인데 그렇게 해드려야죠"라고 했다. 직원 고생시켜서 살아남는 그런 기업은 존재하는 것 자체가 문제라고도 지적했다. 이어 "이윤추구의 극대화가 기업의 목표라면 직원들이 수단이 되고, 비용이 되고 심지어 인적자원이 되겠죠. 그런데 돈을 버는 것이 전부가 아니라 그 외의 것은 뭐냐는 질문을 던져보면 구성원들과 함께 나누고 더불어 살아가고 행복해지는 것이 아니겠는가 싶어요"라며 자신의 경영철학을 밝혔다. 이대표는 인터뷰에서 "인간이 자신의 역량과 능력을 가장 열정적으로 발휘할 수 있는 기본적인 전제 조건은 자율성"이라고 강조했다.

앞서 언급한 새스 인스티튜트는 사실 국내외 여러 경영학 저널과 미디어를 통해 이미 널리 알려진 '꿈의 직장' 원조이다. 비즈니스 정보 분석 소프트웨어 분야에서 세계 1위인 회사이자, 파격적인 직원복지로 유명하다.[14] 이 회사는 노스캐롤라이나 주 캐리Cary라는 365만㎡(110만평) 규모의 숲 속에 위치하고 있다. 기업 명칭도 회사 대신 연구소나 기관이란 의미의 '인스티튜트'로 사용하고, 본사를 '캠퍼스'라고 부른다. 4,000여 명의 직원들이 근무하는 이곳에는 병원은 물론 체육관, 미용실, 마사지실 등 다양한 편의시설을 갖추고 있다. 워킹맘을 위한 유아원이 두 곳이나 있어 최대 500명의 아이들을 돌 볼 수 있다. 자녀를 맡기고 일하는 엄마들은 언제든 찾아가 아이를 볼 수 있고, 점심도 피아노가 연주되는 구내

식당에서 아이들과 함께 식사를 할 수 있다. 직원 복지를 위한 지원 인력만 300명이 넘는다. 이들도 물론 모두 정규직이다. 전 직원이 개인 사무실을 사용하는데, 회장에서부터 신입사원까지 규모가 똑같다. 승진은 사무실 크기가 커지는 것이 아니라는 메시지를 주기 위한 회장의 방침에서 비롯되었다.

인사시스템도 독특하다. 이 회사엔 야근과 잔업, 그리고 해고와 정년이 없다. 근무시간은 주 35시간이다. 직원들의 정시 퇴근을 독려하기 위해 오후 5시 이후엔 전화를 자동응답기로 전환한다. 정년이 없기 때문에 60세가 넘은 직원들도 많다. 창업자이자 통계학 박사인 짐 굿나이트 회장의 나이도 올해 69세다.

이렇게 파격적인 사원 복지가 자칫 비효율과 경영실적 악화로 연결되지 않을까 염려할 수 있을 것이다. 그러나 1976년 창업 이래 36년간 단한 번도 적자를 내지 않고 성장세를 지속했다. 2012년 매출은 27억 달러를 조금 웃도는 수준이다. 우리 돈으로 3조 원에 달한다. 차입금은 제로다. 복지혜택을 유지하기 위해 상장도 하지 않고 있다. 상장을 하면 직원들에 대한 많은 복지혜택에 대해 주주들로부터 불만이 제기될 수 있음을 우려해서다. 글로벌 금융위기가 한창이던 2009년에는 정리해고 한명 없이 전년보다 조금 못한 선에서 흑자를 달성했다. 직원들이 그 만큼 혼신을 다해 일 했기 때문이다. 굿나이트 회장은 그 해말 결산 후 상당한 보너스로 직원들에게 보답했다.

굿나이트 회장은 이날 방송 인터뷰에서 "날마다 오후 5시가 되면 회사의 주요 자산들이 이동을 한다. 내가 할 가장 중요한 일은 그 자산들이 다음날 아침 출근하도록 하는 것"이라고 했다. 이어 "좋은 성과를 얻으려면 명확한 비전과 훌륭한 전략뿐 아니라 조직 구성원들이 스스로 최선을 다하도록 해야 한다. 그러려면 직원들의 지식, 스킬뿐 아니라 마음까지 얻어야 한다. 직원들과 신뢰를 형성하고, 직원들이 발전할 것이라 믿고 대접한다면 직원들은 결국 발전할 것"이라고 강조했다.

한국의 IT 기업 중 '꿈의 직장'을 실현하고 있는 제니퍼소프트의 실적은 어떨까? 파격적인 복지혜택으로 인해 주변에서는 그러다 망한다고 말하는 사람들도 있으나 이대표는 "절대로 안 망한다. 오히려 더욱 잘될 것"이라고 힘주어 말했다. 실제로 이 회사는 창업 이후 8년 동안 가파른 성장세를 기록하고 있다. 애플리케이션 성능관리 분야에서 국내 시장 1위다. 국내뿐 아니라 미국, 일본, 중국, 독일, 네덜란드 등 16개국 글로벌 협력사를 통해 해외에 진출하고 있다. 2012년 매출은 120억 원, 2013년에는 매출 140억 원을 바라보고 있다. 리더들의 확고한 경영철학이 회사 성장의 밑거름이 되고 있는 것이다.

사명으로 움직이는
조직

피터 드러커는 "모든 비즈니스는 반드시 위대한 미션으로부터 출발해야 한다"고 강조했다. 일반적으로 기업의 목적은 이윤 극대화로 알려져 있다. 기업의 목적이 이익창출이라면, 이익이 난 회사는 그 후에 무엇을 할 것인가? 또한 더 많은 이윤창출과 이익 극대화가 목적이라면 더 많은 이윤을 얻기 위해서는 무슨 짓이든 해도 되는가?

피터 드러커는 기업의 목적이 이익 극대화라는 대답은 틀렸을 뿐만 아니라 기업이라는 조직을 설명하는 데 적합하지도 않다고 했다. 물론 이익은 경영에서 매우 중요한 사안이긴 하지만, 이익은 기업경영에 있어 목적이 아니라 제약 조건일 뿐이다. 드러커는『경영의 실제』에서 기업 목적은 시장을 창조하는 것, 즉 새로운 가치를 가진 제품이나 서비스를 제공함으로써 새로운 시장을 만들어내는 데 있다고 했다. 고객은 기업이 창조한 새로운 제품과 서비스를 구입해서 자신의 욕구를 충족시킨다. 따라서 기업의 존재이유는 바로 고객창조 혹은 고객만족에 있다. 이익은 이러한 목적을 달성하는 과정에서 발생하는 부산물일 뿐이라는 것이다.

기업의 존재 이유에 대해서 다시금 생각해보게끔 하는 것이 UN의 밀레니엄 개발 목표MDGs, Millennium Development Goals다.

- **절대 빈곤 및 기아 퇴치** : 하루 1달러 이하로 살아가는 인구 절반으로 줄이기
- **보편적 초등 교육 실현** : 모든 아동에게 초등교육 혜택 부여
- **양성평등 및 여성능력의 고양** : 모든 교육수준에서 남녀차별 철폐
- **유아사망률 감소** : 5세 이하 아동사망률 2/3 감소
- **산모 건강 증진** : 산모 사망률 3/4 감소
- **HIV/AIDS, 말라리아 및 기타 질병 퇴치** : AIDS와 말라리아 등의 확산 저지
- **지속 가능한 환경 보장** : 안전한 식수와 위생환경 접근 불가능 인구 절반으로 줄이기

- **개발을 위한 글로벌 파트너십 구축** : MDGs 달성을 위한 범지구적 파트너십 구축

2000년 9월, 창설 55주년을 맞아 UN은 189개국 정상들이 참석하는 밀레니엄 정상회의를 열고 이틀간의 회의를 통해 빈곤, 질병, 환경파괴 등과 같은 8개 분야의 전 세계적 문제 해결을 위한 '새천년정상선언'을 채택했다. 2001년 제56차 유엔총회는 국제사회가 이행해야 할 8개 과제를 밀레니엄 개발 목표로 명명하고, 2015년까지 MDGs의 이행을 위한 종합적인 노력을 기울여 나갈 것을 결의했다.

UN밀레니엄 개발목표들은 해결하기에 너무 큰 과제들일까? UN과 각국 정상들의 발의로 시작되었지만 점차 많은 글로벌 기업들은 MDGs의 가치를 실현하는 것이 비즈니스 적으로도 유용하다는 것을 깨달았다. 유니레버, 네슬레, 필립스, 보다폰, 라보뱅크, S.C 존슨, P&G 등은 기업 경영방침에 MDGs를 통합시켜 이윤을 내는 대표적인 기업들이다.

예를 들어, 네덜란드의 최대 은행인 라보 뱅크는 2007년 연이율 3%에 해당하는 이자를 커피로 지불하는 '커피 저축' 상품을 내놓았다. 이 상품은 불황과 가격 하락으로 고통 받는 아프리카 및 남아메리카의 커피 생산자들을 위해서 마련된 것이다. 커피는 전 세계적으로 석유에 이어 두 번째로 많은 교역량을 차지하는 품목이다. 그러나 기상재해나 작황에 따라 가격 변동이 심하고, 선진국 가공 기업들의 높은 이윤 추구로 정작 커피의 최대 생산지인 아프리카와 남미, 아시아 국가들은 빈곤을 면치 못하고 있다. 그래서 생각해낸 것이 '커피 저축' 상품이다. 한 계좌당

950유로(약 140만 원)를 저축할 경우, 이자 대신 1년 동안 250g분량의 에티오피아, 페루, 온두라스산 커피 12봉을 받는 이 상품은 큰 호응을 얻고 있다.

'전 세계 소비자들의 삶의 질을 향상시키는 품질과 가치를 지닌 브랜드 제품과 서비스를 공급한다'는 경영 목표를 지닌 P&G는 LLT^{Live, Learn and Thrive} 프로그램을 통해 한 해에 2억 리터의 깨끗한 식수를 제공함으로써 46만 명의 어린이들이 건강하게 생활하는데 기여하고 있다. 물 정화 키트를 개발해 아프리카에 원가로 제공하고, 지역 소매상인들이 제품 판매를 통해 수입을 얻도록 지원하는 것이다. 또한 중국의 희망 학교 사업, 신생아 백신 제공 등 MDGs 해결을 위해 노력하고 있다.

경영학자 C.K. 프라할라드는 2004년 『저소득층 시장을 공략하라』에서 전 세계 인구의 3분의 2를 차지하는 저소득층을 주목 하라고 강조했다. 그 동안 관심을 두지 않았던 저소득층이 기업들의 성장과 발전의 원천이 될 것이며, 나아가 정부와 NGO들이 수십 년간 해결하지 못했던 빈곤 퇴치 및 저소득 국가에 만연한 부정부패의 사슬을 끊을 수 있다고 역설했다.

이를 실천한 기업이 있다. 티비스키 유업은 국민 300여만 명 중 70%가 하루 1.25달러 미만으로 살아가는 나라인 서부 아프리카 마우리타니아에서 사하라 사막의 유목민에게 구매한 낙타 젖으로 치즈를 만들어 도시 지역 빈곤층에게 판매한다. 공급자와 수요자 모두 빈곤층이다. 이 기업을 통해 도시 빈곤층은 제대로 된 먹거리를 얻고, 유목민들은 시장 즉 일자리를 얻고 있다. 티비스키 유업은 최근 유럽과 뉴욕에까지 낙타 치즈를 수출하는 회사로 성장했다.

기업의 사회적 책임을 강조하기 위해 만들어진 국제협약도 있다. 유엔글로벌콤팩트UN Global Compact는 1999년 1월 코피 아난 전 유엔 사무총장이 다보스포럼에서 세계화로 인해 발생한 여러 문제들을 해결하는데 기업들이 사회적 책임 이행을 통해 적극 나서자는 취지로 발의한 후, 2000년 7월에 발족된 유엔 산하 전문기구다. 130여 개국에 걸쳐 8700여 곳 이상의 기업, 공공기관, 시민단체 등이 가입해 있다. 글로벌콤팩트는 반기문 현 유엔 사무총장의 중점 추진 아젠다 중 하나이다. 기업 활동에 있어서 인권, 노동, 환경, 반부패에 관한 10대 원칙 준수가 핵심이다.

인권 Human Rights

- 기업은 국제적으로 선언된 인권 보호를 지지하고 존중해야 한다.
- 기업은 인권 침해에 연루되지 않도록 적극 노력한다.

노동규칙 Labor Standards

- 기업은 결사의 자유와 단체교섭권의 실질적인 인정을 지지하고,
- 모든 형태의 강제노동을 배제하며,
- 아동노동을 효율적으로 철폐하고,
- 고용 및 업무에서 차별을 철폐한다.

환경 Environment

- 기업은 환경문제에 대한 예방적 접근을 지지하고,
- 환경적 책임을 증진하는 조치를 수행하며,
- 환경 친화적 기술의 개발과 확산을 촉진한다.

핵심가치

반부패 Anti-Corruption

• 기업은 부당취득 및 뇌물 등을 포함하는 모든 형태의 부패에 반대한다.

UNGC 한국협회에는 포스코, KT, SK텔레콤, 대한항공, 아시아나항공, 아모레퍼시픽, 신한은행, 우리은행 등 국내 190여 개 기업과 금융기관이 가입해 있다.[15] 인류가 직면한 세계적인 과제들을 단지 문제가 아니라 비즈니스의 기회로 보는 기업가들이 있다. 또한 실제로 이러한 과제들을 해결하는 과정에서 이익을 만들어내는 기업들이 늘어나고 있다. 정부나 공공기관, NGO만이 아니라 이제 기업들도 명확한 사명을 요구 받고 있는 것이다.

3부

핵심가치란
무엇인가?

핵심가치는 비전의 핵심요소

기업문화를 대변하는 핵심가치

리더의 신념에서 조직의 영혼으로

1장

핵심가치는 비전의
핵심요소

·

컨설팅 기업 베인앤컴퍼니의 오릿 가디쉬 회장은 핵심가치에 대해 "기업 구성원이 공유하고 신뢰하는 핵심적인 원칙, 믿음, 가치"라고 정의하였다. 또한 "기업이 어려워도 핵심 가치를 지켜야 하며 핵심가치를 실천하려면 먼저 주인의식을 가져야 한다"고 강조했다.

핵심가치는 조직의 의사결정이나 전략수립에 대한 지침이 되는 가치들 중에서 가장 중요하게 여기고, 여러 가치들의 중심에 있는 가치이다.

핵심가치는 또 기업이념 체계 및 비전 체계의 핵심적인 요소이다. 그런데 여러 경영학자들이 각자의 관점에 따라 기업이념 및 비전 체계를 다양한 방식으로 설명하고 있어, 핵심가치의 개념과 체계를 분명히 하는 데 애로가 있는 것이 현실이다. 이 장에서는 비전과 핵심가치와의 관계를 명확히 알아보고자 한다. 또한 핵심가치와 기업이념 관계에 대하여 구체적인 기업 사례를 통해 살펴본다.

기업의 미래를
나타내라

　기업이념은 기업을 어떤 목적, 또 어떤 방식으로 경영해 나갈 것인가에 대한 기본적 생각, 사상을 표현한 것이다. 기업이념은 창업자나 경영자가 중시하는 그 기업 고유의 가치관으로도 해석할 수 있으며, 경영철학, 경영이념, 신조 등으로 표현되기도 한다.

　기업이념의 체계를 보면 일반적으로 기업목적, 경영이념, 행동규범의 3단계로 이루어져 있다. 일부 기업들은 기업목적을 경영이념에 포함시켜서 사용하기도 한다. 기업목적은 기업이 추구하고자 하는 사업의 목적과 이유에 관한 근원적인 것으로 기업의 근본적인 존재이유를 나타낸다. 즉, 기업목적은 기업이 지향하는 방향과 신념, 가치 등을 나타내는데, 창업자의 경영철학이 강하게 반영되어 기업이념, 사시, 사명, 경영원칙 등으로 표현된다. 행동규범은 경영이념을 실천하기 위한 직원들의 구체적 행동계획으로서 일하는 자세와 방법, 행동의 기준이다. 이를 행동지침, 행동원칙, 사원정신 등으로 표현하는 경우도 있다.

　기업이념을 미션, 비전, 핵심가치로 구성된 것으로 보는 견해도 있다. 먼저 미션Mission은 그 기업의 근본적인 존재 이유와 목적을 의미한다. 기업이념에서 기업목적에 해당되는 부분으로, 가장 상위의 개념이다. 또한 비전Vision은 일반적으로 회사가 지향하는 바람직한 미래의 모습 즉 미래상을 말한다. 최상위 개념이 기업의 미션에 따라서 구체적으로 달성해야 할 중장기적인 미래 목표의 구체적인 이미지를 의미한다. 가치Values는 그 비전을 추진하는 과정에서의 의사결정 기준 또는 행동의 원칙으로 작용한다. 이를 M-V-V모형이라고 말한다. 또한 기업이념 체계를 설명하면서 흔히 서양식 신전 모양으로 비전과 가치, 전략 등을 압축하여 보여주기 때문에 이를 비전 하우스Vision House 모델로 부르기도 한다.

경영학자들이나 일부 기업들은 기업이념이란 단어를 여전히 사용하고 있지만, 네이버와 다음, 구글코리아 등의 포털사이트에서 기업이념으로 검색하면 잘 찾아지지가 않는다. 우리나라에서는 기업이념이라는 용어 대신 경영이념이라는 용어를 주로 사용하고 있기 때문이다. 네이버 백과사전에 의하면 경영이념은 '경영자가 기업을 영위하는 데 있어 지침이 되는 기본적인 의식'이라고 정의하였다. 나아가 경영이념은 기업의 신조인 동시에 경영자의 철학이며, 사시社是, 사훈社訓 등으로 표현된다고 설명했다.

한국능률협회컨설팅은 2004년부터 매년 한국의 존경 받는 기업에 대한 조사를 하고 있다. 전 산업을 포함하여 30대 기업을 선정하는 올스타 기업과 산업별 내 1위 기업을 선정하는 2가지 조사유형으로 진행된다. 이 조사는 『포천』의 '세계에서 가장 존경받는 기업The World's Most Admired Companies' 조사 모델을 참조로 한국적인 상황을 더하여 개발된 것이다. 존경 받는 기업은 산업계 간부직 5,000여 명, 일반 소비자 4,600여 명, 증권사 애널리스트 230여명 등 총 1만 명 안팎을 대상으로 설문조사를 거쳐 선정된다. 조사 항목은 혁신능력과 주주가치(재무건전성, 자산활용도), 직원가치(인재육성, 복리후생), 고객가치(제품과 서비스의 질, 고객만족활동), 사회가치(사회공헌, 환경친화 및 윤리경영), 이미지가치(신뢰도, 선호도)

2013년 한국에서 가장 존경받는 기업

순위		기업명
2013년	2012년	
1위	1위	삼성전자
2위	2위	포스코
3위	4위	현대자동차
4위	3위	유한킴벌리
5위	5위	유한양행
6위	8위	현대중공업
7위	10위	인천국제공항공사
8위	6위	안랩
9위	11위	삼성물산
10위	13위	SK텔레콤
11위	7위	LG화학
12위	9위	삼성생명보험
13위	12위	LG전자
14위	15위	삼성에버랜드
15위	20위	KT
16위	17위	신세계백화점
17위	21위	신한은행
18위	14위	풀무원
19위	19위	아모레퍼시픽
20위	26위	삼성화재해상보험
21위	24위	한국전력공사
22위	22위	이마트
23위	16위	기아자동차
24위	18위	아시아나항공
25위	35위	삼성증권
26위	98위	SK하이닉스
27위	25위	홈플러스
28위	28위	두산중공업
29위	32위	SK에너지
30위	29위	포스코건설

자료 : 한국능률협회컨설팅

등을 종합적으로 평가한다.

2013년 30개 올스타 기업, 즉 가장 존경 받는 기업에는 삼성전자, 포스코, 현대자동차, 유한킴벌리, 유한양행, 현대중공업, 인천국제공항공사 등이 선정되었다.[16]

이 기업들 중 일부는 5부 한국의 가치기업들에서 자세히 살펴볼 예정이다. 우선 몇 개 기업의 기업이념을 알아보자.

먼저, 포스코의 경우 비전은 '꿈과 희망, 소재와 에너지로 더 나은 세상을!'이다.[17] 2020년까지의 비전을 담은 경영목표와 철학은 열린경영, 창조경영, 환경경영의 3가지다. 또한 핵심가치로는 고객지향, 도전추구, 실행중시, 인간존중, 윤리준수의 5가지를 들고 있다.

열린경영은 이해관계자와의 상생 및 협력, 개방적 조직문화 구축을 뜻하며, 경청의 자세를 기반으로 모든 경영활동을 이해관계자들이 신뢰할 수 있는 수준까지 향상시킴으로써 사랑과 존경 받는 기업으로 발전하겠다는 내용이다. 이를 위해 유연한 사고와 열린 마음으로 새로운 지식을 받아들이고 계층, 조직, 세대 간의 원활한 소통으로 꿈과 감동이 살아있는 기업문화 구축을 목표로 하고 있다.

창조경영은 기술모방과 기술추격의 한계를 극복하고, 포스코 고유제품과 독자기술 개발로 선두주자로 도약함으로써 고객가치 창출에 기여한다는 것이다. 이를 위해 창의적 인재를 육성하고 도전정신을 더욱 강화함으로써 최악의 조건 속에서도 살아남을 수 있는 지속가능성 확대를 목표로 하고 있다.

환경경영은 환경을 보호하고 에너지 다소비 CO_2 다량 배출의 철강

산업의 한계를 극복하여 저탄소 녹색성장의 새로운 성장도약을 이룬다는 내용이다. 이를 위해 경영 전반에 걸친 모든 활동을 환경 윤리적 관점을 고려해 실행함으로써 친환경기업 브랜드 구축을 목표로 하고 있다.

현대자동차의 경영철학은 '창의적 사고와 끝없는 도전을 통해 새로운 미래를 창조함으로써 인류사회의 꿈을 실현한다'이다.[18] 무한책임정신, 인류애의 구현, 가능성의 실현 이 3가지를 핵심으로 하는 경영철학은 현대자동차 그룹이 존재하는 가장 근본적인 이유이자 목적이며, 우리의 근간이 되는 정신이라고 강조하고 있다.

2020년까지의 비전을 나타낸 비전 2020은 '자동차에서 삶의 동반자로 Lifetime partner in automobiles and beyond'이다. 인간중심적이고 환경친화적인 혁신기술과 포괄적 서비스를 기반으로 최상의 이동성을 구현하여 삶을 더욱 편리하고 즐겁게 영위할 수 있는 새로운 공간을 제공한다는 뜻이다.

경영철학과 비전을 달성하기 위해 모든 구성원들이 내재화하여, 행동과 의사결정의 기준으로 추구하는 핵심가치는 고객최우선, 도전적 실행, 소통과 협력, 인재존중, 글로벌 지향의 5가지이다.

공기업으로는 인천국제공항공사가 한국의 존경 받는 기업 7위를 차지했다. 인천국제공항공사는 인천국제공항의 효율적인 건설, 관리, 운영과 주변지역 개발, 해외 공항건설 및 운영지원 사업을 통해 항공운송의 원활화와 국민경제 발전에 기여하기 위해 인천국제공항공사법에 따라 1999년 2월에 설립된 공기업이다. 세계공항서비스평가에서 2006년부터 2013년까지 8년 연속 1위를 차지해 우리나라는 물론 세계 공항 역사에 남을 기록을 달성했다.

인천국제공항공사의 미션은 '고객의 기대를 뛰어넘는 새로운 공항 패러다임을 실현하여 최고의 감동과 가치 제공'이다.[19] 핵심가치는 행복, 도전, 윤리, 신뢰 4가지이다. 비전은 '세계 공항산업을 선도하는 글로벌 공항전문 기업'이다. 이를 위한 4대 전략으로 허브전략(허브 경쟁력 강화), 성장전략(미래성장기반 구축), 운영전략(안전 및 운영효율 제고), 기업전략(지속가능경영 체계 확립)을 수립하였다.

식품기업 중 유일하게 '존경 받는 기업'에 포함된 풀무원은 경영이념으로 고객기쁨 경영과 바른마음 경영 2가지를 제시하고 있다.[20]

미션은 '인간과 자연사랑을 함께 사랑하는 LOHAS^{Lifestyles Of Health And Sustainability} 기업'이다. 로하스는 자신의 건강과 지구 환경의 지속가능성을 함께 생각하는 의식 있는 라이프스타일을 뜻한다. 풀무원의 비전은 'Global DP 5^{Global Defining Pulmuone}'이다. 로하스 사업을 재정의하여 국내 및 해외사업을 통해 매출액 5조원을 달성한다는 뜻이다. 이를 통해 세계적인 로하스 기업으로 발돋움하고 국내 1등 식품기업으로 자리매김한다는 계획이다. 이를 위해 제품과 서비스 혁신, 품질 혁신, 프로세스 혁신에 주력한다는 것이 경영방침이다. 핵심가치 4가지는 'TISO'인데, 약속과 규정을 지키는 신뢰성^{Trust}, 바른 직무수행을 위한 정직성^{Integrity}, 회사에 목표에 자기 업무를 일치시키는 연대의식^{Solidarity}, 늘 열린 마음으로 협력하는 개방성^{Openness}을 의미한다. 풀무원은 핵심가치에 대해 지식기업으로 가기 위해서 조직구성원들이 반드시 실천해야 할 가치이자 행동양식으로 정의하고 있다.

기업이념의 역할은 대내적 기능과 대외적 기능으로 나누어 볼 수 있

핵심가치

다. 대내적 기능은 기업 내 구성원의 사고방식과 행동양식을 하나로 모음으로써 가치를 공유하고 공통의 문화를 형성한다. 대외적 기능은 기업 활동과 관련된 외부와의 관계를 설정하여 기업의 대외활동이 보다 원활하게 이루어지고, 대외 이미지를 높여 나가는 역할을 한다.

경영학자 짐 콜린스는 『경영전략』에서 기업의 목적은 한두 문장으로 간단하게 요약할 수 있어야 하고, 그것이 바로 기업이념이라고 하였다. 기업이념은 기업의 존재이유, 기업이 인간의 기본적인 욕구를 충족시키는 방법, 그리고 세상에 영향을 미치는 방법을 신속하고 명확하게 전달할 수 있어야 한다는 것이다. 뛰어난 기업이념은 광범위하고 근본적이며, 동기를 부여하고 지속성을 지닌다. 기업이념은 기업의 미래상을 나타낼 수 있어야 한다.

100% 순수한 믿음으로
나타내라

기업 경영에 있어서 핵심가치의 중요성을 일깨운 연구물은 1982년 베스트셀러였던 세계적 경영 컨설턴트 톰 피터스의 『초우량 기업을 찾아서』와 1994년 출간된 경영 석학 짐 콜린스와 제리 포라스의 『성공하는 기업들의 8가지 습관』을 들 수 있다. 톰 피터스가 초우량기업의 8가지 특징을 제시했다면, 짐 콜린스와 제리 포라스는 비전 기업의 주요 특징으로 핵심가치를 강조하였다.

기업이념의 구성요소인 미션-비전-가치를 짐 콜린스와 제리 포라스는 기존과 다른 형식으로 설명하였다. 그들은 『성공하는 기업의 8가지 습관』과 하버드비즈니스리뷰에 발표한 'Building Your Company's Visions'에서 비전의 하위 요소로 다른 개념들을 설명하는 비전 개념틀을 제시하였다.[21] 즉, 비전이란 핵심이념과 시각화된 미래라는 2가지 요소로 구성되어 있다고 강조하였다. 또한 핵심이념은 다시 핵심가치와 핵심목적으로 이루어져 있으며, 시각화된 미래는 조직이 10~30년에 걸쳐 이루어낼 대담한 목표BHAGs, Big Hairy Audacious Goa와 그에 대한 생생한 묘사로 이루어져 있다고 하였다. 이를 이해하기 쉽게 그림으로 나타내면 다음과 같다.

비전 기업에게 핵심이념이란 국가, 교회, 학교, 혹은 유서 깊은 단체의 기본이념과 같은 것이다. 쉽게 말해, 건물의 기초, 또는 토대라 할 수

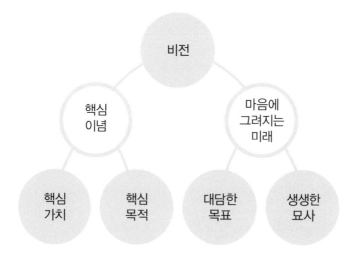

있다. 우리가 누구이고, 지향하는 바가 무엇이며, 우리의 존재는 무엇인 가를 담고 있는 것이 핵심이념이다.

핵심이념의 첫 번째 구성요소인 핵심가치란 조직의 근본적이고 영원 한 신념, 믿음을 뜻한다. 핵심가치는 조직 설립자의 내적인 신념을 표현하 는 것과 관계가 있는데, '나는 누구인가' '우리가 나타내는 것은 무엇인가' 라는 근본적인 질문에 의해 규정된다. 어떤 조직의 핵심가치는 최소한 그 조직의 리더에게는 당위가 아니라 존재로서 이미 체득하고 있는 것이어야 한다. 이것은 철학으로서의 삶 또는 행동의 원칙이라고도 말할 수 있다.

핵심가치란 외부의 조언을 받거나 경영학 책을 보거나, 또는 어떤 가 치가 가장 실용적이며 인기가 있고 이익이 많이 난다고 해서 끌어다 쓴다 고 될 일이 아니다. 짐 콜린스에 의하면 비전 기업의 창업자들은 자신들 의 내면에 있는 것, 그들의 오장육부, 뼛속 깊은 곳에 있는 것을 찾아 명 문화했다. 그들에겐 핵심가치가 마치 숨 쉬는 것과 같이 자연스러운 것이 다. 향료도, 방부제도, 설탕도 들어있지 않은 100% 순수한 믿음이 바로 핵심가치다. 따라서 그들은 진심으로 그것을 믿었고, 회사도 일관성 있 게 그 믿음과 함께 살아가고 있다. 핵심가치는 외부 환경과는 무관하게 조직 내부적인 요소로 존재해야 한다.

그러므로 핵심가치란 합리적일 필요도 대외적으로 정당화될 필요도 없다. 미국을 세운 건국의 아버지들은 그 시기가 자유와 평등을 요구했 기 때문에 자유와 평등을 국시로 두지 않았다. 그들은 환경의 변화에 따 라 국시를 포기하고 다른 것으로 바꾸는 나라를 만들려고도 하지 않았 다. 그들은 자유와 평등을 외부 환경과 독립적인 영원불멸의 사상, 앞으로 모든 미국인에게 방향을 제시하고 그 것을 향해 나아가야 할 사상으로 그려 놓았다.

핵심가치는 확실한 지침을 제시하는 단순한 한 마디로 요약될 수 있다. 미국 최대 소매업체 월마트의 창업자인 샘 월턴은 "만일 당신이 고객에게 봉사하고 있지 않거나 그 일을 하는 사람들을 도와주고 있지 않다면 우리는 당신을 필요로 하지 않습니다"고 하였다. P&G의 '품질 제일주의와 정직한 기업'이라는 간단명료한 핵심가치를 만든 제임스 갬블은 "만약 당신이 함량 미달의 제품을 만든다면 비록 돌을 깨는 일이라도 정직하게 일하는 곳으로 가십시오"라고 말했다. 이러한 예에서 보듯이 핵심가치는 여러 가지로 표현될 수 있지만, 간단명료하고 직설적이며 강한 힘을 가지고 있다.

핵심이념의 두 번째 구성요소인 핵심목적은 기업이 나아갈 길을 제시하는 존재이유에 대한 설명이다. 즉, '왜 우리가 존재하는가'라는 조직의 보다 깊고 근본적인 존재이유를 찾는 것이다. 조직의 핵심 목적을 찾는 가장 좋은 방법은 계속해서 '왜'라는 질문을 던지는 것이다. 예를 들어 "왜 우리는 좋은 조건에 회사를 팔아버리지 않고 사업을 계속하는가?" 라는 질문을 계속 하면서, 여러 대답 중에 100년 후에도 통용될 수 있는 답을 찾아보는 것이다.

기업의 존재이유인 핵심목적은 북극성에 비유할 수 있다. 비전 기업들은 핵심목적(북극성)을 향해 끊임없이 다가가지만 그 목적을 완전히 성취하거나 완성한다는 것은 불가능하다. 다만, 비전 기업들은 늘 새로운 사업으로 진화해 가면서 그 기업의 핵심목적을 향해 나아간다.

이런 점에서 핵심목적은 미션-비전-가치 모형의 미션에 해당한다고 볼 수 있다. 미션은 보통 그 기업의 근본적인 존재 이유와 목적을 의미하는 것으로 설명하는데, 비전 개념틀에서 말하는 핵심목적과 미션이 별반 다르지 않다.

핵심목적은 특정 목표나 경영전략과는 다르다. 다만, 핵심 목적이 다른 회사와 전적으로 다를 필요는 없다. 예를 들어 많은 회사들이 첨단 과학을 이용한 전자제품으로 사회에 공헌하고 인류 복지에 기여한다는 HP의 목적과 동일한 목적을 가질 수 있다. 문제는 HP처럼 깊이 있고 일관성을 가지고 그것을 지켜나가느냐 하는 것이다. 핵심가치에서와 마찬가지로 목적에서도 중요한 것은 유일함이 아니라 믿음이다.

비전의 또 다른 구성요소인 '시각화된 미래', 혹은 '마음에 그려지는 미래'는 뚜렷하게 보이거나 생생해야하며, 현실적인 꿈과 희망과 열망을 담고 있는 것이어야 한다. 이는 10년에서 30년에 걸쳐 추구하는 '대담한 목표'와 이에 대한 '생생한 묘사'로 구성된다.

'대담한 목표'는 일을 추진시키는 힘이며 나침반이자, 조직의 정신 촉매 역할을 한다. 조직 안팎의 사람들이 바로 알아차릴 수 있도록 분명하고, 많은 설명 없이 바로 이해될 수 있는 것이어야 한다. 만져질 듯 하고, 활력을 주며, 조직 전체에 적용되는 것이어야 한다. 이것을 완성하기 위해 10년에서 30년이라는 장기적인 시간이 요구되며 이 목표는 구성원들의 동기를 부여한다.

'생생한 묘사'는 대담한 목표가 실현된 상태가 어떤 것인지 사람들에게 그림처럼 보여주는 것이다. 열정과 감정, 그리고 확신이 생생한 묘사를 위하여 필요하다.

'마음에 그려지는 미래'가 제대로 된 것인지 아닌지는 다음과 같은 4가지의 질문에 의해 평가할 수 있다.

- 그것이 입에 침이 나오도록 달콤한 것인가?
- 그것이 우리의 힘을 북돋우는가?
- 그것이 추진력을 불러일으키는가?
- 그것이 사람들을 나아가게 만드는가?

'핵심 이념'과 '마음에 그려지는 생생한 미래'에 의해 창출되는 비전은 사람들의 생활에 활력을 불러일으키는 일관된 조건과 내용을 제공한다. '마음에 생생히 그려지는 미래'를 만드는데 무엇보다도 중요한 것은 리더의 신념과 결행이다. 짐 콜린스와 제리 포라스는 결국, 비전을 가진 조직이 되기 위해서는 1%의 비전과 99%의 설계도가 필요하다고 강조하였다. 이를 위해서는 조직을 이끄는 확고한 믿음인 핵심가치가 그 밑바탕을 이룰 것이다.

기업문화를 대변하는 **핵심가치**

일본의 도요타 자동차는 '카이젠(개선)' 문화로 널리 알려져 있다. 국내에서 삼성은 '제일주의'와 '완벽한 관리'의 문화, 현대는 '하면 된다'는 신념으로 무에서 유를 만들어내는 행동주의 문화가 특징이다. LG는 '인화'를 매우 강조한다. 사회에 문화가 있고 개인에게 개성이 있는 것과 같이 기업조직도 각기 독특한 문화적 특성인 기업문화가 있다. 사회를 이해하려면 그 사회의 문화를 알아야 하고 개인을 이해하려면 그 개인의 성격을 알아야 한다. 마찬가지로 어떤 기업을 제대로 이해하려면 그 기업의 기업문화를 알아야 한다.

기업문화는 눈에 보이지 않는 해당 기업 고유의 무형자산이다. 그리고 기업 구성원들의 공유된 가치와 신념 체계가 기업문화를 형성한다. 이 장에서는 기업문화와 핵심가치와의 관계를 비롯해, 공유가치와 핵심가치, 그리고 핵심가치를 악보에 비유하는 이유 등을 알아본다.

기업문화,
그 자체가 승부다

　우리나라 대학생들이 입사하고 싶은 외국계 기업 1위는 어디일까? 바로 구글코리아다. 2010년 대학생 대상으로 실시한 기업이미지 조사에서 구글코리아가 23.1%로 1위를 차지했다. 2위인 유한킴벌리(9%), 3위 한국 씨티은행(5.3%)에 비하면 매우 높은 수치이다. 구글코리아에 대한 대학생들의 선호도가 이렇게 높은 이유는 자유로운 기업문화와 풍부한 복지 혜택 때문이다.

　그렇다면 국내 기업 선호도 1위는 어디일까? 취업포털 잡코리아와 대학생 지식포털 캠퍼스몬이 2011년 4월, 대학생 및 졸업생 1,473명을 대상으로 매출액 기준 상위 100대 기업의 선호도 조사 결과, 삼성전자가 16.7%로 1위를 차지했다. 남학생들은 가장 일하고 싶은 기업으로 삼성전자(18.7%)에 이어 △포스코(8.1%) △한국전력공사(4.9%) △SK텔레콤(3.5%) △교보생명보험(3.2%) △기아자동차(3.1%) △삼성물산과 신세계(2.8%) 등을 꼽았다. 여학생들도 삼성전자(14.8%)를 1위로 선정했고, 다음으로 △국민은행(7.7%) △대한항공(7.0%) △포스코(6.3%) △롯데쇼핑(4.5%) △아시아나항공(4.1%) △신세계(3.6%) △CJ제일제당(3.6%) 순이었다.

　설문 응답자들은 취업 선호기업을 선택한 가장 큰 이유로 '기업 이미지와 문화가 좋아 보여서'(27.8%)를 들었다. 그 뒤를 '회사의 비전이 높아 보여서'(20.8%), '연봉 수준이 좋아 보여서'(17.1%), '원하는 일을 할 수 있을 것 같아서'(16.1%), '복지제도가 잘 되어 있을 것 같아서'(12.7%) 등의 응답이 차지했다. 기업문화가 좋은 인재를 확보하는 데 매우 중요한 요인임을 보여주고 있다.

독일의 경영학자 헤르만 지몬은 작지만 강한 기업을 의미하는 제목의 저서『히든 챔피언』에서 좋은 회사와 나쁜 회사의 진정한 차이는 기계나 설비, 또는 프로세스나 조직에 있는 게 아니라 그 기업의 문화에 있다고 했다. 공동의 목표와 최우선 과제들을 위해 모든 직원들이 함께 노력 하는 것이야말로 좋은 기업문화의 바탕이 된다. 이 같은 환경을 시험하기 위해 그는 "사내 갈등을 극복하기 위해 당신의 에너지 중 몇 %를 소비합니까?"라는 질문을 자주 한다고 했다. 이 질문에 대한 솔직한 대답이 그 회사의 기업문화를 대변한다는 것이다. 대기업 경영자들은 흔히 50~70%라고 대답하고, 중간 규모의 회사들은 일반적으로 20~30%라고 대답하는 반면, 히든 챔피언들은 10~20%라고 대답한다고 한다. 갈등이 드러나는 이유는 공동의 목표나 가치관이 없기 때문이다. 경영자가 사내 갈등을 해소하기 위해 소비하는 에너지가 너무 많다면 바람직하지 않으며 효율적이지도 않다.

기업조직의 고유한 특징을 나타낸 기업문화는 유형화를 통하여 각 유형간 비교 연구가 가능하다. 차별화된 기업문화가 해당 기업의 조직성과에도 영향을 미치는지의 여부도 주요 관심사다. 이에 따라 많은 학자들이 기업문화를 연구하였는데, 관심도에 따라 기업문화의 정의도 다양하다. 경영학자 루이스는 "기업 구성원들이 사물의 중요성을 조직적 맥락에서 적절하게 평가할 수 있도록 해주는 공유된 이해, 해석, 관점의 집합"이라고 기업문화를 설명하였다. 또한 윌리엄 오우치 UCLA 교수는 "기업문화란 기업의 전통과 풍토"라고 정의하고, 기업문화에는 "그 기업의 가치관, 신조, 행동패턴을 규정하는 기준이 함축되어 있다"고 하였다. 미시건 대학의 대니얼 데니슨 교수는 "조직의 핵심적인 정체성을 형성하는 일련의 가치, 신념, 행동패턴"이라고 정의하였다.[22]

　기업문화에 대한 학자들의 정의는 다양하지만 공통적 요인이 있다. 바로 구성원들의 활동 지침이 되는 공유된 이해나, 공유된 가치와 신념의 체계라는 것이다. 기업의 구성원들에게 업무활동의 지침이 되는 기업문화는 실체가 없는 것처럼 보이기도 한다. 기업문화가 눈에 안 보이는 것 같지만 실제로는 회사의 정문에도 사무실 책상이나 거래계약에도, 회의는 물론 회식자리에서도 드러난다. 기업문화는 한 개인은 물론 회사의 모든 것에 영향을 미칠 만큼 강력한 힘을 갖고 있다. 루 거스너 전 IBM회장은 "기업문화가 승부를 결정짓는 요소 중 하나가 아니라, 기업문화 그 자체가 승부라는 것을 깨달았다"고 회고한 바 있다.

　기업문화는 일반적으로 창업자의 철학이 초기에 큰 영향을 미치고, 기업이 성장하는 과정에서 신규 구성원을 선발하는 척도가 된다. 또한 회사 임원진들이 조직 전체를 창업자의 철학에 맞게 사회화 시키는 과정에서 기업문화가 형성된다는 견해가 일반적이다. 조직의 성장 과정에서 얻어지는 공통된 경험이나 학습결과 등도 기업문화에 영향을 미친다. 조직이 커 갈수록 구성원들이 같은 생각을 가지고 다양한 경영 현장에서 한 생각을 가지고 임할 수 있는 공통의 핵심가치가 요구된다. 기업문화의 기저에는 바로 공통된 가치관과 사고방식, 그리고 행동규범이 존재한다.

기업문화를 어떻게 눈에 보이도록 가시화할 수 있을 것인가? 그 방법을 고민하던 기업조직이 찾은 해법이 바로 핵심가치의 표방이며, 핵심가치 내재화 교육이다. 선진 기업을 비롯한 국내외 기업들이 종전의 기업문화 대신 핵심가치에 기반을 둔 경영을 내세우는 이유가 여기에 있다.

'행동하는 이유'
공유가치가 핵심가치

기업의 핵심가치는 종종 공유가치와 같은 의미로도 사용되고 있다. 핵심가치란 반드시 구성원 전체에 의해 공유되어야하기 때문이다. 경영학자 찰스 오레일리는 공유가치를 "가치가 있는 것이나 중요성에 대한 믿음, 즉 특정 개인이나 집단이 중요하게 여기는 원칙이나 기준"이라고 하였다. 다시 말해 공유가치는 특정 집단의 구성원들이 강하게 동의하고 공유되고 있는 가치들의 집합이라고 할 수 있다. 공유가치가 핵심가치와 차이가 있다면 공유가치는 구성원 전체의 동의가 이뤄져야 한다는 점을 강조한 것으로 볼 수 있다. 그러나 구성원의 동의와 공유가 없는 핵심가치는 의미가 없기때문에 결국, 공유가치는 핵심가치와 같은 의미로 분류할 수 있을 것이다.

맥킨지의 7S모델은 일반적으로 가치에 기반을 둔 경영 모델Value Based Management Model이라고 불린다. 즉 기업을 총체적이며 효과적으로 조직화하기 위한 방법을 제시한 것이다. 7S모델이란 명칭은 맥킨지가 조직개발 측면에서 꼭 필요하다고 생각한 7가지 요인, 즉 공유가치Shared Values, 전략Strategy, 기술Skill, 구조Structure, 시스템System, 종업원Staff, 스타일Style 등 7S로 구성되어 조직개발 또는 조직 혁신을 기하고자 할 때 사용하는 모델이다. 사실상 핵심가치를 의미하는 공유가치는 맥킨지 모델의 각 요소를 연결하는 중심에 위치한다. 각각의 개념을 간략히 소개하면 아래와 같다.

공유가치Shared Values : 공유가치는 조직에서 널리 공유되고 있으며, 중요한 행동원칙으로 사용되는 핵심 또는 근본적인 가치를 의미한다. 구성원들이 조직의 비전과 존재이유 대하여 공유된 이해를 갖고 있는지, 회사만의 독특한 정체성을 구성원들이 어떻게 설명하는지 등을 나타낸다. 이러한 가치들은 조직구성원의 주의를 집중시키고, 보다 넓은 목적의식을 갖도록 한다.

전략Strategy : 조직의 변혁을 위해서는 먼저 전략을 정해야 한다. 전략이란 기업 또는 사업 단위가 그 자원을 어디에 집중할 것이며, 어디에서 경쟁하는 지를 판단하는 것이다. 또한 경쟁우위를 확보하는 방법과 이를 위해 어떤 행동이 필요한가를 서술하는 것이다. 다음으로 어떤 기술을 숙련하고 육성하여야하는가를 명확히 해야 한다. 그 후 나머지 5가지의 요인을 어떻게 바꾸어야하는가를 정한다.

기술Skill : 기업의 적절한 전략이 수립되면 그 다음의 행동은 새로운 전략이 요구하는 기술이 무엇인가를 정하는 것이다. 이는 곧 전략을 어떻게 실행할 것인가 하는 문제로 조직의 핵심역량을 나타낸다. 조직이 잘하는(좋은 성과를 가져오는) 사업 활동, 조직이 개발해야 되는 새로운 능력, 경쟁을 위하여 배워야 될 것들을 정하는 것이다.

구조Structure : 조직 변혁에 관한 콘셉트 중에서 가장 중요하다. 구조는 사업 분야, 사업 단위를 상호 관련 있는 그룹으로 전문화, 세분화하고 그에 따른 권한 역시 분할하는 것이다. 필요한 활동들을 부문화하고 부문 간 관계를 조직 상부 단위에 보고하는 과정에서 조직 내 활동들과 구성원들이 조정, 통합되는 것을 의미한다. 기본적 조직구조의 형태는 어떤 것이 바람직하고, 조직은 어떻게 집중화되고 분권화되며, 조직 하부 단위의 상대적 지위와 권력이 무엇인지 등을 규정하는 것이 구조이다.

시스템System : 시스템은 직원들이 해야 할 일이나 결정을 내려야 할 주요 문제를 판별하기 위한 양식 또는 과정이라고 정의한다. 조직 관리를 위해 사용되는 공식적인 프로세스와 절차들을 의미하는 것이다. 경영관리시스템, 성과측정 및 보상 시스템, 기획, 예산편성, 자원할당 시스템, 정보시스템 및 배분시스템 등을 포함한다. 시스템은 경영자에게 조직변혁의 강력한 수단을 제공한다.

직원Staff : 직원 개개인의 능력보다는 조직 내 구성원들이 갖는 전체적 노하우의 문제를 담고 있다. 조직의 인적자원을 어떻게 충원, 계발, 훈련하며, 사회화 하는가 등에 대한 조직의 접근방법이다. 나아가 경영업무와 관련된 조직구성원의 인구통계학적 특징(교육수준, 나이, 성, 국적, 경력 등)과 조직에서 가장 훌륭한 리더들은 어느 부문(지원, 생산, 연구, 영업 등)에서 발견되는지 등에 대한 내용을 포함한다.

스타일Style : 스타일은 최고경영자의 리더십 스타일과 조직의 전체적인 운영 관리 스타일 등 조직 구성원들이 따르는 규범과 그들 상호간, 또는 고객들과 업무를 수행하는데 영향을 주는 방법적 요소를 말한다. 스타일은 무시되기 쉽지만 중요한 요소이다.

조직의 변화를 추진하거나 또는 조직발전 전략을 수립할 때 위의 7가지 요소 별로 기업의 현 상태를 분석하고, 이상적인 수준과 현재와의 차이를 명확히 한 뒤 이를 해결해 나가는 것이 유용하다. 이 과정을 거쳐 조직의 핵심가치를 지키고 실현해 나가는 것이다.

쉽고, 명확하게

리더십과 자기계발의 대가였던 스티븐 코비는 『성공하는 사람들의 8번째 습관』에서 공동의 비전과 가치를 만드는 것은 같은 악보를 보는 것이라고 비유하였다. 오케스트라가 연주하거나 합창단이 노래를 부를 때 화음을 맞추기 위해서는 같은 악보를 보면서 상호 조화를 이루는 것이 필수적이다. 지휘자인 리더의 역할이 중요하지만 모든 오케스트라 단원이나 합창단원들이 각각 제 몫을 감당해야 하며, 이를 위해서는 공유된 비전과 가치라 할 수 있는 악보가 있어야 한다는 의미이다.

조직의 리더가 조직의 모든 사안에 대해 관여할 수는 없다. 효과적이지도, 효율적이지도 않다. 그런데도 여전히 기업이나 공공조직에서 '대리급 이사' '부장급 CEO' 그리고 '계장급 군수' 등의 말이 나오고 있다. 조직 구성원들이 각자 맡은 업무 현장에서 리더의 말이 아니라 스스로 판단할 수 있는 기준과 원칙이 있다면 훨씬 원활하게 조직이 운영될 수 있다. 특히 그 기준과 원칙이 문서화 되어 있다면 더욱 좋다. 그것이 바로 핵심가치이다.

'핵심가치가 같은 악보를 보는 것'이라는 비유는 적절해 보이지만 어떤 면에서는 그렇지 않을 수도 있다. 왜냐하면 대다수의 훈련 받지 않은 일반 사람들은 악보 보는 것을 어려워하기 때문이다. 실제로 악보를 못 읽는 사람들이 많을 것이다. 악보는 음악을 기호, 문자, 숫자 등으로 기보법에 따라 적은 것이다. 그런데 '악보 보는 법'이란 교재는 시중에 없다. 악보를 보기 위해서는 음표와 쉼표, 음계, 박자, 조성(장조와 단조 등 곡의 성격), 악상기호(쾌활하게, 빠르게 등 작곡가가 음표 외에 연주에 반영하도록 지시하는 모든 기호) 등을 알아야 한다.

읽을 수 있다 하더라도 완벽하게 동조하기는 어렵다. 음악은 청각적, 시간적 예술이라 할 수 있다. 아무리 완전한 악보라 하더라도 시간에 따라 변화무쌍하게 바뀌는 아름다운 소리를 정확히 표기한다는 것은 불가능하다. 악보란 그 자체로서는 음악이 아니며 단지 표기의 한 형식이자 약속일 뿐이다. 음악작품은 연주를 통해서만 실체화되고, 이 때 악보는 작곡가와 연주자 사이의 매개체에 지나지 않는다. 연주에서 악보의 해석이 중요시되는 이유도 여기에 있다. 같은 악보라도 연주될 때마다 다르게 실행되는 것은 곡 해석에 차이가 있기 때문이다.

바로 여기에 악보와 핵심가치의 차이가 있다. 음악은 예술이기 때문에 독창적 해석과 연주가 더 높은 평가를 받을 수 있다. 하지만 조직 구성원들이 조직의 핵심가치를 다르게 해석한다면 그 핵심가치는 제 역할을 못하는 것이다. 물론 동일한 핵심가치라도 시대의 변화에 따라 실천의 방법은 다를 수 있다. 하지만 같은 시대에 동일한 조직의 구성원들이 핵심가치 해석을 다르게 한다면 곤란하다. 그렇기 때문에 핵심가치는 쉽고 명확한 것이 좋다.

1901년 설립된 미국의 대형 백화점 노드스트롬의 핵심가치는 '고객에 대한 최우선적인 봉사'이다. 노드스트롬의 행동 규칙은 모든 상황에서 직원들이 스스로 판단을 내리는 것이며, 그 외의 규칙은 없다. 이에 따라 직원들은 경쟁 백화점에서 구입한 물건을 포장해 달라고 온 고객에 대해서도 정성껏 포장을 해주고, 판매한 적이 없는 자동차 체인의 환불을 요구하는 고객에게 기꺼이 현금으로 교환해 준다. 회사는 이러한 행동을 한 직원들을 격려한다. 핵심가치를 온전히 실천했기 때문이다. 고급 호텔의 대명사로 알려진 리츠 칼튼의 탁월한 서비스의 힘도 그들의 핵심가치에서 나온다. "우리는 신사숙녀에게 봉사하는 신사숙녀들이다"라는 이 짧은 한 마디가 리츠칼튼을 특별하게 만든다.

앞서 언급했던 새스 인스티튜트의 경영방침은 '경영진뿐만 아니라 일반직원들까지 모두 똑같이 즐겁게 일할 수 있는 회사'이다. 이러한 가치에 따라 회사에 임원 전용 주차공간이 없고, 별도의 임원용 식당이 없다. 짐 굿나이트 회장도 일반 직원들과 똑같이 구내식당에서 줄을 서서 차례를 기다려 식사를 하고 즐겁게 일할 수 있는 직장을 만들기 위해 파격적인 복지혜택을 제공한다. 제니퍼소프트는 '건강한 노동과 근사한 삶'을 목표로 대안적 기업문화 공동체를 실험하고 있다. 이렇듯 핵심가치는 쉽고 명확한 것이 좋다.

3장

리더의 신념에서
조직의 영혼으로

리더십은 구성원들의 마음을 움직여 조직의 목표를 이루어내는 영향력이라고 정의할 수 있다. 동서양을 막론하고 어느 시대 어떤 단위의 조직이든 그 조직을 성공으로 이끌었던 리더들이 있었다. 또 그들의 리더십을 해명하려는 수많은 논의가 있어 왔다. 기업체뿐 아니라 노동조합의 리더에게도 리더십은 필요하다. 국가나 정당의 지도자는 물론 초등학교 반장을 뽑는데도 리더십이 중요한 선택의 잣대가 된다.

최근에는 핵심가치에 기반을 둔 리더십인 진정성 리더십이 주목 받고 있다. 진정성 리더십은 상황에 흔들리지 않는 확고한 가치와 원칙을 세우는 것이 우선이다. 존경 받는 리더의 자질 중 핵심은 신뢰이다.

이 장에서는 리더십과 핵심가치에 대해 알아보고 나아가 핵심가치가 왜 영속기업을 위한 성공 유전자로 꼽히는 지 그 이유를 살펴볼 것이다.

지킬 건 지킨다,
신뢰 받는 리더의 4요소

피터 드러커는 "리더십의 중요한 목적은 공통의 목표를 위해 업무가 연계되어 있는 인간 공동체를 창조하는 데 있다"고 하였다. 드러커는 특히 리더의 역할로서 목표에 의한 성과관리와 구성원들의 몰입을 이끌어 내는 커뮤니케이션을 강조하였다. 리더십 분야의 저명한 학자인 워렌 베니스는 "리더란 자신이 이끄는 집단에서 불신을 없애고 희망을 불어넣는 사람이며, 그래서 사람들은 꿈을 보여주는 리더에게 그토록 열광하는 것"이라고 하였다.

나아가 그는 리더십의 3가지 요소로 비전, 도덕성, 전문성을 꼽았다. 비전이란 조직이 나아가야 할 바람직한 미래상을 의미한다. 또한 리더는 무엇보다 먼저 정직하며 도덕적이어야 하고, 조직의 바람직한 미래상을 달성할 수 있는 전문성을 갖추어야 한다는 것이다.

존경 받는 리더가 되기 위한 4요소를 꼽는다면 무엇일까? 먼저 당신이 가장 존경하는 리더를 상상해 보라. 그리고 다음의 표를 참고하여 이 가운데 4개의 항목을 골라 보라. 당신은 어떤 항목을 선택했는가? 4가지 요소를 선택하고 난 뒤에 당신이 평소 그 리더를 왜 존경하고 있는지 연결되는 부분이 있는가?

정직한 honest	선견지명 forward-looking	역량 있는 competent	사기를 고취하는 inspiring	명석한 intelligent
공정한 fair-minded	마음이 넓은 broad-minded	힘을 주는 supportive	솔직한 straightforward	신뢰감 있는 dependable
협력적인 cooperative	단호한 determined	창의적인 imaginative	야심 있는 ambitious	용감한 courageous
배려하는 caring	점잖은 gentle	충실한 loyal	자제력 있는 self-controlled	독립적인 independent

리더십 전문가인 제임스 쿠제스와 배리 포스너가 20년간 7만 5천명을 대상으로 조사한 연구에 의하면 구성원들이 리더에게 기대하는 내용은 정직, 선견지명, 역량, 사기 고취로 모아졌다. 이들은 저서 『리더십 챌린지』에서 신뢰성이 리더십의 기반이며, 따라서 무엇보다 신뢰받는 리더여야 한다는 점을 강조했다. 이 4가지 요소는 커뮤니케이션 전문가들이 '소스의 신뢰성'이라 부르는 것이기도 하다.

구성원들이 리더에게 역량이나 미래를 보는 안목보다 정직을 최우선적으로 기대한다는 것은 그만큼 신의와 진실함의 품성이 리더들에게 부족하다는 것을 의미하는 것이다. 정직하지 못한 사람을 믿기는 어렵다. 서로가 서로를 믿지 못하는 신뢰가 낮은 사회에서는 일의 속도가 떨어지고, 비용이 많이 들어간다. 매사에 안전장치를 두어야 하기 때문이다. 그래서 미국의 정치학자 프랜시스 후쿠야마는 신뢰를 '사회적 자본'이라고 표현하기도 했다. 물론 리더가 정직과 선한 의지만 지니고 있어서는 안

된다. 변하는 환경 속에서 조직이 나아가야 할 방향을 제시하고, 구성원들의 사기를 북돋아 성과를 보여주어야 한다. 그래야 조직발전의 선순환을 만들어 낼 수 있다. 하지만 그 무엇보다 신뢰 받는 리더의 첫 번째 자질이 정직이란 것은 의미하는 바가 크다. 정직함은 외부에서 쉽게 주어지기 어려운 개인의 내면적 가치다.

새스 인스티튜트는 신뢰를 가장 중요한 조직의 가치로 여기고 있다. 직원들을 철저하게 믿는다. 반면에 신뢰를 저버리는 행위는 용납하지 않는다. 별도의 병가제도가 없다. 휴가(병가)원을 내지 않고도 몸이 아파서 꼭 쉬어야 한다면 쉬면된다. 몸이 아파 병원에 입원하게 되면 동료들이 문병을 가고 쾌유를 빈다. 그래서 월차 제도도 없다. 자녀들이 아파서 출근을 못하게 되면 그대로 인정한다. 자녀가 아프면 아이를 돌보는 것이 당연하다고 여기기 때문이다. 아픈 자녀를 두고 출근해서 일을 해봐야 얼마나 일에 집중할 수 있겠는가? 이처럼 업무 관련 규정이 아니라 직원들이 자율적으로 결정하고, 회사는 그러한 결정을 신뢰한다. 간혹 신뢰를 악용하는 사람이 있다 해도 회사는 전혀 신경을 쓰지 않는다. 그런 사안은 동료들이 바로 처리한다. 상사는 속여도 모든 동료를 속일 수는 없다. 알아서 스스로 잘못을 바로 잡거나 그렇지 않으면 회사를 떠나야 한다.

인도의 국민기업 타타그룹도 약속을 지키는 신뢰경영을 추구한다. 2008년 인도 서민들이 타고 다닐 수 있는 240만 원짜리 초저가 자동차 '타타 나노'를 출시한 데 이어 2012년에는 서민들을 위한 초저가 주택 '나노NANO'를 내놓았다.[23] 가격은 32,000루피(약 720달러) 우리 돈으로 약

78만 원 선이다. 1년 급여가 6만~13만 루피(약 157만 원~340만 원)를 받는 도시 가정이 2,300만 가구에 달하는 인도에서는 파격적인 수준이다. 이 가격으로 가능한 것은 완전한 주택이 아니라 원룸형 조립식 주택을 지을 수 있는 플랫팩(조립용 부품이 담긴 박스)을 판매하기 때문이다. 나노주택의 크기는 기본형이 20㎡(약 6평), 큰 것은 30㎡(약 9평)이며, 현관문과 창문, 지붕, 코코넛 섬유로 만들어진 외벽 등으로 구성되었다. 침실과 부엌, 화장실 한 개가 기본이고, 약간 큰 주택에는 거실도 추가된다. 집을 짓는 데 소요되는 기간은 1주일에 불과하지만 주택의 수명은 20년이나 된다는 게 타타하우징측의 설명이다. 이 회사는 또한 인도의 경제와 상업 도시 뭄바이에서 100km 거리에 위치한 보이사르 지역에 26~43㎡ 크기의 원룸 형태의 아파트 1,200가구를 건설 중이다. 주택가격은 약 1,000만원~1,700만원이며, 뭄바이 저소득층 임대주택 거주자들을 입주대상으로 하고 있다. 초저가 자동차 '타타나노'를 만들 때 5년간 엄청난 개발 비용의 압박 속에서도 제품 가격을 고수한 라탄 타타 회장이 "약속은 약속입니다 A promise is a promise"라는 말을 지킨 셈이다.

한국의 건자재 전문기업인 이건창호는 1990년부터 일반인을 초청해 무료로 클래식 음악을 들려주는 이건음악회를 열고 있다. 인천에 본사가 있는 이건산업이 상대적으로 문화적 기반시설이 부족한 지역민에게 좋은 음악을 접할 기회를 제공하려는 취지에서 시작했다. 23회째인 2012년 6~7월에도 베를린 필하모닉 오케스트라의 브라스 앙상블팀을 초청해 부산과 인천 등 전국 5대 도시에서 전국 무료 순회공연을 했다.[24]

그 동안 15만 여명이 음악회를 다녀갔다. 이건음악회는 무료음악회가 열리는 공연장에서 매년 유니세프 모금을 해 전액 기부하는 희망나눔행사를 하고 있다. 또한 연주자들이 장애인 학교나 고아원 어린이, 청소년들에게 음악지도를 하고 함께 공연하는 마스터클래스 프로그램을 운영하는 등 국내외 문화교류의 대표적 음악회로 자리 잡았다. 1998년 외환위기 당시 적자 상황에서도, 2008년 글로벌 경제위기를 맞았을 때도 이건산업 박영주 회장은 "음악회는 회사의 브랜드"라면서 음악회를 지속했다. 덕분에 지금 이건창호는 문화예술 지원을 통한 사회공헌을 뜻하는 '메세나Mecenat' 기업의 대명사로 불린다.

신뢰의 리더십은 쉽게 만들어지지 않는다. 역경과 위기 속에서도 가치와 원칙을 지켜나갈 때 신뢰가 쌓이게 된다. 원칙이 불확실한 리더는 환경변화에 쉽게 흔들릴 수밖에 없다. 어려움에 처해서도 반드시 지켜야 할 핵심가치를 지니고, 그것을 성실하게 이행해 나아가야만 조직의 구성원과 사회가 그 리더를 믿어준다. 신뢰의 리더는 그렇게 만들어진다.

진정성 있는
리더십

변화관리와 리더십 분야의 연구로 유명한 존 코터 하버드대 교수는 관리자와 리더는 역할이 다르며, 따라서 관리와 리더십은 추구하는 목적이 다르다고 설명하였다. 먼저 관리는 조직이 커지고 복잡해짐에 따라 조직을 효율적으로 운영하기 위한 목적으로 만들어진 것이다. 반면, 리더십은 조직이 내외부 환경의 변화에 어떻게 대응하여 목표를 달성할 것인가를 목적으로 한다는 것이다.

그는 관리의 핵심적인 3요소로 계획과 조직화, 통제를 제시하였다. 계획이란 변화가 아니라 질서를 만들어내는 일이며, 조직화란 계획을 효율적으로 실행하기 위해 사람을 적절히 선발하고 배치하는 일이다. 또한 통제는 실행의 과정이나 결과가 계획에서 벗어날 때 적절하게 조치를 취하는 것이다. 리더십의 핵심적인 3가지 요소로는 방향설정, 정렬, 동기부여를 제시하였다. 방향설정은 조직이 처한 환경과 상황에 관한 광범위한 정보를 수집하여 비전과 전략을 만들어내는 것이다. 정렬은 비전과 전략을 구성원들에게 설명하고 몰입하도록 하는 커뮤니케이션 과정이다. 또한 동기부여는 조직의 비전을 실현하도록 내적 욕구를 충족시켜서 권한을 위임하는 과정이다.

이 리더십은 핵심가치와 어떤 관계가 있을까?

앞서 짐 콜린스의 '비전 개념틀'에서 설명하였듯이 핵심가치는 비전과 연계되어 있다. 핵심가치는 조직의 존재 이유인 목적과도 연계되어 있지만, 조직의 바람직한 미래상을 어떤 방식으로 달성할 것인가와 직접적으로 연계되어 있다.

리더는 조직에 영향력을 미치는 존재이다. CEO는 기업조직 전반에, 부문별 임원 및 팀장 등은 그들이 담당한 단위 조직에 영향력을 미친다. 조직 안의 직원들은 리더가 하는 모든 말, 행동, 지시 또는 요구를 관찰하고 논의하고, 해석한다. 따라서, 한 조직 내의 리더는 자신들이 다른 사람에게 미치는 영향력을 명확하게 인식해야 한다.

핵심가치는 조직이 나아가야 할 방향을 제시하고, 구성원들의 몰입을 유도하며, 팀워크를 강화하는 기능을 수행한다. 하지만 이를 위해서는 CEO를 비롯한 조직 내 리더들이 먼저 모범을 보여야 한다. 전략수립과 의사결정이 핵심가치에 기초하여 이루어질 때 조직 구성원들의 신뢰가 쌓인다.

잭 웰치 전 GE회장은 회고록에서 "핵심가치를 공유하고 실천했음에도 불구하고 성과가 낮은 리더에게는 한 번 더 기회를 주지만 핵심가치를 지키지 않으면서 성과만 높은 사람은 조직을 깨뜨리는 사람으로 여겨 그만 두게 했다"고 하였다. 그는 상호신뢰, 공정성, 일관성의 가치를 강조했으며, 이를 어기고 눈앞의 성과를 달성하려는 것은 장기적으로 볼 때 오히려 조직에 해가 될 수 있다고 판단하여 미리 조치를 한 것이다.

정동일 연세대 교수는 핵심가치에 기반을 둔 리더십을 '진정성 리더십'으로 표현했다.[25] 2000년대 들어 엔론 등 잇따른 기업 스캔들이 터지면서 사람들은 새로운 형태의 리더십을 갈구하기 시작했는데 이때 등장한 리더십이 바로 '진정성 리더십'이라는 것이다. '진정성 리더십'의 4가지 구성 요소는 자기인식, 핵심가치, 목적의식, 관계적 투명성이다. 즉, 명확한 자기인식을 바탕으로 확고한 가치와 원칙을 세우고 투명한 관계를 바탕으로 내적인 자아와 외적인 자아의 격차를 최소화해서 주위 사람들에게 긍정적인 영향을 끼치는 능력이 '진정성 리더십'이다.

'진정성 리더십'을 갖추기 위해서는 본인의 핵심가치를 명확히 하고, 핵심가치에 기반하여 지속적 실천을 위한 행동계명을 만들어야 한다.

리더로서 핵심가치와 행동계명을 정했다면 진정성 있는 리더가 되기 위한 그 다음 단계는 이를 지속적으로 실천하는 것이다.

최고를 이끌어내는
지휘자처럼

좋은 리더십은 흔히 오케스트라 연주에 비유되기도 한다. 관현악 또는 관현악단을 일컫는 오케스트라는 현악기, 관악기, 타악기 등 여러 가지 악기로 이루어진 합주를 뜻한다.

지휘자를 중심으로 부채꼴 모양의 오케스트라 배치에서 보통 좌측에서 가운데로는 제1, 제2바이올린, 우측에서 가운데로는 콘트라베이스와 첼로, 비올라 등의 현악기가 자리한다. 중앙 약간 뒷부분에 플루트와 오보에, 클라리넷, 바순, 트럼펫, 트롬본, 튜바, 호른 등의 관악기가 자리하고, 맨 뒷자리에 팀파니 등 타악기가 위치한다.[26] 바이올린 파트가 지휘자와 가장 가깝게 위치하는 이유는 가장 섬세하고 가장 많은 표현을 하기 때문에 주선율을 지휘자와 밀착된 상태에서 연주하기 위한 것이라고 한다. 과거에는 제1바이올린의 수석연주자가 서서 연주하면서 활로 간간이 지휘했다.

원래부터 악단에 지휘자가 있었던 것은 아니다. 베토벤 시대에 이르러 규모가 크고 복잡한 교향곡이 만들어지면서 지휘자라는 리더가 필요해졌다.

일반적으로 지휘봉은 오케스트라 지휘자의 카리스마와 권력을 상징한다. 100명이 넘는 오케스트라 단원들은 지휘자의 지휘봉에 따라 연주를 하며 천상의 화음을 빚어낸다. 오케스트라는 지휘자를 중심으로 각 파트가 펼쳐져 있다. 지휘자는 그 중심에서 단원들을 내려다 볼 수 있는 단(포디엄) 위에 선다. 단원과 지휘자의 관계를 피지배─지배 관계로 볼 수 있는 대목이다. 하지만 다른 관점에서 볼 수도 있다. 지휘자가 오케스트라 중심의 단 위에서 지휘를 하는 것은 전체의 소리를 골고루 잘 들을 수 있기 위해서다. 또한 모든 단원들이 지휘자의 얼굴과 지휘봉을 잘 볼 수 있도록 하기 위한 목적도 있다. 효율적으로 소통할 수 있는 곳에 자리를 잡았다는 것으로 이해할 수 있다.

오케스트라 단원들을 살펴보자. 그들에게는 모두 자신들만의 악기가 있다. 그렇다면 지휘자의 악기는 무엇일까? 지휘자의 악기는 살아있는 연주자들, 즉 단원이다.

세계를 놀라게 한 천재 첼리스트에서 사람의 마음을 연주하는 마에스트라로의 변신을 꿈꾸는 장한나, 그녀는 "지휘의 매력은 혼자가 아니라 다른 사람과 더불어 하는 것"이며, "100명이 모여 하나가 되는 악기는 세상 어디에도 없다"고 말했다. 그녀는 케이블 방송프로그램 tvN 〈피플인사이드〉에 출연해 진행자 백지연과의 대담에서 첼로 솔리스트가 혼자 좋은 음악을 연주하는 것이라면 지휘자는 연주자들에게 이러 이러한 소리를 내달라고 요청하는 것이라고 두 역할을 비교했다. 지휘는 다른 사람에게 의존하고, 의탁하는 일이라고도 말했다. 지휘자로 변신하여 100명이 넘는 사람들의 마음을 얻는 것이 쉽지 않았을 텐데 어떻게 했느냐는 질문에, 그녀의 대답은 "진심은 통한다"이었다. 리허설 첫 10분에 땀방울이 튈 정도로 혼신을 다해 지휘하며 음악에 대한 열정을 보여주었더니 통하더란다.

최근에는 오케스트라 지휘자가 단원들과 토론을 통해 악보를 해석하는 것이 세계 클래식음악계의 큰 흐름이다. 한 곡 안에서도 주제가 바뀔 때마다 지휘자가 단원들과 토론을 하고 연습을 이어가는 방식이다. 여기에는 단원들이 지휘자에 대한 투표권을 가지고 있어 단원들의 비위를 맞추기 위한 측면도 있다고 한다. 리허설 중 지휘봉을 부러뜨리고 단원들에게 악보를 집어 던졌던 '카리스마형 지휘자' 아르투로 토스카니니(1867~1957)나 다른 지휘자들에 대한 혹평을 서슴지 않았던 루마니아 태생의 지휘자 세르지우 첼리비다케(1912~1996) 등과 비교하면 격세지감이다. 베를린 방송교향악단의 노 지휘자 마렉 야노프스키는 아직도 살아있는 카리스마로 통한다. 자신이 해석한 그대로 지도하고 지휘한다. 다른 의견을 말하는 단원에 대해서는 "시끄럽다"며 묵살한다. 완벽을 추구하는 그는 그 명성에 걸맞은 탁월한 결과를 보여주기 때문에 단원들의 반발을 뒤로 할 수 있는 것이다. 물론 세이지 오자와처럼 지휘봉도 악보도 없이 맨 손과 온 몸으로 지휘를 하면서도 오케스트라는 물론 관객들까지 하나로 이끌어 내는 외유내강형 지휘자도 있다.

요즘 이런 지휘자 리더십이 관심을 끌고 있다. 조직이 복잡해지면서 정부나 대기업이, 글로벌 NGO 등의 리더들이 오케스트라 지휘자와 공통성을 느끼고 있다. 뛰어난 지휘자는 결코 뛰어난 연주자를 질시하지 않는다. 연주자와 지휘자는 역할이 다름을 잘 알기 때문이다.

뛰어난 인재가 많다고 해서 그 기업이나 조직이 잘 돌아가는 것은 아니다. 마찬가지로 훌륭한 단원이 많다고 해서 그 오케스트라가 최고의 음악을 연주하는 것도 아니다. 좋은 오케스트라, 나쁜 오케스트라가 있는 것이 아니다. 단지 좋은 지휘자, 나쁜 지휘자가 있을 뿐이다. 좋은 소리를 이끌어 내는 게 지휘자의 몫이다. 그래서 예민한 귀가 필요하다. 독일에선 '몸 전체가 귀'가 될 수 없는 사람은 오케스트라 지휘자가 될 꿈을 꾸지 말라고 한다. 같은 교향악단이라도 누가 지휘를 하느냐에 따라 전혀 다른 소리가 난다.

지금은 오케스트라 지휘자도 카리스마가 아니라 설득력이 필요한 때이다. 단원들이 고개를 끄덕일 수 있도록 공감대를 만들 수 있어야 한다. 그래야 좋은 소리가 나오고, 청중에게 감동을 선사할 수 있다. 지휘봉을 마구 휘둘러서는 반발만 살 뿐이다.

러시아 출신 명지휘자 발레리 게르기예프는 '맨손 지휘' '이쑤시개 지휘'로 유명하다. 그는 음악적 표현을 섬세하고 자유롭게 하기 위해 주로 손가락으로 지휘한다. 악기에 따라 좀 더 정확한 지시해야 할 경우엔 이쑤시개처럼 작은 지휘봉을 쓴다. 지휘봉보다 더 중요한 것은 지휘자와 단원 사이의 신뢰와 협력을 통한 조화다.

서희태는 『클래식 경영 콘서트』에서 언제나 단원들을 존중해주고 그들이 최상의 컨디션으로 최고의 소리를 낼 수 있도록 이끌어 주는 것이 지휘자의 몫이라고 했다. 특히 단원들이 굳이 지휘를 필요로 하지 않는 부분까지 지휘자가 관여할 필요는 없다는 점을 강조한다. 지나친 관여는 연주자들에게 지휘자가 자신을 신뢰하지 않는다는 인상을 줄 수 있기 때문에 지휘자는 악보에 적힌 모든 기호에 신호를 줄 필요는 없다는 것이다. 그 탁월한 균형 감각이 훌륭한 지휘자를 만들고, 훌륭한 음악을 만든다.

조직의 성공 DNA, 핵심가치

기업은 무엇을 위해 존재하는가? 영국의 경제학자 알프레드 마셜은 1백 년 전 이윤극대화가 기업의 존재 목적이라고 하였다. 그러나 요즘 그렇게 보는 사람들은 많지 않다. 조직 그 자체의 관점에서 보면, 모든 유기체들과 마찬가지로 기업도 자신의 생존과 발전을 위해 존재한다. 최근 기업의 목표를 나타내는 단어는 '계속 기업' 혹은 '지속가능성'이다. 쉽게 말해, 강한 것이 생존하는 것이 아니라 오랫동안 생존하는 것이 강한 것이라는 관점이다.

정부조직과 민간기업의 차이는 조직의 기능과 역할도 있지만 가장 큰 것은 영속성의 차이다. 글로벌 경쟁 환경에 놓인 민간 기업은 근본적으로 파산의 위험에서 벗어날 수 없다. 하지만 영속성과 안전성이 보장된 정부 조직의 공무원들은 그 반대로 관료제의 폐해라는 또 다른 조직 실패를 경험하고 있다.

맥킨지 컨설팅에 의하면 기업들의 평균수명(글로벌 기준)은 1935년

90년에서, 1955년에는 45년으로 절반으로 단축되었다. 그 후 다시 1995년에는 22년, 2005년에는 15년으로 줄었다. 『포천』 선정 500대기업 중 50년 동안의 생존율은 14%에 불과하다. 한국 100대 기업 중 50년 생존율은 7%에 그친다. 한국 상장기업의 평균수명은 24년이다.

물론 장수기업들도 존재한다. 세계에서 가장 오래된 의약, 화학회사인 독일의 머크는 1668년 약국으로 시작해 2013년 현재까지 345년의 전통을 유지하고 있다. 또한 1802년에 창업한 210년 역사의 듀폰은 물론 지멘스(1847~), 네슬레(1866~), GE(1890~) 등 100년 이상 된 기업들도 있다. 한국에서 가장 오래된 회사는 2013년 현재, 창업한 지 117년 된 두산이다.

우리나라 속담에 사람은 죽어서 이름을 남기고, 호랑이는 죽어서 가죽을 남긴다고 했다. 그렇다면 리더는 떠나면서 무엇을 남기고 가는가? 리더가 조직을 위해 남기고 가야 할 진정한 유산은 무엇인가? 시중에 리더십 관련 책들이 많다. 그런데 그러한 책들을 보면 리더의 자질이나 요구되는 조건 등에서는 여러 요소들을 제시하지만 리더가 무엇을 남기고 떠나야 하는가에 대한 내용은 거의 언급이 없다.

GE의 전 회장 잭 웰치는 후계자를 잘 선택하는 것이 리더의 중요한 한 사명 중 하나라고 했다. 그는 실제로 여러 후보자 중에서 제프리 이멜트 현 회장을 선택함으로써 현재 GE가 발전하는 데 간접적인 기여를 했다. 물론 이것만이 다는 아닐 것이다. 리더가 남기고 가야 할 것은 분명 또 다른 것이 있다.

기업을 보는 관점에는 상반된 2가지가 존재한다. 하나는 돈 버는 기계라는 관점이고, 다른 하나는 살아 있는 존재로 보는 관점이다. 기계는 설계자가 의도한 목적을 위해 존재한다. 이는 기업에 대한 전통적인 관점이다. 즉 기업의 목적은 소유주를 위해 가능한 한 많은 돈을 버는 것이다. 그러나 살아있는 존재는 스스로의 목적을 가지고 있고 기계처럼 통제될 수 없다. 다만 어느 정도 영향을 미칠 수는 있다. 기업을 살아 있는 존재로 보는 것은 기업이 진화한다는 것을 의미한다.

쉘의 기획실장을 지냈으며 『살아있는 기업』을 쓴 아리 드 호이스는 기업을 살아 있는 공동체로 보았다. 또 기업들이 장수하지 못하는 이유가 기업조직을 둘러싼 세상의 변화에 적응하거나 진화하지 못하고 있기 때문이며, 기업 조직의 본질이 인간 공동체라는 사실을 간과하고 있기 때문이라고 주장했다. 그는 100년 이상 된 장수기업들을 집중 연구한 결과 장수기업들에게 공통 요인이 있음을 발견했다. 바로 직원들이 기업과 일체감을 느끼며, 그들이 살고 있는 세상의 변화에 대해 민감하며, 경영진은 구성원의 다양성을 보장하는 관대함을 지니고 있고, 회사의 자금조달과 운영에 보수적이라는 4가지 특징을 지니고 있다는 것이다.

기업을 살아 있는 실체, 즉 일종의 생명체로 봐야 한다는 아리 드 호이스의 관점은 신선하다. 법적으로는 이미 기업에게 인격을 부여하여 일정한 자격을 갖추면 법인^{法人}으로서 법적인 권리 및 의무의 주체로 인정하고 있다. 하지만 이는 소유권과 재산권 측면에서의 접근일 뿐이다. 생명체라는 시각은 이를 뛰어넘는 것이다.

생명이란 무엇인가? 20세기의 생명과학이 도달한 답 중 하나는 '생명이란 자기를 복제하는 시스템'으로 정의하였다. 일본의 분자생물학자 후쿠오카 신이치는 『생물과 무생물 사이에서』란 저서에서 생명의 자기복제 시스템을 이렇게 설명한다.

"생명의 신비인 DNA는 서로 역방향으로 꼬인 두 개의 리본 형태, 즉 이중나선 형태를 띠고 있다. 이중나선은 서로 상대방을 복제한 상보적 염기 서열 구조를 하고 있다. 이 이중나선이 풀리면 두 개의 가닥, 즉 플러스 가닥과 마이너스 가닥으로 나뉜다. 플러스 가닥을 모체로 삼아 새로운 마이너스 가닥이 생기고, 원래의 마이너스 가닥에서 새로운 플러스 가닥이 생성되면 두 쌍의 새로운 DNA 이중나선이 탄생한다. 플러스 혹은 마이너스의 형태로 나선 모양의 필름에 새겨진 암호, 그것이 바로 유전자 정보다. 이것이 생명의 '자기복제' 시스템이며 새 생명이 탄생할 때 혹은 세포가 분열할 때 정보가 전달되는 시스템의 근간을 이룬다."

여기까지만 보면 생명은 일종의 분자기계에 불과하다. 만약 생명체가 분자기계라면 생명체를 정교하게 조작함으로써 생명체를 개조 혹은 개량할 수 있다는 상상이 가능하다. 분자생물학자인 신이치는 이에 따라 특별한 실험을 한다. 특정 유전자가 작동되지 않도록 한 조치를 한 실험용 마우스를 녹아웃 마우스라고 하는 데 이 실험쥐의 수정란을 만들어 대리모의 자궁에 이식한 뒤 새끼를 출산하도록 했다. 이 쥐는 어떻게 되었을까? 췌장의 유전자 조작을 했던 실험 쥐였음에도 불구하고 새끼 쥐는 영양실조는 물론 당뇨병에도 걸리지 않았다. 실험을 한 분자생물학자들은 여러 번의 실험을 통해 생명체는 부품을 끼워 맞춰 만드는 조립식 장난감 같은 것이 아니라는 것을 깨달았다. 생명체는 부분적인 문제가 있더라도 그 생명을 유지시키는 균형 잡힌 시스템이라는 것이다. 신이치는 이에 따라 "생명이란 동적 평형 상태에 있는 흐름"이라고 정의하였다. 평형은 자신의 요소에 결함이 생기면 그것을 메우는 방향으로 이동하고, 과잉 상태가 되면 그것을 흡수하는 방향으로 이동하는 것을 의미한다.

정부나 기업, NGO 등 능동적인 조직도 이러한 기능을 수행하고 있다. 그런데 생명의 본질이 자기복제 시스템이라면 자기복제의 주체는 누구인가? 자연선택이 종 사이에서 이루어지는 것이 아니라 유전자의 수준에서 이루어지는 선택이라는 리처드 도킨스의 주장은 혁명적인 것이었다. 그는 『이기적 유전자』에서 진화와 관련한 다윈의 메시지를 '이기적인 무엇'으로 간략히 표현할 경우 그 무엇에 해당하는 것은 유전자, 즉 DNA일 수밖에 없다고 했다.

이렇듯 생명의 연속성이 유전자의 자기복제를 통해서 이뤄진다면, 조직의 영속성은 과연 무엇을 통해 이루어질까? 이 질문에 대한 저자의 답이 핵심가치다. 핵심가치는 조직의 영혼이며, 정체성이다.

창업자나 리더가 남기는 가장 큰 유산은 바로 핵심가치다. 창업자나 리더의 신념에서 조직의 영혼으로 승화한 핵심가치는 그 조직의 영속성을 담은 DNA(유전자)가 된다. 핵심가치는 지역적 확산은 물론 세대를 넘어 전승될 수 있는 조직의 무형자산이다.

물론 핵심가치가 조직의 생존을 완전히 보장하는 것은 아니다. 자연계에서의 진화의 동력이 자연선택이라면, 기업세계에서는 시장의 선택이 기업진화의 동력이라 할 수 있다. 시장 환경의 급변에 적응하고 생존하기 위하여 기업에게는 혁신능력이 필요하다. 아리 드 호이스가 장수기업의 특징으로 거론했던 환경 변화에 대한 민감성, 변화에 적응하기 위한 구성원들의 다양한 실험을 인정하는 경영진의 관대함은 생존과 혁신의 중요한 요소다. 어려운 환경조건에서도 견뎌낼 수 있고 필요 시 외부의 동의를 받지 않고도 능동적으로 자원을 투입할 수 있는 보수적 자금운영 역시 중요하다. 그런데 이러한 태도 역시 가치다. 조직의 구성원들이 기업과 일체감을 느끼며, 나아가 기업이 사회의 가치와 조화를 이루어 가는 근본은 핵심가치다.

프랑스 작가 빅토르 위고는 나침반을 '배의 영혼'이라고 했다. 이것에 비유하여 표현하면 핵심가치는 조직의 영혼이며, 나침반이다. 나침반의 바늘은 정북을 가리키기 위해 중심 축 위에서 떤다. 떨지 않는 나침반 바늘은 고장 난 것이다. 지역과 시대를 넘어서 "우리가 왜 존재하는가?" "우리는 무엇으로 소비자와 사회에 기여할 것인가?"에 대한 근원적인 질문을 던지며, 혁신하는 기업이 장수한다. 듀폰이나 GE, 두산 등 장수기업들은 시대에 따라 사업영역은 바꾸어 나갔지만 여전히 근원적인 질문을 붙잡고 고민하고 있다.

경쟁우위는 유전되지 않는다. 생존을 넘어 영속기업으로 가기 위한 유전자는 바로 핵심가치다.

4부

핵심가치,
어떻게 만들고 공유하는가?

핵심가치 만들기

핵심가치 공유하기

핵심가치 실천하기

1장

핵심가치
만들기

공조직이나 NGO들은 보통 법 또는 정관에 조직의 설립 목적을 명확히 한다. 또한 역사가 있는 기업들은 창업자의 기업이념이 다듬어져서 후에 핵심가치로 정리되는 경우가 많다. 창업 초기 기업 중에는 핵심가치가 아예 없는 경우도 있다. 핵심가치보다는 생존이 우선이기 때문이다. 아직 핵심가치가 없거나 불분명한 기업 또는 조직들도 있을 것이다. 또한 핵심가치가 구성원 전체에게 제대로 전달되지 못하고 있거나, 아직 조직의 혼으로 작동하지 않는 곳들도 있다. 핵심가치는 조직 구성원이 공유하고 신뢰하는 핵심적인 원칙과 믿음이다. 때문에 엄밀히 말해 만드는 것이 아니라 찾는 것이어야 한다. 핵심가치를 만드는 방법은 2가지가 있다. 하나는 조직의 상부에서 아래로 구성원들의 의견을 수렴해 가면서 정하는 톱다운Top-down 방식이고, 다른 하나는 구성원 전체의 의견을 토대로 밑에서부터 위로 수렴해 가는 바텀업Bottom-up 방식이다.

핵심가치 만들기,
위에서 아래로

톱다운 방식의 핵심가치 만들기는 기업의 CEO나 임원 혹은 기획부서가 핵심가치 초안을 마련하는 것이다. 그 후 간부 사원을 포함한 전체 직원들을 대상으로 설명 및 의견수렴 작업을 거친다. 이 과정에서 핵심가치로 정한 단어나 문구의 의미를 명확히 한다. 직원들이 가치의 보완이나 수정, 혹은 우선순위 조정 등을 요구했을 때 최대한의 합의를 거쳐 반영하는 것이 좋다. 그래야만 구성원 모두가 인정하는 회사의 핵심가치, 우리의 핵심가치가 된다.

구글이나 자포스가 이러한 방법으로 핵심가치를 정한 예이다. 자포스의 경우 창업 후 6년이 되어 직원 규모가 90명이던 시절 CEO 토니 셰이가 그 동안 조직발전을 이루게 한 핵심요인 37가지를 정리하였다. 그후 직원 모두의 참여 속에 1년에 걸친 면밀한 논의와 검토 끝에, 현재와 같은 10가지 핵심가치가 만들어졌다.

국내 대표적 보안솔루션업체인 안랩도 창업 후 5년이 지난 2000년 말, 당시 안철수 대표의 제의로 비전과 핵심가치를 구체화하는 작업을 하였다. 안대표와 부서장들이 먼저 회사의 핵심가치가 무엇인가에 대해 정리하는 작업을 했다. 이 때, 한 본부장은 회사가 언론사에 보낸 보도자료들과 업무수첩 등을 토대로 키워드를 뽑아서 핵심가치를 정리했다고 한다. 직원들에게는 핵심가치와 비전에 대한 설문조사를 하였다. 그후 전체 토의를 거쳐 임직원 다수가 인정하는 3가지 핵심가치를 정하게 된다. 안대표는 원래 3가지가 아니라 '장기적 관점에서 판단한다'는 것까지 4가지를 제안했다. 하지만 직원들 다수가 일상 업무를 하면서 장기적 관점에서 판단하는 것은 아니기 때문에 이 항목은 제외시켰다고 한다.

- 우리 모두는 자신의 발전을 위하여 끊임없이 노력한다.

  우리 모두는 자신과 회사의 발전을 위하여 적극적으로 그리고 지속적으로 노력한다. 자신의 능력이 부족하더라도 좌절하거나 안주하지 않고 그 한계를 극복하기 위한 방법을 찾도록 노력한다. 성실하게 노력하면서 발전하는 개인은 자신감을 가진다. 그리고 그 자신감은 겸손함과 상대방에 대한 배려로 표현된다. 그러나 자신에 대한 만족감은 퇴보의 시작이라는 마음가짐으로 경계해야 한다.

- 우리는 존중과 신뢰로 서로와 회사의 발전을 위하여 노력한다.

  우리는 서로를 존중한다. 상사는 부하 직원을 존중하고, 부하 직원도 상사를 존중하며, 동료 직원들도 서로를 존중한다. 동시에 상사는 부하 직원이 발전할 수 있도록 이끌어 주고, 부하 직원은 상사가 합리적인 의사결정을 할 수 있도록 당당하게 의견 개진을 하며, 동료끼리는 애정 어린 비판에 인색하지 않는다. 즉, 서로 존중하지만 개인이나 회사의 발전을 위해서 업무적으로는 이의 제기와 토론이 활발하게 이루어져야 한다. 부서간의 관계도 마찬가지다. 각 부서는 역할이 다를 뿐 어느 한 부서가 더 우월하거나 더 가치 있는 일을 하는 것은 아니다. 모든 부서는 회사에 꼭 필요하고 그래서 똑같이 소중하며 평등한 관계이다. 우리는 한 목표를 향해 합심해서 함께 나아가는 공동체이기 때문이다.

- 우리는 고객의 소리에 귀를 기울이고 고객과의 약속은 반드시 지킨다.

  우리 회사는 고객의 요구로 탄생되었다. 우리는 고객의 관심과 격려를 기반으로 설립되었고, 현재와 미래 성장의 가장 큰 힘이 고객임을 잊지 않는다. 우리 제품 사용자뿐만 아니라 직원과 주주도 모두 고객이다. 우리는 질책과 격려를 보내는 소수 고객의 의견을 겸허히 받아들이고, 또한 말없이 지켜보는 대다수 고객의 소리 없는 의견도 항상 염두에 둔다. 우리는 고객에게 정직하고, 크든 작든 고객과 한 약속은 반드시 지킨다. 우리의 의사결정 기준은 고객이다.

외부 전문기관의 자문을 얻어서 핵심가치를 정하는 경우도 많다. 김포공항을 운영하는 공공기관인 한국공항공사를 예로 들어보자. 공공기관은 공공 서비스 제공을 위해 정부가 설립하거나 재정지원을 해 주는 기관이다. 한국공항공사법 제1조는 "공항을 효율적으로 건설하고 운영함으로써, 항공수송의 원활화를 도모하고, 국가경제 발전과 국민복지에 기여한다"로 설립 목적을 명시하고 있다. 이를 근거로 한국공항공사는 '편안한 공항, 하늘을 여는 사람들'을 미션 슬로건으로 정하였다.

2020년까지의 비전을 담은 VISION 2020은 'Biz & Life를 창조하는 World-Class 공항기업'이다. 핵심가치는 고객지향, 도전추구, 상생경영 3가지다. 중요한 것은 핵심가치의 명확한 의미와, 왜 이런 핵심가치를 정했는가 하는 도출 근거다. 우선 '고객지향'은 안전, 편리 등 고객창조를 위한 가장 기본적인 가치를 중시하고, 향후 고객의 'Biz & Life'를 창조할 수 있는 선도적 역할을 통해 고객감동을 실현한다는 의미이다. '도전추구'는 외부환경 변화에 능동적으로 대응하고, 미래 새로운 가치창출을 위해 주도적인 역할을 수행한다는 의미다. 또한 기존의 고유 사업 외에 신규 사업을 발굴하고 적극적으로 해외에 진출한다는 의미도 담고 있다. '상생경영'은 지역사회와 항공사(LCC 포함), 협력업체, 고객 등과의 소통·협력을 강화하고, 기업본연의 지속성장 외에 공익적 기여를 확대한다는 의미이다.

고객지향, 도전추구, 상생경영 이 3가지를 핵심가치로 정한 이유는 한국공항공사의 설립목적, 비전에 따른 수익성과 공익성의 조화를 위한 고객관점 및 사회적 관점, 그리고 비전 달성을 위한 조직내부 관점을 반영한 것이다. 즉, "환경변화 및 고객요구에 능동적으로 대응하기 위해 우리에게 요구되는 자세는 무엇인가?" "고객가치 극대화를 위하여 우리에게 요구되는 기본자세는 무엇인가?" "공공기관으로서 사회적으로 요구되는 책임을 다하기 위한 우리의 자세는 무엇인가?" 이 3가지 근본 질문에 대한 답이 핵심가치로 정리된 것이다.

핵심가치 만들기,
아래부터 위로

핵심가치를 만드는 또 다른 방식은 조직의 아래에서 위로 구성원들의 가치를 수렴해 나가는 것이다. 직원들의 만족도를 이끄는 게 무엇이고,

충성도를 높이는 요소가 무엇인지, 현재 회사가 가장 중요시 하는 가치는 무엇이라고 여기고 있는지 등을 설문 조사와 워크숍 등을 통해 도출한다. 바텀업 방식은 조직의 규모가 크거나 또는 기존의 핵심가치가 형식적이어서 제대로 작동되지 않을 때 사용하는 경우가 많다. 이럴 때는 설문조사와 워크숍 조별 토론 때 아래의 3가지 질문에 대한 진지한 사전 검토가 필요하다.

- "회사의 사명과 핵심가치를 업무의 가이드라인으로 생각하고 있는가?"
- "사명과 핵심가치가 조직 전체에서 항상 공유되고 모든 의사결정의 근거가 되고 있는가?"
- "사명과 핵심가치가 조직의 자원배분, 과제해결, 인사 문제 등을 처리하는 지침을 제공하고 있는가?"

아울러 핵심가치를 새로 정할 때는 그것을 바탕으로 회사를 운영할 수 있고 외부에서도 그렇게 생각해주길 원하는 것을 찾아야 한다. 또한 그 의미를 명확하게 정의해야 한다. 핵심가치는 구성원 대다수가 동의하는 간단하고 직접적이고 이해하기 쉬운 것일수록 좋다. 이를 위해 "핵심가치가 행동과 의사결정의 기준이 될 만큼 구체적이고 명확한가?" "현재 우리가 일하는 방식을 잘 반영하고 있는가?" "상황 변화가 있어도 동일한 기준으로 적용할 수 있는가?" 등 3가지 질문에 대한 논의를 거쳐 도출하는 것이 좋다.

아모레퍼시픽은 인류학적 방법론을 도입해 비전과 핵심가치를 재구성한 경우이다. 쉽게 말해, 기업을 하나의 부족사회로 보고 집단 안에 내재된 의식 구조인 '신화'를 찾아서 분석하는 방법을 사용하였다. 아모레퍼시픽은 2004년에 '2015 global top 10'이라는 도전적 비전을 선포한 바 있다. 창립 60주년을 맞는 2005년 아모레퍼시픽은 글로벌 뷰티헬스기업으로 거듭나기 위한 새로운 작업에 돌입했다. 문화적 코드를 찾기 위해 문헌 분석을 한 뒤 총 110여 명의 구성원 및 외부 관계자와 심층 인터뷰를 진행했다. 언어구조를 분석해 그 안에 내재된 집단적 의식구조, 즉 신화를 밝히기 위해서다.[27] 그렇게 정리된 것이 다음과 같은 기업 스토리다.

동백기름으로 시작된 가업을 모친으로부터 이어받은 창업자는 회사를 키워오다 징용으로 만주 원정길에 오른다. 광복이 되었지만 그는 바로 귀국하지 않고 중국을 돌아다니며 더 큰 세계에 눈을 떴다. 좀 더 큰 세상에서 꿈을 펼쳐야겠다는 소명을 깨달은 그는 귀국 후 세계를 지향하는 '태평양'이라는 도전적 이름의 회사를 만들었다. 한국전쟁 후에는 화장품의 본고장 프랑스를 비롯해 유럽으로 순례를 떠나 선진 시장을 둘러봤다. 그는 이런 경험을 토대로 세계인을 기쁘게 할 수 있는 '우리만의 아름다움'을 담기 위해 기술개발과 혁신을 독려했다. 이 모두는 항상 고객과 가장 가까운 자리에서 이루어졌고, 이는 방문판매로 구현되었다.

우리만의 아름다움, 즉 '아시안뷰티^Asian Beauty'로 세계와 소통 하겠다는 창업자의 꿈이 담긴 이 신화는 'The Story of Asian Beauty Creator'

로 이름 붙여졌다.

이를 토대로 만들어진 것이 바로 '아모레퍼시픽웨이AMOREPACIFIC WAY'다. 이는 아모레퍼시픽이 걸어가는 길이자 원칙인 소명, 가치, 믿음을 뜻한다. 아모레퍼시픽은 '우리의 소명'과 '우리의 믿음'이라는 주제로 존재 이유를 명확히 했다.

또한 기존의 문화적 자산으로부터 핵심 가치를 새롭게 발굴해 '우리의 가치'라는 이름으로 공표했다. 개방, 혁신, 친밀, 정직, 도전의 5개 가치와 이에 해당하는 행동 원칙들이 만들어졌다.

2008년 2월 1일, 아모레퍼시픽은 'AMOREPACIFIC WAY—The spirit of Asian Beauty Creator 선포식'을 가졌다. 토크쇼와 좌담회 형식으로 진행된 이 행사에서 경영진은 '아모레퍼시픽웨이'가 무엇인지, 왜 새로운 기업 문화가 필요한지 역설했고, 자유로운 질의와 토론이 이루어졌다. 아모레퍼시픽은 2015년 글로벌 비전을 달성할 때까지 기업문화 변화 작업을 지속적으로 추진 중이다.

바텀업 방식은 톱다운 방식에 비해 핵심가치를 정하는 데 시간이 더 많이 소요된다. 직원들 개개인과 소규모 조직의 가치를 확인하여 조직 전체의 핵심가치로 정렬해 나가야 하기 때문이다. 시간과 인력, 비용이 많이 들어가는 만큼 조직의 최고 리더의 결단이 있어야 가능한 방법이다. 하지만 이러한 과정을 거쳐서 정해진 핵심가치는 훨씬 더 생명력이 길다. 수잔 쿠즈마스키는 『가치중심의 리더십』에서 직원들이 소중히 여기는 가치를 이끌어 내고 공통의 핵심적인 가치들을 개발하기 위한 조치, 훈련, 토의 등을 가치 수용 과정VAP, Values Adoption Process이라고 명명

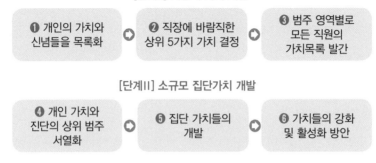

[단계 I] 개인적 가치 개발

❶ 개인의 가치와 신념들을 목록화 ➡ ❷ 직장에 바람직한 상위 5가지 가치 결정 ➡ ❸ 범주 영역별로 모든 직원의 가치목록 발간

[단계 II] 소규모 집단가치 개발

❹ 개인 가치와 진단의 상위 범주 서열화 ➡ ❺ 집단 가치들의 개발 ➡ ❻ 가치들의 강화 및 활성화 방안

[단계 III] 개인가치 서약서와 조직가치 서약서

❼ 개인 가치 서약서 개발 　　　❽ 조직 가치 서약서 작성

❾ 가치 표어 개발과 제작 　　　❿ 직원들에게 피드백 요구

하였다. 그녀가 제시한 내부가치 개발과정은 그림과 같은 10단계로 이루어진다. 그녀는 특히 가치수용 과정이 원활히 이루어지도록 조직 내에 가치위원회를 구성하고, 6~8명의 직원들과 1~2명의 경영자로 이루어진 전문위원회를 만들어 가치 및 행동규범 개발 작업의 조정자 역할을 하도록 하는 것이 필요하다고 주장했다.

핵심가치를 정하는 단계에서 조직의 규모가 큰 경우 핵심가치 확정 및 의미 구체화 외에 핵심가치 설명자료 발간, 상징화 디자인 작업, 핵심가치별 행동지표 개발, 핵심가치 선포식 등을 하기도 한다. 아모레퍼시픽의 예에서 보듯이 이 모든 것은 구성원들의 관심과 참여를 높이기 위한 것이지 일회성 행사에 그쳐서는 안 된다.

핵심가치를 만들기 위해 참고할 만한 책으로는 경영관리 전문가 켄 블렌차드와 기업전략 전문가인 마이클 오코너가 함께 쓴『잠자는 회사의 가치를 깨워라』와 안철수『영혼이 있는 승부』, 전성철 외『가치관 경영』을 추천한다. 관세청이 지난 2007년 4대 핵심가치(동반자 정신, 명예긍지, 변화혁신, 세계최고)를 만들게 된 배경과 철학을 담은『관세청 핵심가치의 태동 배경과 로직』은 공공기관은 물론 민간 기업에게도 좋은 참고자료가 될 것이다.

2장

핵심가치
공유하기

핵심가치는 만드는 것(발견하는 것)만큼이나 조직 구성원 모두가 공유하는 작업이 중요하다. 핵심가치는 조직 구성원의 공통된 가치관이자 신념이며 존재이유다. 또한 구성원들의 사고와 행동의 기준이 되는 가치와 규범이다. 따라서 그들 모두가 공통의 가치관과 신념으로 받아들이는 과정이 필요하다. 이를 보통 핵심가치 내재화라고 부른다.

핵심가치 내재화란 조직에서 이루어지는 모든 의사결정의 기준이 핵심가치가 되도록 하고, 나아가 핵심가치에 따라 생각하고 행동하도록 구성원들을 변화시키는 과정이다. 이를 통해 구성원들은 핵심가치의 중요성을 깨닫게 되고 기업만의 독특한 문화를 창출할 수 있게 된다.

이에 따라 첫째 핵심가치 내재화의 3단계 프로세스, 둘째 핵심가치 내재화 교육, 셋째 핵심가치 내재화 실제 사례 등의 순서로 살펴본다.

핵심가치

핵심가치 내재화
3단계 프로세스

핵심가치 내재화는 가치공유를 위한 변화 프로세스다. 개인가치와 조직가치가 조화를 이루면서 조직의 핵심가치를 자신의 것으로 내면화 하는 과정이다.

사회심리학자 쿠르드 레빈은 개인이나 조직이 성공적으로 변화하기 위해서는 해빙, 변화, 재동결의 3단계 과정을 거쳐야 한다고 보았다. 해빙unfreezing 단계에서는 변화의 필요성을 인정하고 기존의 신념이나 관습을 해체하는 등의 변화를 준비하게 된다. 두 번째 단계에서는 실제로 변화가 일어나는데, 과거의 사고방식과 체계가 무너지다보니 혼란과 고통이 수반되는 경우가 많다. 마지막 재동결refreezing 단계에서는 새로운 사고방식이 정립되면서 새로운 체계 내에서 안정감과 편안함을 느끼게 된다.

변화의 과정은 이처럼 기존에 알던 것, 익숙했던 것을 어렵게 떨쳐버리고, 다시 힘들게 배우면서 생각, 느낌, 태도, 인식 등을 재구성하는 것이다.

저자가 속한 기업교육 컨설팅 업체 엑스퍼트컨설팅은 핵심가치 내재화 프로세스를 핵심가치와 조직문화의 성숙도를 기준으로 점화기(해빙), 확산기(행동화), 정착기(일상화)의 3단계로 구분하고 있다. 레빈의 변화 모델을 응용한 것이다. 1단계 점화기란 조직의 핵심가치에 대해 구성원들이 인지하고, 이해하는 단계이다. 2단계 확산기는 핵심가치를 의사결정의 기준과 행동의 준거로 받아들이는 단계이다. 3단계 정착기는 핵심가치가 조직의 정체성을 나타내고 조직문화로 녹아드는 단계이다. 이를 그림으로 나타내면 아래와 같다.

핵심가치 내재화 3단계 모델

Unfreezing 해빙	moving 행동화	Refreezing 일상화
Horizon 1 점화기 Boom-up	Horizon 2 확산기 Spread-out	Horizon 3 정착기 Settle-down
VALUE에 대한 구성원들의 긍정적인 분위기를 조성하는 단계	VALUE를 행동의 준거나 의사결정의 기준으로서 받아들이는 단계	조직문화에서 조직의 Identity가 정립되는 단계

조직문화 · 가치의 성숙도

Time Horizon

핵심가치 내재화의 방법은 다양한 교육 과정을 통해 이루어지는 것이 일반적이다. 기업의 경우 신규 임원 및 팀장, 신입 직원 등을 대상으로 하는 경우가 많은데, 최근에는 기존 임직원들도 핵심가치 교육 과정을 반드시 이수하도록 하는 기업들이 늘어나고 있다.

핵심가치
내재화 교육

    핵심가치 내재화 교육의 핵심은 5가지이다. 우선 조직의 핵심가치가 무엇이며, 구체적으로 어떤 의미인지What를 명확히 하고, 핵심가치가 언제When, 어떻게How 만들어 졌는지 그 정립 배경을 이해하며, 핵심가치를 왜Why 실천해야 하는지, 그리고 자신의 업무 과정에 어떻게How적용할 것인지 구체적 실천 방법을 모색하는 것이다.

    핵심가치 내재화 교육 역시 다음과 같이 3단계 프로세스로 진행하는 것이 좋다.

엑스퍼트컨설팅 핵심가치 내재화 교육과정 3단계 로드맵[28]

Expert Sution Step 1	Expert Solution Step 2	Expert Solution Step 3
Knowing	**Doing**	**Melt in**
핵심가치 이해(정의) 공유를 통한 실천의지 제고	**핵심가치 실천 도구 제공 핵심가치 기반 임무 기준 정렬**	**핵심가치 실천 시스템 구축 Informal Learning으로 확장**
• 조직에 대한 이해 • 조직의 기저, 핵심가치에 대한 이해 • 핵심가치를 기반으로 한 행동규범 이해 • 핵심가치와 나의 업무와의 연결	• 핵심가치에 기반한 업무처리의 필요성과 중요성 인식 • 업무수행의 기준 절차와 방법론 수립 • 핵심가치 실천 및 적용을 위한 도구 학습 • 자기성장 기반 조성 및 조직 성장에의 연계	• 핵심가치 실천의 팀 문화 기반 조성 • 팀, 조직 단위 실천도, 모니터링을 통해 구체적인 실천 시스템 구축 • Value Agent의 양성 • 강한 기업문화 형성을 위한 단위조직(팀, 부분 등)의 세부 활동 계획수립 • Informal Learning으로 확장

1단계 교육에서는 조직에 대한 이해, 조직의 핵심가치 이해, 핵심가치를 기반으로 한 행동규범 이해, 그리고 핵심가치와 자신의 업무와의 연결을 모색하는 내용이 이루어진다. 2단계 교육에서는 핵심가치에 기반을 둔 업무처리의 필요성과 중요성 인식, 업무수행의 기준, 절차, 방법론 수립, 핵심가치 실천을 위한 지원 도구 학습, 그리고 개인 발전과 조직 발전의 연계 작업을 다룬다. 3단계 교육에서는 핵심가치 실천을 위한 시스템 구축에 초점을 둔다. 팀이나 부문 조직별 핵심가치 실천 세부 활동 계획을 수립하고, 모니터링 및 피드백 시스템을 구축하는 것이다. 나아가 각 부문별 핵심가치 전파자를 양성하고, 비공식적 학습이 이뤄지도록 함으로써 핵심가치가 조직문화로 정착될 수 있도록 한다.

회사 내부적으로 핵심가치 교육을 실시할 경우 핵심 보직에 있는 임원이나 존경 받은 임원 및 부서장이 강사로 나서는 것이 전달 효과가 크다. 조직의 핵심가치가 무엇이며, 왜 이런 핵심가치를 정하게 되었는지, 그 과정에 드러난 어려움을 어떻게 극복하며 오늘에 이르게 되었는지에 관한 스토리를 생생하게 전달할 수 있기 때문이다. 또한, 현업에 적용하는 과정에서 나타날 수 있는 여러 사안들에 대하여 질의응답의 방식으로 설명하는 것이, 개념을 교육하는 것보다 훨씬 이해가 빠르다.

이 밖에 핵심가치 교육을 온오프라인으로 병행하는 방법도 있다. 핵심가치 과정을 온라인으로 만들어 CEO 또는 HRD 담당 임원의 강의를 학습하고, 핵심가치 관련 중요 내용은 집합교육을 통해 사내 강사가 다시 설명한 뒤 교육 참가자들이 토의를 통해 실천 방법론을 모색하는 것이다. 그 후 현업 적용 과정에서의 다양한 사례들에 대해서는 사내 인트라넷으로 질문과 답변이 이어지도록 하는 방법이다.

핵심가치 내재화
실제 사례

기업의 연혁과 규모, 국내외 경쟁상황, 최고경영자의 의지 등 여러 요인들에 따라 핵심가치 내재화 교육 수준은 차이가 많다. 따라서 어떤 것이 정답이라고 말할 수 없다. 각 기업이 처한 여건에 맞추어 적절한 솔루션을 찾는 것이 필요하다.

다음은 핵심 가치 내재화 교육의 실제 사례이다.

신한금융투자 '변화의 진정한 돌파구를 찾아서'

신한금융투자의 가치체계는 아래와 같이 구성되어 있다.

- 비전 2020 : 아시아 최고의 종합금융투자회사
- 비전 2015 : 2015년 사업라인 전 부문 업계 Top 5 진입
- 전략 영역 : 본사 영업강화, 자산 영업강화 사업 라인별 전략, 3대 경영원칙 구체화
- 문화 영역 : 비전 내재화, 변화관리 활동, 문화 지향체계
- 신한WAY : 고객중심, 상호존중, 변화주도, 최고지향, 주인정신

● 미션 : 금융의 힘으로 세상을 이롭게 한다

신한금융투자가 신한WAY와 가치체계를 정립한 것은 2010년이다. 이후 그룹 전체 직원들을 대상으로 2010~2012년 사이에 기업문화 연수를 추진했다. 그룹 공동 신입직원 연수 및 Change Agent 워크숍도 실시했다. 신한금융투자가 기업문화 활동을 강력히 추진하게 된 것은 2008년 글로벌 금융위기 이후 조직 내외부적으로 변화의 필요성이 대두되었기 때문이다. 이에 따라 위에서 제시한 New Vision을 선포하고, 신한금융 그룹 차원의 문화 활동이 강화되었다.

신한금융투자는 Vision 2015 달성을 위한 DNA 발견 및 실행 방안 워크숍과 게임 등 비전 내재화를 위한 다양한 프로그램을 실시했다. 특히 CEO 강대석 사장은 2,000명이 넘는 전 직원들을 대상으로 한 20회의 워크숍에 모두 참여해서 특강을 하고, 저녁 시간을 함께 하는 열정을 보여주었다. CEO 특강에서 부서장들에게는 "카리스마와 감성을 동시에 가진 리더가 되라", 시니어들에게는 "변하지 않으면 생존할 수 없다" 주니어들에게는 "큰 꿈을 꾸라"는 비전달성을 위한 메시지를 전달했다. 또한 근무시간이 끝난 뒤 본사 1층 주차장에서 임직원간 열린 소통의 장인 '비전 포장마차'를 운영했다. '비전 포장마차'는 CEO을 포함한 임직원들이 자유로운 분위기에서 서로의 고충을 나누고, 'Vision 2015'의 달성을 다짐하기 위해 마련된 것으로, 언론에 보도되어 화제를 모았다. CEO 및 임원들이 포장마차 주인이 되어 직접 안주를 만들고, 직원들과 술잔을 기울이며 화기애애한 시간을 갖는 형식으로 진행되었다.

신한금융투자는 비전 달성을 위하여 전략적 영역과 문화적 영역의 조화에 역점을 두고 있다. 이를 위해 비전 내재화, 변화관리 활동, 문화 지향 체계를 구축하여 기업문화 정착 활동 전반의 라인업에 초점을 맞추고 있다. 나아가 고객중심, 상호존중, 변화주도, 최고지향, 주인정신이라는 핵심가치 및 신한금융지주 가치체계와의 유기적인 통합 관리에 힘을 쏟고 있다.

한화 'Value day Season II-Informal Learning'

한화그룹은 외부 전문기관의 도움 없이 한화인재경영원 조직문화팀 주도로 핵심가치 도출 작업을 하였다. 한화 정신은 '신용과 의리'이다. 이를 근거로 하여 도전, 헌신, 정도의 3대 핵심가치를 도출하였다.[29] 한화그룹은 이를 비전 달성과 신조직문화 혁신을 위한 실천가치로 정의하고 있다. 한화 그룹의 사업 방향과 목표를 담은 비전은 'Quality Growth 2020, Growth-Excellence-Transformation'이다.

한화인재경영원은 핵심가치 내재화를 위하여 3개년의 로드맵을 세워 추진 중인데, 첫 해인 2011년은 핵심가치의 인지 및 이해에, 2012년은 핵심가치를 일하는 방식에 적용하는 것에 역점을 두었다. 3년 차인 2013년에는 핵심가치 기반의 조직문화 정착에 초점을 두고 있다.

2012년에 진행된 'Value Day Season II'의 목적은 핵심가치를 구성원 개인의 일과 삶에서 구현될 수 있도록 내재화하기 위한 것이다. 이에 따라 자기개발, 창의, 소통, 고객, 브랜드의 5가지 관점에서 어떻게 적용

시킬 것인가에 대한 문제를 고민하고 실행 방안을 모색하는데 주력했다. 개인 차원에서는 도전적 목표 달성을 위한 자기개발, 팀 차원에서는 개방적 소통을 통한 창의적 성과 구현, 회사 차원에서는 고객만족을 통한 고객가치 창조, 그룹 차원에서는 브랜드 가치 제고의 과제를 부여했다. 개인 차원에서 출발하여 팀, 회사, 그룹으로의 단계적 확대를 통해 미래 지향적 비전을 실현하기 위한 키워드(화두)를 제시함으로써 장기적, 거시적 관점에서 관련 주제를 고민할 수 있도록 구성되었다.

과정은 총 23주로 약 6개월에 걸쳐 진행된다. 우선 입문 과정으로 팀 만들기, 운영 방법 익히기, 맛보기 미션 수행하기 등에 2주가 소요된다. 그 후 100년 기업으로 가는 길이란 주제 하에 나(자기개발)-나와 팀(창의)-팀(소통)-회사(CS)-그룹(브랜드) 등으로 나누어 각 테마별로 4주씩 모두 20주를 실행한다. 그리고 마지막 정리하기 순서로 미션 완수 격려하기, 과제 수행 과정에서의 비하인드 스토리 공유하기, 미션 완수 상징물 제작에 1주를 수행한다. 연말에는 각 계열사별로 'Value Day Season II' 과정을 마무리 하면서 발표회 및 시상식을 가졌다.

한화 측은 'Value Day Season II'의 운영 특징으로 콘텐츠 다양화, 지식경영 활동, 개인 및 팀 활동 공개, 온라인 비중 확대, 임직원간 소통 확대를 꼽고 있다. 소통 존, CS 힐링캠프 등 트렌드를 반영한 콘텐츠 개발에 노력했고, 한화인재경영원에서 제공되는 콘텐츠 외에 임직원들이 개인적으로 소장한 다양한 콘텐츠들을 공유해 지식경영을 강화했다. 또한 각 테마별 온라인 미션수행(3주), 오프라인 팀 토론(2주) 등 온라인 비중을 크게 늘렸고, 임직원간 소통 강화를 위해 사내 SNS인 이글톡 활용,

밸류포탈내 일촌 기능, 그룹 직원간 댓글 장려, 팀별 카페 운영 등을 실시했다.

　핵심가치 내재화 교육 과정은 이 밖에 교육생들의 자발적인 참여와 흥미 유도를 위하여 스토리텔링 형식(경기도, 동국제강 등), 탐험 형식(중앙공무원교육원, 부천시, SL 등), 세미나 및 워크숍 형식(현대자동차 등) 등 다양한 형식으로 진행하고 있다.

　핵심가치 정립과 공유 노력은 결국 조직 구성원들의 마인드와 행동의 변화, 즉 사람을 변화시키는 데 목적이 있다. 기업의 경우 업종과 조직에 따라 첫 해부터 바로 효과가 나타나는 경우도 있지만 조직의 리더들 중에는 변화의 속도가 느리다고 느끼는 경우도 있을 것이다. 다양한 가치관을 지닌 사람들이 모여 조직을 이루고 있는데, 구성원들이 조직의 공통된 가치관과 신념을 지니는 데는 그만큼 시간이 필요하다. 따라서 장기적이고 지속적인 노력이 있어야 열매를 맺을 수 있다.

3장 핵심가치 실천하기

핵심가치 만들기 작업의 마지막은 조직의 일상 활동에서 핵심가치가 발현되도록 하는 것이다. 핵심가치가 제도와 문화 속에 녹아 들어가는 단계이다. 안철수 전 안랩 대표는 『영혼이 있는 승부』에서 영혼이 있는 기업을 위한 핵심가치는 3가지 조건을 갖춰야 한다고 했다. 먼저 핵심가치를 구성원들이 진심으로 믿어야 하고, 일관성 있게 유지되어야 하며, 제도 속에 스며들어 있어야 한다는 것이다.

조직의 구성원들이 핵심가치를 진심으로 믿고 일관성 있게 유지되려면 리더의 솔선수범과 적극적인 지원 외에도 제도와 연계시켜야 한다.

핵심가치를 제도 속에 스며들게 하는 좋은 방법은 3가지로 요약할 수 있다. 첫째, 핵심가치 실천자를 찾아라. 둘째, 인사제도와 핵심가치를 연계시켜라. 셋째, 핵심가치로 호흡하게 하라. 이를 순서대로 살펴보자.

핵심가치
실천자를 찾아라

    핵심가치 내재화로 변화를 촉진하고자 할 때 그 핵심은 결과가 아닌 과정에 초점을 맞추는 것이다. 돌고래에게 고리를 통과하는 법을 가르치고, 원숭이에게 스케이트보드 타는 법을 가르치는 조련사들의 비법은 바로 강화強化이다. 쉽게 말해 목표에 다가가는 작은 진전에도 긍정적 칭찬과 격려를 하는 것이다. 물질적 보상도 당연히 병행한다. 조직행동론 전문가인 칩 히스, 댄 히스 형제는 손쉽게 '극적 변화를 이끌어내는 행동설계의 힘'이란 부제가 붙은『스위치』에서 "성공적인 변화에는 일정한 패턴이 있다"고 강조했다. 즉, 뚜렷한 방향이 제시되고, 충분한 변화의 동기가 있으며, 변화에 도움이 되는 환경이 갖춰질 때 성공적인 변화가 이루어진다는 것이다.

    상과 벌은 오랫동안 조직의 동기부여 수단으로 활용되어 왔다. 하지만 목표는 다르다. 상은 잘하는 일을 더욱 잘하게 하는 것을 목표로 한다. 반면, 벌은 잘하지 못하는 일을 보통 수준으로 맞추는 것이 목표다. 따라서, 벌보다는 상이 동기부여의 수단으로는 더욱 효과적이다. 물론 일벌백계 즉, 강력한 벌로 조직전체에 잘못된 행동에 대한 경고를 주는 것은 여전히 필요하다.

    핵심가치상을 주는 이유는 조직 구성원 모두에게 긍정적 변화를 촉진하기 위해서다. 가장 쉽게 할 수 있는 방법은 모범사원을 핵심가치 실천자 중에서 선발하여 창립기념일에 시상하는 것이다. 또한 핵심가치 별로 올해의 최우수 핵심가치 실천자를 뽑아서 일정기간(3개월~1년) 동안 구내식당 게시판과 사무실 등에 실천 내용과 사진을 전시하는 것도 좋을 것이다. 수년 동안 계속해서 뛰어난 실천력을 보인 사람은 '핵심가치 영웅'으로 선정해 회사의 일정한 장소에 '명예의 벽'을 만들고 사진 또는 부조상으로 헌정하는 것도 핵심가치 실천에 큰 영향력을 미친다.

　　독일 머크의 경우 핵심가치 내재화를 위한 대표적인 제도로 핵심가치 상을 시상하고 있다. 머크의 핵심가치상은 생활 속에서 머크의 6가지 핵심가치(용기, 성취, 책임감, 존중, 진실함, 투명성)를 모범적으로 실천하는 직원을 찾아 시상하고, 그 실천 사례를 직원들에게 전파함으로써 6가지 가치가 단순히 말이나 구호에 그치지 않고 실제 생활에 적용하도록 하려는 것이다. 시상 기준은 후보자가 보여준 행동이 머크의 핵심가치와 부합하는 정도, 6가지 가치를 생활에서 실천하기 위해 노력한 정도, 후보자의 행동이 회사에 미친 영향, 후보자 행동의 지속 가능성 등 4가지이다. 회사는 최종 후보자 가운데 관리자들의 심사를 거쳐 각 가치별로 최종 6명을 선정하여 가치상을 수여한다

　　관세청도 매 분기마다 핵심가치 확산과 정착에 기여한 직원 또는 팀을 선정하여 핵심가치상을 시상하고 있다. 핵심가치상은 4가지 종류로 '동반자정신' '명예긍지' '변화혁신' '세계최고' 등 관세청 4대 핵심가치별로 표창한다. 시상 기준도 분명하다. 예를 들어, 동반자정신상은 관세행정 고객, 동료직원 및 세계동료, 일반국민(사회) 등 관세행정을 둘러싼 다양

한 인적 환경에 대해 신뢰와 존중, 배려와 사랑을 바탕으로 수행한 정책, 제도, 서비스, 행사, 기타 활동이 동반자정신의 구현에 기여한 경우에 주어진다. 세계최고상은 최고에 대한 관심, 전문성, 축적된 경험, 정보, 지식과 기술을 바탕으로 글로벌 톱 수준의 관세행정 서비스 가치를 창출하여 국제표준을 선도하거나 우리 관세행정의 대외적 가치를 제고하는 데 기여한 경우에 시상한다. 이에 따라 분기별 핵심가치 시상에서 세계최고상은 누락되는 경우도 있다. 그만큼 어렵기 때문이다. 또한 연말에는 올해의 핵심가치대상을 선정 표창한다.

한화케미칼의 경우 2012년 말에 'Value Day Season II'를 마무리하는 행사를 갖고, Best Value Team상, Best UCC상, Best 포스터상, Best Value Agent상, Best 임원상 등을 각각 시상했다. 특히 Best 임원상은 한화케미칼의 신입 사원들이 수상하여 시상식에 참석한 임직원들에게 많은 격려를 받았다. 신한투자금융도 신한 WAY상을 운영하고 있는데, 좋은 실적을 거두어서 받는 우수 사원보다도 더 높은 포상을 하고 있는 것이 특징이다.

이 외에도 많은 조직들이 여러가지 형태로 핵심가치상을 시상하고 있다. 핵심가치상을 주는 것은 핵심가치를 잘 실천하는 것이 조직 발전에 기여하고, 개인에게도 도움이 된다는 것을 모든 구성원들에게 알리는 문화적 의식儀式이다.

핵심가치와
인사제도를 연계시켜라

조직의 핵심가치 내재화는 인사제도와 연계될 때 가장 강하게 힘을 받는다. 구성원 개개인의 실질적인 이해관계와 맞물리지 않으면 CEO의 훈화, 또는 덕담 수준에 그칠 수 있다.

핵심가치를 인사제도와 연계시키는 방법은 채용, 평가, 승진, 보직 배치 등 인사업무의 전 과정에 핵심가치를 기준으로 삼는 것이다. 신입 또는 경력 직원을 채용할 때 인성 및 적성 검사와 함께 핵심가치 부합도를 조사해 조직문화에 맞는 사람을 뽑는 것이 필요하다. 고과 평가에 있어서도 핵심가치 실천 정도를 평가 항목에 포함시켜 평가하도록 해야 한다. 특히 임원부터 핵심가치 실천을 평가하여 임원 평가에 반영하도록 해야 한다. 승진 심사 때도 핵심가치상 수상자 또는 핵심가치 실천 우수자에 대해 가점을 주는 것이 좋다. 주요 보직의 인사에 있어서 능력뿐 아니라 핵심가치를 열심히 실천해온 사람이 배치되면 구성원들에게 핵심가치 실천의 강력한 동기를 부여하게 된다.

미국 기업 자포스가 직원 채용과정에서 핵심가치를 적용하는 대표적인 예이다. 신입사원들은 부서에 관계없이 모두 고객을 상대하는 컨택센터에서 2주 동안 근무를 해야 한다. 입사 후 1달 이내에 퇴사할 경우 회사가 3,000달러의 사퇴 보너스를 지급한다. 한 달을 근무해 본 뒤 "이곳이 진정으로 내가 일하고 싶은 회사인가?"를 직원 스스로 묻게 하는 제도다. 회사로서는 중간 이직보다 신입사원 때 걸러내는 것이 장기적 안목에서 훨씬 도움이 되기 때문에 3,000달러의 사퇴 보너스를 기꺼이 지급한다. 대다수 글로벌 기업은 핵심가치를 리더십 역량 모델에 반영하여 인사평가와 교육훈련의 중요 모델로 활용하고 있다. 포스코의 경우 핵심가치를 공통역량에 반영하고 있다. 특히 핵심가치의 구체적인 실행방향, 연도별 중점 추진 사안은 리더십 역량 모델에 반영하여 모니터링하고 피드백 하여 리더 계층별 교육프로그램과 각종 혁신변화관리 프로그램에 직접 반영하고 있다.[30]

보상과의 연계도 중요하다. 단순히 평가에 따라 연봉에 반영된다고 생각해서는 핵심가치 실천의 효과를 거두기 어렵다. 이보다는 핵심가치 영역별로 도전적인 목표와 과제를 수립하고 이를 효과적으로 달성한 부서나 개인에게 인센티브를 주는 방안을 고려해야 한다. 관세청의 경우 핵심가치상 수상자에게는 50만 원 이상 100만 원 이하의 상금 및 메달이 수여된다. 또한 '올해의 핵심가치대상' 수상자에게는 100만 원 이상 200만 원 이하의 상금 및 메달이 수여된다. 3인 이상의 팀이 아닌 개인이 핵심가치상이나 핵심가치 대상을 받을 경우 근무성적 평정 및 승진 심사 시 우대, 인재 역량 평가 시 가점, 해외연수 우선권 부여, 성과상여금 지급 우대 등의 혜택을 주고 있다.

핵심가치상 선정의 공정성을 기하기 위하여 관세청 차장을 위원장으로 하는 핵심가치상 심의위원회도 구성했다. 심의위원으로는 관세청 기획조정관, 감사관, 심사정책국장, 자유무역협정집행기획관, 통관지원국장, 조사감시국장, 정보협력국장 외에 관세청 공무원직장협의회 대표위원도 포함된다. 관세청은 아예 훈령으로 '핵심가치상 운영에 관한 시행세칙'을 만들어 운영하고 있다.

핵심가치로
호흡하게 하라

인사제도와 핵심가치의 연계 및 핵심가치 시상은 구체적이면서도 가시적인 핵심가치 내재화 방법이다. 이외에도 조직 리더의 핵심가치 실천 솔선수범을 비롯해 다양한 차원에서 핵심가치를 정착시키기 위한 방법들이 시행되고 있다.

GS칼텍스의 비전은 '종합에너지서비스 리더, The Leader in Providing Total Energy Service'이다. GS칼텍스는 핵심가치를 조직가치로 부르고 있는데, 신뢰, 유연, 도전, 탁월의 4가지다. 허동수 회장은 지난 2000년 조직가치를 선포한 이후 조직가치 내재화를 위하여 실무조직인 조직문화팀을 만들고, 조직가치 해설집을 발간하는 것은 물론 사보를 통해 조직가치에 대한 설명과 사례를 지속적으로 전파하도록 했다. 특히 허회장이 참석하는 모든 회의 때마다 조직가치 실천문을 암기하여 제창하고 있다.

- 우리는 자신의 역할을 다하며 서로 믿고 존중한다.
- 우리는 열린 사고와 행동으로 다양성을 추구한다.
- 우리는 높은 목표를 설정하고 혼신의 힘을 다한다.
- 우리는 구성원과 조직 모두가 최고가 된다.
- 우리는 조직가치의 실천을 통해 비전을 달성한다.

회의나 교육 등 모임 때마다 이 조직가치실천문을 함께 읽다 보니 회장은 물론 대부분의 직원들이 이를 외우게 되었다. GS칼텍스판 사도신경인 셈이다.

허회장은 "우리는 조직가치의 실천을 통해 비전을 달성한다"는 조직가치 실천문의 마지막 문장을 읽을 때마다 마음속으로 비장한 결심을 한다고 한다. '종합에너지 서비스 리더'의 비전을 달성하겠다는 결연한 의지를 되새긴다는 것이다.[31] GS칼텍스 임직원 거의 대부분이 조직가치 4가지를 정확히 설명할 수 있는 수준인 것은 당연지사다.

GS칼텍스는 2012년 초, 기존 4대 조직가치 외에 선제행동, 상호협력, 성과창출 이라는 3가지 핵심행동을 추가하여 'GS칼텍스웨이GSC Way'를 정립하였다. 3가지 핵심행동은 불확실한 경영환경에 효율적으로 대응하기 위한 것으로 허 회장을 비롯한 경영진과 직원 대표, 내 외부 전문가들이 약 1년가량의 논의를 거쳐 마련한 것이다. 허회장은 'GSC Way' 정립 이후 이는 GS칼텍스의 리더십모델이자 우리 모두가 함께 지켜야 할 약속이라며 적극적인 전파 노력에 앞장서고 있다.

GE에서도 주요 임원들이 부하직원들에게 핵심가치를 직접 교육하도록 하고 있으며, 임원들 스스로 핵심가치를 얼마나 잘 실천하고 있는가에 대해 직원들보다 더 철저하게 평가 받고 있다. CEO인 이멜트 회장부터 매년 임직원들에게 직접 핵심가치에 관한 강력한 메시지를 보내고, 각 지역을 방문할 때마다 핵심가치를 주제로 임직원들과 이야기를 나눈다. 주요 임원들도 모든 교육과 미팅을 통해 지속적으로 직원들에게 핵심가치를 전달하고 실천방안을 함께 논의한다. 특히 부하들로부터 핵심가치 실천 정도를 다면평가를 통해 연 1회 평가 받고 있다.

자포스는 재미와 약간의 괴팍함을 추구하자는 핵심가치를 실천하기 위해 자유로운 복장을 하고 심지어 피어싱을 한 직원들도 많다. 관리자들에게는 문화담당자로서 핵심가치 실천 여부를 업무평가 중 50%를 반영하고, 근무시간의 10~20%는 팀 빌딩과 교류 등의 활동에 사용하도록 하고 있다.

이와 같은 핵심가치 실천의 다양한 국내외 사례를 찾아 조직 구성원들에게 전달하는 작업이 필요하다. 그래야 내부 실천 사례에 만족하지 않고 지속적인 내재화 작업을 할 수 있는 밑거름이 된다. 이와 함께 핵심가치 내재화 정도를 지속적으로 모니터링하고 지표화 하여 체계적으로 추진하는 작업 역시 중요하다.

핵심가치가 조직 내 모든 부분에서 살아 숨 쉬는 문화로 정착하게 되면 다른 조직에서 따라 잡기 어려운 조직의 무형자산을 갖게 된다. 그러

한 자산이 세대를 넘어 전승될 때 그 조직의 지속 가능성은 더욱 높아
진다.

| 5부 |

핵심가치가
살아 숨 쉬는 조직

가치로 우뚝 선 글로벌 기업들

한국의 가치 기업들

핵심가치로 움직이는 정부조직

100만 공직자의 핵심가치, 공직가치

1장

가치로 우뚝 선
글로벌 기업들

　돈을 벌기 위해서가 아니라 국민들이 안전하게 타고 다닐 수 있는 240만 원짜리 소형차를 만들기 위해 5년 동안 모든 역량을 쏟아 부었던 회사가 있다. 이 회사의 CEO와 직원들은 도대체 무슨 생각으로 기업 활동을 하는 것일까? 전구를 만든 발명왕 에디슨이 만든 회사가 130년이 넘게 왕성한 활력으로 살아 있다. 그 저력은 무엇일까? 340여 년을 이어 온 의학 기업의 힘은 무엇일까?

　출근하는 것이 행복하다고 말하는 직원들이 다니는 회사는 과연 어떤 곳일까? 무엇이 그들을 행복하게 만드는 것일까? 이 장에서는 핵심가치가 조직의 유전자로 살아 숨 쉬는 글로벌 기업들의 사례를 알아본다. 구체적으로 GE, 구글, 자포스 등의 미국 기업과 독일의 머크, 그리고 인도의 타타그룹을 통해 핵심가치를 통해 성장을 한 대표적인 기업들을 살펴본다.

행동하는 GE의
4 Actions

GE는 발명왕 토머스 에디슨이 1878년에 설립한 에디슨 종합전기회사를 기반으로 하고 있다. 2013년 기준으로 135살이나 되었다. 1892년이 회사가 톰슨휴스톤전기회사와 합병하여 제너럴일렉트릭이 탄생했다. GE는 1898년 미국 다우존스 산업지수가 선정한 최초의 우량기업 12곳에 포함되었다. 그로부터 100여 년이 흘러 당시의 12개 우량기업 중 아직까지 생존하고 기업은 GE가 유일하다. 110년이 넘도록 뉴욕증권거래소에 상장되어 있는 유일한 기업도 역시 GE뿐이다. 2005년『포천』이 선정한 세계에서 가장 존경 받는 기업 1위에 올랐다. 세계 1위의 리더십 기업, 세계 5위의 브랜드 가치를 지닌 회사다.

GE는 현재 전 세계적으로 100여 개 국가에 30만 명의 직원들이 일하는 다국적 기업이며, 한국에는 1,800명 정도가 근무하고 있다. GE가 130년이 넘는 세월을 이겨내며 살아남았고, 더 나아가 계속적인 발전을 이루고 있는 이유는 무엇일까?

바로 철저한 윤리경영을 토대로 지속적인 변화와 혁신을 추구해 왔기 때문이다. 위대한 기업의 대명사로 꼽히는 GE에는 신조처럼 여기는 핵심가치가 있다.

전임 CEO 잭 웰치는 GE의 CEO에 취임한 후 강력한 구조조정과 기업문화혁신을 주도하기 위해 1986년 9가지 핵심가치인 '9Values'를 제정했다. '9Values'는 GE의 전통적 핵심가치인 정직과 성실, 성과 지향, 변화추구와 함께 고객에 대한 열정, 벽 없는 조직 등 GE가 지향하는 바를 명확히 제시하였다. 또한, 잭 웰치는 이런 핵심가치의 공유와 실천을 매우 중요하게 생각했다. 잭 웰치는 "기업의 핵심가치는 700번 이상 반복해서 직원들에게 말해야 한다. 나는 메시지를 전달할 때 한 번도 이 정도면 충분하다고 생각해본 적이 없다"고 말했다. 또한 그는 "아무리 우수한 성과를 올린 사람이라도 GE의 가치를 수용하지 못하면 GE를 떠날 수밖에 없다"고 강조하였다.

즉, 영업성과가 높고 핵심가치도 잘 지키는 사람은 최고의 인재로서 승진과 최고의 보상이 주어진다. 반면, 성과도 낮고 핵심가치도 잘 안 지키는 이른바 하위 10%의 사람은 신속히 정리한다. 핵심가치를 잘 지키지만 성과가 낮은 사람에 대해서는 다시 도전하여 성과를 낼 수 있는 기회를 부여한다. 그러나 핵심가치를 지키지 않고 성과만 높은 사람에 대해서도 교체를 한다는 것이 GE의 인사방침이다. 지금 당장은 실적이 좋지만 정직과 성실의 핵심가치를 지키지 않은 채 성과만 올리려는 것은 장기적으로 조직에 악영향을 미치기 때문에 교체를 한다는 것이다. 성과를 중시하는 기업이지만 실적 못지않게 가치관을 더 중시한다는 것을 알 수 있는 대목이다.

잭 웰치에 이어 2003년 제프리 이멜트가 GE의 회장으로 취임하면서 GE의 핵심가치에도 변화가 생긴다. 전통적이고 보수적인 GE 이미지에서 벗어나 보다 창의적이고 미래지향적인 모습으로 전환하기 위해

9Values를 8Values와 4Actions로 재정립한 것이다. GE의 8Values는 어떻게 일할 것인가를 제시한 것으로 호기심Curious, 열정Passionate, 대처 능력Resourceful, 책임감Accountability, 팀워크Teamwork, 소명의식Committed, 열린 사고Open, 통찰력Energizing 이다.

또한 4Actions는 임직원들이 행동측면에서 무엇을 할 것인가를 제시 하는 것으로, 상상하라Imagine, 해결하라Solve, 창출하라Build, 리드하라 Lead이다.

GE는 마이클 포터 교수가 공유가치 창출개념을 제시하기 이전부터 이미 이를 실천하고 있던 기업이다. 기업과 사회가 서로 의존적인 관계를 형성한다는 논리는 GE의 변함없는 기업이념이었다. 전구, 엑스레이, 미국 최초의 제트엔진 및 텔레비전 방송 등의 발명품은 단순히 재무적인 성과에 그치는 것이 아니라 이를 훨씬 뛰어 넘는 것이었다. 전 세계가 해결해야 할 시급한 문제를 해결하기 위해 적극적으로 투자하고 있다.

더 깨끗하고 효율적인 에너지 사용 욕구가 늘어남에 따라 이를 충족시킬 수 있는 신기술 개발과 역량 구축에 주력하고 있는데, 이런 노력이 2005년부터 시작한 '에코메지네이션ecomagination' 프로젝트이다. GE의 환경경영전략인 에코메지네이션은 생태학을 의미하는 'ecology'의 'eco'와 상상을 현실로 만든다는 GE의 슬로건 'Imagination at Work'의 'Imagination'을 결합해 만든 단어다. GE는 '에코메지네이션'을 통해 기존 제품의 에너지 효율성을 개선해 비용을 절약하고, 대체 에너지 개발에 나서는 등 환경을 경영에 접목해 신성장 동력으로 삼고 있다.

2009년에는 고령화 사회로 인한 만성질환자 증가, 의료비용 증가 등 인

류가 직면한 보건의료 문제 해결을 위해 '헬시매지네이션healthymagination'
을 가동했다. 2010년까지 22억 달러를 투자해 43가지 의료 부문 신제품
과 서비스를 개발했고 2억 3400만 명이 혜택을 받았다. 2016년까지 유
방암을 시작으로 모든 암의 조기 진단과 치료를 위한 연구와 기술 개발
에 10억 달러(약 1조 1천억 원)를 투자할 계획이다.

　　GE는 직원교육에 매년 10억 달러씩 투자하고 있는 회사이다. 또한
다른 어느 기업보다도 핵심가치에 투철하고 유능한 리더들을 많이 보유
하고 있다. 이러한 리더들이 전 세계에서 한 방향으로 사업을 이끌고 있
기 때문에 지속적으로 탁월한 성과를 올리고 있으며, 강력한 조직문화
를 구축하고 있다고 스스로 평가하고 있다.

　　GE는 현재 50%이상의 매출이 미국 외 지역에서 발생하고 있으며, 그
곳에서 50%이상의 직원이 근무하고 있다. 특히 개발도상국에서는 현재
연간 20~25%의 성장률을 달성하고 있다. 인도, 중국, 중동, 아프리카,
라틴아메리카 등을 포함한 신흥시장에서 새로운 기회를 포착하며 성장
의 발판을 마련해 가고 있다. 핵심가치가 회사의 미래를 이끌고 있는 셈
이다.

정보의 민주화를 만들어라,
구글의 10가지 원칙

　　구글은 웹의 골드러시를 이끄는 하나의 상징이자 문화 아이콘이다.

『포천』이 선정한 미국에서 가장 일하기 좋은 직장이며, 브랜드 컨설팅 업체 브랜드 파이낸스가 뽑은 2011년 세계 브랜드 가치 1위 기업이다. 구글의 브랜드 가치는 442억 달러로 우리 돈 약 50조원에 달했다. 2010년 1위였던 월마트는 3위로 밀렸고, 2위는 마이크로 소프트가 차지했다.

구글이 이처럼 가장 일하기 좋은 직장, 전 세계 브랜드 가치 1위 등을 차지한 것은 새로운 아이디어를 창출하는 혁신과 효과적인 사업 역량을 유지시킬 수 있는 개방적이며, 창조적인 조직문화를 지니고 있기 때문이다. 구글의 공동 창업자 래리 페이지와 세르게이 브린은 일은 도전적이어야 하며 그 도전은 즐거워야 한다는 생각으로 구글을 만들었다.

구글은 회사 전체가 하나의 놀이 공간과 같이 창의적이고 자유로운 분위기로 꾸며져 있다. 근무 중 언제나 무료로 이용할 수 있는 카페테리아, 구글의 로고 색깔처럼 다채로운 사무실 책상, 다양한 휴게시설 등 직원들이 상호작용하고 업무나 취미 활동에 대해 대화하기 편리하도록 공간 설계가 되어있다. 업무에만 집중하고 업무 외의 잡일 들을 처리할 수 있게 회사 도우미가 제공된다. 애완견을 데리고 출근할 수도 있으며, 근무 외 시간에는 사이클, 양봉, 원반던지기 등 다양한 취미 활동이 이뤄진다.

구글은 뛰어나고 창조적인 성과가 올바른 기업문화 안에서 더 잘 이루어진다고 말한다. 이는 좋은 근무 환경만을 말하는 것이 아니라, 회사의 성공에 기여하는 팀의 성과와 개개인의 성취감을 중요하게 여긴다는 의미이다.

직원들은 회사에 대한 공동의 목표와 비전을 갖고 있다. 구글은 "전 세계 정보를 체계화하여 모두가 편리하게 이용할 수 있도록 하는 것"을 기업목표로 삼고 있다. 구글의 핵심기술은 검색이었고, 세계 최고의 검색엔진을 만들겠다는 것이 그들의 목표였다. 그리고 창업자들은 자신들이 만든 검색엔진이 어떤 식으로든 사람들에게 도움이 되며 성과를 이루어 낼 것이라는 믿음을 가지고 있었다. 검색엔진이 성공하면서 지메일, 애드센스, 구글비디오, 안드로이드 등 새로운 서비스를 계속 출시하고 있는데, 이 많은 서비스를 관통하는 하나의 공통된 주제는 '뭔가를 만드는 것이 아니라 뭔가를 찾도록 도와주는 것'이다.

창업 초기 창업자들의 경영철학은 '악해지지 말자Don`t be evil'이었다. 이윤만 추구하는 기존 기업과는 다른 방식으로도 얼마든지 성공할 수 있다는 의미이다. 이후 지금까지의 성공 과정을 10가지 핵심가치로 정리하였다.[32]

- Focus on the user and all else will follow.

  사용자에게 초점을 맞추면 나머지는 저절로 따라온다.

- It`s best to do one thing really, really well.

  한 분야에서 최고가 되는 것이 최선의 방법이다.

- Fast is better than slow.

  빠른 것이 느린 것 보다 낫다

- Democracy on the web works.

  웹(인터넷)은 민주주의가 통하는 세상이다.

- You don`t need to be at your desk to need an answer.

책상 앞에서만 검색이 가능한 것은 아니다.

- You can make money without doing evil.

  부정한 방법을 쓰지 않고도 돈을 벌 수 있다.

- There's always more information over there.

  세상에는 무한한 정보가 존재한다.

- The need for information crosses all borders.

  정보의 필요성에는 국경이 없다.

- You can be serious without a suite.

  정장을 입지 않아도 업무를 훌륭히 수행할 수 있다.

- Great just isn't good enough.

  위대하다는 것에 만족할 수 없다.

이 10가지 핵심가치는 조직의 모든 의사결정에 반영되며, 조직 구성원들 또한 이 핵심가치에 맞게 행동하도록 하고 있다. 언론사 기자들이 직원들을 대상으로 "당신은 지금 무슨 일을 하고 있느냐"고 물으면, "세계의 정보를 분류해 누구나 열람하고, 활용할 수 있도록 하는 과업을 수행 중이다"라고 한 목소리로 답변한다. 구글의 철학과 핵심가치를 전 직원이 공유하고 있는 셈이다. 구글은 특히 세계 각지의 지사들과 더불어 핵심가치와 독특한 기업문화를 유지하고 발전시키기 위하여 2006년부터 최고 문화경영자CCO, Chief Culture Officer란 직책을 신설하여 운영 중이다. 구글의 핵심가치가 반영된 독특한 기업 활동을 보면, 대표적인 사례가 Fix Day이다. 일주일 중 하루는 모든 직원이 정해진 주제에 대해 문제점을 발견하여 직접 개선하거나, 적절한 사람을 찾아 문제점을 스스로 해결하는 데 사용한다. 예를 들어, 지메일의 버그가 발견되면 지메일 담당자가 아니라도 모든 엔지니어들이 코드를 볼 수 있기 때문에 누구든지 시스템을 수정, 개선할 수 있다. 시제품이 만들어지면 직원들을 대상으로 몇 개월 혹은 몇 년간 사용토록 함으로써 문제점을 지속적으로 발견하고 개선한다. 출시된 제품이라도 문제점이 발견되면 다시 베타버전(시험용 제품)으로 돌아가는데 지메일, 구글 어스, 구글 스카이 등의 서비스가 이러한 과정을 통해 탄생되었다.

업무시간의 20%를 자기계발에 사용하도록 하는 '20% Project' 제도도 있다. 작업시간의 5분의 1 즉, 일주일 중 하루는 직원 개개인이 무엇이든 하고 싶은 일을 할 수 있도록 허용하고 조직은 이를 지원하는 제도이다. 스스로 재미를 추구할 수 있다면 인사담당자도 일주일 중 하루는 마케팅 일을 하거나 봉사활동을 할 수도 있다. 봉사활동에 대한 회사의 지원도 이뤄진다. 새롭고 다양한 활동을 통하여 직원들은 여러 분야의 경험을 얻게 되고 유연하면서도 전략적인 사고를 하는 데 도움이 된다고 말한다. 연 평균 1인당 교육시간도 100시간이나 된다.

구글은 1만 여명이 넘는 직원들을 보유한 거대 기업이지만 수평적인 조직 구조를 유지하기 위해 커뮤니케이션에 역점을 두고 있다. 구글에서는 '누구든지 공정하고 투명하게 커뮤니케이션을 해야 한다'는 원칙에 따라 CEO부터 말단 사원에 이르기까지 사내 네트워크를 통해 모든 지식과 정보를 공유하고 있다. 매주 금요일마다 신입사원과 최고 경영자가 질의응답을 하는 TGIF^{Thank God It's Friday} 미팅을 하고 있다. 구글의 아이디어 사이트에서는 특정한 이슈나 불만들이 논의되고, 토의를 통해 해결책을 모색한다. 때로는 CEO가 분기별 전략회의에서 커뮤니케이션을 하고, 회사의 전략을 발표하는 것까지 숨김없이 사내 모든 직원에게 공개하기도 한다. 다만, 회사 외부에는 비밀을 철저히 유지한다.

구글 경영진은 최근 수년간 전 세계의 구글 지사들을 상대로 설문조사를 시행하고 있는데, 그 중 한 부분이 바로 직원들의 행복을 측정하는 조사이다. 이 조사를 통해 경영진은 직원들이 행복하게 일을 하고 있는지, 무엇이 직원들로 하여금 구글에서 계속 일하게 하는지, 성실히 임하게끔 하는 원동력은 무엇이고 또 일에 대한 애정이 식었다면 이유는 무엇인지를 찾아내려고 노력한다. 나아가 관리자들이 현재 중요하게 생각하는 것이 무엇인지도 조사한다. 이러한 조사의 결과들은 직원 개개인의 경력개발에 상당히 많이 활용된다.

또 업무 분위기는 자유롭지만 성과에 대해서는 집중한다. 매 분기마다 성과평가에 많은 시간과 노력을 투자하는데, 인사팀은 평가 작업을 위해서만 연간 8~10개월을 소진한다. 성과물에 대해서는 즉각적인 피드백과 보상을 함으로써 우수한 인재들을 동기부여 하는데 상당한 효과를 보고 있다. 구글코리아의 경우에도 성과에 대한 보상 인센티브는 월급날이 아니라 성과가 달성된 날, 바로 입금해주고 있다고 한다.

출근하는 것이 행복한 회사,
자포스

  설립 10년 만인 2008년 전자상거래로 연 매출 10억 달러를 돌파하고 2009년 7월 전자상거래 분야의 세계 최강자인 아마존에 당시 최고가인 12억 달러에 매각된 회사. 그러나 아마존과는 독립적으로 기존 브랜드 사용은 물론 경영진과 직원들 모두 그대로 유지되고 있는 회사가 바로 자포스다. 2011년엔 『포천』이 선정한 일하기 좋은 100대기업 중 6위를 차지했다. '자포니언zapponian'이라 부르는 회사 직원들은 "회사에 출근하는 것이 행복하다"고 말한다. 자포스는 10대 핵심가치와 고객 감동에 기초해 자율적으로 업무를 추진하는 회사다.

  앞에서, 핵심가치란 조직의 비전을 달성하기 위한 과정에서 의사결정, 판단, 업무 행동 등의 기준이 되는 것이라고 하였다. 자포스의 비전은 임직원 누구나 이해할 수 있게 단순하고 명확하다.[33]

- 언젠가는 상품매매의 30%가 온라인으로 이루어질 것이다.
- 사람들은 최고의 서비스와 제품을 제공하는 쇼핑몰에서 물건을 사게 될 것이다.
- 자포스닷컴이 그 쇼핑몰이 될 것이다.

  자포스의 10가지 핵심가치는 직원 규모가 90명이던 시절 CEO 토니 셰이가 6년여 동안 조직의 발전을 이룬 것들을 정리한 뒤, 직원 모두의

핵심가치

참여 속에 1년에 걸친 검토를 바탕으로 만들어졌다.

- 고객감동 서비스를 실천하자(Deliver WOW Through Service).
- 변화를 수용하고 주도하자(Embrace and Drive Change).
- 재미와 약간의 괴팍함을 추구하자(Create Fun and A Little Weirdness).
- 모험심과 창의성 그리고 열린 마음을 갖자(Be Adventurous, Creative, and Open-Minded).
- 배움과 성장을 추구하자(Pursue Growth and Learning).
- 커뮤니케이션을 통해 솔직하고 열린 관계를 만들자(Build Open and Honest Relationships With Communication).
- 확고한 팀워크와 가족애를 갖자(Build a Positive Team and Family Spirit).
- 최소한의 것으로 최대한의 효과를 만들자(Do More With Less).
- 열정적이고 단호하게 행동하자(Be Passionate and Determined).
- 늘 겸손하자(Be Humble).

토니 셰이는 "핵심가치란 문화이자 브랜드이며, 경영전략임을 강조하고, 핵심가치에 기반하여 회사를 운영하고 키우는 것이 목표"임을 분명히 했다. 10가지 핵심가치를 확정한 뒤 이를 전 직원에게 발표하면서 남긴 다음의 메시지는 이를 잘 반영하고 있다.

핵심가치를 발표하며

회사가 성장함에 따라 자포스만의 핵심가치를 정의하는 일이 무척 중요해졌습니다. 여기에서 말하는 핵심가치란 우리의 문화, 브랜드, 그리고 경영전략입니다.

핵심가치는 새로운 직원이 점점 더 늘어난다고 해도 회사가 나아가고자 하는 방향으로 일관되게 움직일 수 있도록 해줄 것입니다. 또한 직원들이 이 핵심가치를 잘 따르고 그것을 기준으로 일을 결정했는지를 통해 직원들의 역량을 평가하는 기준이 되어 줄 것입니다.

우리 앞에는 많은 과제가 있고, 이 핵심가치가 우리의 생각과 행동에 완전히 스며들기까지는 많은 시간이 걸릴 것입니다. 하지만 동료, 고객, 협력업체, 그리고 비즈니스 파트너와의 관계에도 핵심가치가 반영되길 바랍니다.

회사가 성장함에 따라 프로세스나 전략은 바뀌겠지만, 핵심가치는 항상 똑같이 가져갈 생각입니다. 그리고 이 핵심가치는 모든 결정의 뼈대가 되어야 합니다. 이번에 처음으로 발표하는 핵심가치는 몇 년 뒤에 새로운 것을 더하거나 바꿔야 할 부분이 생길 수도 있겠지만. 궁극적으로 핵심가치 위에서 회사를 운영하고 키우는 것이 우리의 목표입니다.

이제부터는 모두들 어떻게 해야 핵심가치를 더 잘 반영할 수 있을 지 스스로 질문하고 방법을 찾아주시기 바랍니다. 예를 들어, 직원 안내 책자도 다른 회사의 것과는 다르게 점 더 자포스적인 것으로 바뀌어야겠지요. 또한 우리가 일하면서 매일 사용하는 형식과 툴도 자포스의 핵심가치를 반영한 것으로 개선해 나가야 할 것입니다.

자포스가 핵심가치를 보다 분명하게 반영하는 조직이 되기 위해 직원 각자가 일주일에 1가지씩 개선해 주십시오. 각자 일주일에 1가지씩을 개선한다면, 회사 전체적으로는 1년에 5만 건 이상을 개선할 수 있습니다.

1가지 1가지의 개선은 작아도, 쌓이고 쌓이면 회사에 극적인 영향을 안겨줄 엄청난 개선이 될 것입니다.

자포스의 핵심가치는 경영진이 직원에게 전달하는 지시나 공문이 아니다. 직원들 스스로 자기 것으로 만들어 나가는 것이다. 예를 들어 자포스의 컨텍센터는 첫 번째 핵심가치인 고객감동 서비스를 실천하기 위하여 고객이 찾는 적절한 제품이 없을 경우 경쟁사 제품을 찾아서 알려주고, 야간에 영업을 하는 피자집 전화번호를 알려달라는 황당한 문의까지도 모두 친절하게 응대한다. 주문도 받지 못한 채 무려 6시간 동안 고객 응대를 한 직원을 칭찬한다. 이러한 열정적인 고객중심 서비스 덕에 재구매 고객의 비율이 75%에 달한다.

자포스는 채용된 인력의 업무 적응과 역량 강화를 지원하는 멘토 제도는 물론, 자포스 문화적응을 돕기 위하여 앰버서더 제도도 두고 있다. 핵심가치를 실제로 다양한 경영활동이나 업무 수행과정에서 중요한 판단기준으로 삼고 있는 것이다.

핵심가치를 분명하게 반영하는 조직이 되기 위해 직원 각자가 일주일에 1가지씩을 개선한다면 회사 전체적으로 1년에 5만 건 이상을 개선할 수 있다는 실천의 자세야 말로 자포스 핵심가치의 핵심이라 할 수 있다. 자포스는 핵심가치가 살아 숨 쉬는 회사를 만들어야 직원 개개인의 개성과 감성, 그리고 창의력을 이끌어낼 수 있다는 사실을 보여주고 있다.

머크의
밸류 어워드

머크는 전 세계 의학, 화학 관련 기업 중 가장 역사가 오래된 기업이다. 머크는 1668년 프리드리히 야콥 머크가 독일 중남부 헤센주의 작은 도시 담슈타트에 있는 천사약국을 인수해 운영하면서 시작했다. 그 후 마취제이자 진통제로 쓰이는 유기화합물 알칼로이드를 고순도로 대량 생산하면서 의약품 제조 회사로 도약했고, 화학분야의 연구개발 투자를 지속적으로 늘려 글로벌 의약 화학기업으로 성장했다. 오늘날 세계 67개국에 4만여 명의 직원을 둔 머크는 의학 및 화학 분야 외에도 액정디스플레이, 태양전지 등의 전자산업과 바이오시밀러와 같은 생명과학 분야의 사업도 활발히 전개하고 있다.

머크는 창업자 가문인 머크가ᵏ가 13대째 소유하고 있는 대표적 가족기업이다. 1995년 투자확대를 위해 지분의 30%를 증시에 상장했으나, 가족들이 여전히 지분의 70%를 소유하고 있다. 가족기업이면서도 2012년 기준으로 344년의 역사를 이어오고, 다른 한편 글로벌 기업으로 성장한 머크의 힘은 무엇일까?

머크는 2009년 스위스 국제경영개발연구원IMD,International Institute for Management Development의 글로벌 가족기업상을 수상했다. 존 웰스 IMD 총장은 선정 이유에 대해, 머크가 300여 년의 역사 동안 지정학적 변화와 글로벌 경쟁 환경 변화에 적응하는 장기적 관점의 리더십을 보여준 매우 독특한 사례라고 밝혔다. 또한, 머크가 오랫동안 성공을 유지할 수 있었던 것은 가족의 가치, 모범적인 지배구조, 그리고 사업성과 간의 조화로운 균형을 이루었기 때문으로 평가했다.

머크를 약국에서 기업으로 전환 발전시킨 하인리히 엠마뉴엘 머크는 1842년 "인간이 할 수 있는 모든 것"이라는 말을 하며 오늘날 머크그룹의 경영방식인 품질지상주의, 세계화, 인재경영, 협업과 개방형 혁신을 몸소 실천했다. 약사이자 과학자인 그는 알칼로이드를 순수 형태로 분리해내는 방법을 개발하고 이를 양산화 하기 위하여 약국 인근에 의약, 화학공장을 설립하였다. 1830~1831년 유럽에 콜레라가 유행하자 그는 표백과 살균 작용을 하는 염화석회를 생산했다. 제품은 시장의 큰 호응을 얻었다. 머크의 제품이 프랑스 제품보다 품질이 30%이상 좋았기 때문이다. 그러나 원료가격이 치솟으면서 위기가 찾아왔다. 수요가 늘어나자 경쟁자들도 증가했기 때문에 원료가격 상승을 반영하여 제품가격을 올리는 것은 자살행위나 다름이 없었다. 품질을 지키려면 가격을 높여야 하고, 가격경쟁력을 유지하려면 품질을 포기해야만 하는 딜레마의 상황에 놓이게 된 것이다. 어떤 가치를 택할 것인가 하는 기로에서 그는 염화석회의 생산 중단이라는 초강수를 두었다. 품질을 포기하고 가격을 낮추느니 차라리 생산을 중단함으로써 브랜드 신뢰를 지키는 길을 선택한 것이다. 이와 같이 엄격한 품질관리 노력으로 머크 제품의 품질은 시장의 신뢰를 얻을 수 있었고, 세대를 넘어 브랜드의 명성을 유지해 나갔다.

칼 루드비히 클레이 전 머크그룹 회장은 "많은 회사에 있어서 문화는 사치이지만 우리에게 문화는 우리 행동의 기초다. 문화는 결코 우리의 제품에 대한 것이 아니고 항상 우리의 사람들에 관한 것이다. 더불어 분명한 가치에 관한 것이다"라고 강조하였다. 머크는 홈페이지에서 가치에 대해 다음과 같이 밝히고 있다. "머크에서 우리는 보편적 가치를 기반으로 일한다. 우리의 성공은 용기Courage, 성취Achievement, 책임감Responsibility, 존중Respect, 온전함Integrity, 투명성Transparency에 기초한다. 이 가치들은 팀워크와 우리의 협력뿐 아니라 사업 파트너와 소비자들을 응대하면서 날마다 적용하고 있다." 또한 6가지 핵심가치에 대하여 다음과 같이 설명하고 있다.[34]

- 용기는 미래로 나아가는 문이다(Courage opens the door to the future).
- 성취는 기업으로서의 성공을 가능하게 한다(Achievement makes our entrepreneurial success possible).
- 책임감은 기업의 행동을 결정짓는다(Responsibility determines our entrepreneurial actions).
- 존중은 모든 협력을 위한 기반이다(Respect is the foundation of any partnership).
- 온전함은 신의를 나타낸다(Integrity ensures our credibility).
- 투명성은 상호신뢰를 가능하게 한다(Transparency makes mutual trust possible).

머크는 이러한 가치가 340년 이상 사업을 영위하며 지속 가능한 기업으로 남게 한 비결로 보고 있다.

머크는 직원들이 6가지 핵심가치를 내재화하도록 다양한 노력을 하

핵심가치

고 있는데, 그 중 대표적 것이 핵심가치상이다. 머크의 핵심가치상은 생활 속에서 머크의 6가지 핵심가치를 모범적으로 실천하는 직원을 찾아 시상하고, 그 실천 사례를 직원들에게 전파함으로써 6가지 가치가 단순히 말이나 구호에 그치지 않고 실제 생활에 적용하도록 하려는 것이다. 핵심가치상의 진행 방법을 보면, 먼저 머크의 핵심가치상 프로그램을 공지하고 전 직원으로부터 추천을 받아 후보자를 선정하다. 핵심가치상 시상의 공정성을 유지하기 위해 각 사업부를 대표하는 코디네이터들이 추천된 후보자들을 평가한 뒤 최종 후보자를 재추천 한다. 심사평가의 기준은 후보자가 보여준 행동이 머크의 핵심가치와 부합하는 정도, 6가지 가치를 생활에서 실천하기 위해 노력한 정도, 후보자의 행동이 회사에 미친 영향, 후보자 행동의 지속가능성 등 4가지이다. 회사는 최종 후보자 가운데 관리자들의 심사를 거쳐 각 가치 별로 최종 6명을 선정하여 가치상을 수여한다.

머크는 또한 이 6가지 가치에서 8개의 핵심역량을 도출해 인재 선발 및 개발의 기준으로 삼고 있다. 8가지 핵심역량은 팀워크, 고객중심, 효율적 커뮤니케이션, 전략 지향성, 가치 지향성, 변화 및 혁신 리더십, 직원개발이다.[35]

머크는 이와 함께 책임의식을 기반으로 신뢰를 확립하기 위해 유엔의 글로벌 콤팩트 10대 원칙의 준수를 선언하고 공정한 노사관계, 인권, 환경보호 원칙을 지키고 있다. 나아가 수세기 동안 다양한 봉사 활동과 다양한 사회적 책임을 실천함으로써 기업 문화를 지켜나가고 있다.

성공적인 가족기업으로 꼽히는 머크는 기업의 지속가능성을 위해 소유와 경영을 분리하고 투명한 지배구조를 구축하고자 노력해왔다. 회사 운영은 혈연관계와 상관없이 유능한 경영인에게 맡기면서 회사 경영에 대한 감독은 가족의 직접적인 영향과 통제를 받도록 한 머크만의 독특한 지배구조 방식이 바로 주식합자회사이다. 주식합자회사는 주식공개 후에도 정관에서 정한 무한책임사원이 업무를 집행하도록 하기 때문에 가족 기업으로서 전문경영인에게 무한 책임을 물을 수 있도록 한 제도이다. 중역이사회 멤버들은 회사에서 은퇴하거나 파트너 자리에서 물러난 이후 5년까지 회사 경영에 대하여 무한책임을 지게 된다. 이는 경영진이 자신의 임기 동안의 실적에만 연연해하지 않고 장단기 적으로 균형을 갖추면서 사업을 추진하도록 한 것이다.

현재 머크 파트너 위원회 회장인 프랭크 스탄겐베르그 하버캄 박사가 머크의 역사와 기업문화 등을 밝힌 히스토리북 '머크 웨이Merck Way'의 한국 발간을 기념하여 2012년 8월 한국을 방문하였다. 머크 웨이는 300여년 이상 성공을 유지할 수 있었던 머크의 기업운영 원칙으로 지속, 변화, 성장이다.

- **지속** : 현지의 기업가 정신, 엄격한 고객 중심, 직원에 대한 충실의 가치를 지속하는 것.
- **변화** : 글로벌 차원에서 사업을 확대하고, 고객의 요구에 유연하게 대응하며, 현재와 미래의 조직에 맞도록 절차와 구조를 현대화하는 것.
- **성장** : 혁신, 시장의 선택과 집중, 기업 인수를 통해 성장의 기회를 추구하는 것.

대다수 경영자들이 알고 있는 내용이지만 제대로 실행하기 어려운 3가지 핵심을 머크는 3백여 년을 실천해왔다. 그것이 머크의 힘이다.

참고로 현재 '머크'라는 사명을 사용하는 글로벌 기업은 독일 머크^{Merck KGaA}와 미국 머크^{Merck&Co.} 두 개가 있다. 그래서 많은 사람들이 헷갈려 한다. 짐 콜린스의 『성공하는 기업의 8가지 습관』에 나오는 비전 기업 머크는 미국 머크다. 이 두 기업은 원래 한 뿌리였으나 현재는 완전히 별개의 회사다. 사연은 이렇다. 독일 머크의 해외 시장 진출에 따라 1887년 뉴욕에 지사가 설립되었다. 이어 하인리히 엠마뉴엘 머크의 손자인 조지 머크에 의해 1891년 머크&컴퍼니가 탄생했다. 그러나 1차 세계대전에 따른 재산몰수 조치로 1917년 독일계 회사였던 머크&컴퍼니는 미국 소유의 독립법인이 되면서 독일 머크 그룹으로부터 완전 분리되었다. 독일 머크의 한국법인은 한국머크이며, 미국 머크의 한국법인은 한국MSD^{Merck Sharp&Dohme}이다.

240만 원짜리 국민자동차를 만들어라, 인도 타타그룹

5,000달러 이하의 자동차 생산은 가능할까? 인도 타타자동차가 2003년 2,500달러짜리 초저가 자동차를 개발한다는 계획을 발표했을 때 경쟁업체인 인도 마루티 스즈키는 "불가능하다"고 단언했다. 당시 인도 마루티 스즈키는 5,200달러의 초저가 소형자동차인 '마루티800' 모

델을 출시하고 있었다. '마루티800'은 소형차에 대한 인도 중산층의 인식을 바꿔 놓은 히트작으로, 25년 이상 인도 시장에서 인기를 구가하던 모델이었다. 이 모델이 5,200달러의 초저가를 유지할 수 있었던 것은 일본에서 감가상각이 완전히 끝난 설비를 인도로 들여와서 자동차를 제작했기 때문이다. 당시 세계에서 가장 싼 자동차는 중국 체리의 'QQ3' 모델로 5,000달러였다. 하지만 타타는 경쟁업체는 물론 세계 자동차 업계의 예상을 깨고 2008년 2,500달러짜리 자동차 '나노'를 세상에 내놓았다.

2003년 제네바 모터쇼에 참석한 인도 타타그룹의 라탄 타타 회장은 영국 파이낸셜타임스와의 인터뷰에서 "타타자동차의 미래 과제는 값싼 소형차를 만드는 것"이라고 밝혔다. 언젠가 인도의 평범한 4인 가족이 스쿠터 한 대를 타고 가는 모습을 보고 '보통 사람들이 좀 더 안전하게 이용할 수 있는 이동수단을 만들어야겠다'는 생각을 했다는 것이었다. 이에 기자가 "값싼 수준이 어느 정도냐"고 묻자 그는 별생각 없이 "2,500달러 수준이면 가능하지 않겠냐"고 답했다. 다음날 아침 파이낸셜타임스는 타타자동차가 2,500달러, 즉 10만 루피짜리 자동차를 생산할 계획이라는 내용의 기사를 실었다. 이 기사를 본 라탄 타타 회장은 정확히 그런 뜻은 아니었다고 파이낸셜타임스에 해명자료를 보내려다가, '2,500달러면 불가능한 것도 아니지 않는가'란 생각을 하게 되었다.

직원들에게는 놀랄 일이었지만 결국 2,500달러가 목표가격으로 굳어지게 된 것이었다. 10만 루피는 약 240만 원 정도로 운전기사 등 인도의 도시 서민층 근로자 1년 연봉에 해당한다. 인도 중산층의 연 소득은 20만~100만 루피 수준이다.

타타자동차는 이후 부품 개발과 구매, 물류, 판매에 이르는 전 과정에서 10만 루피의 목표 가격을 맞추기 위한 대장정에 들어갔다. 라디오, 파워스티어링, 파워윈도우, 에어컨은 당연히 기본 사양에 들어가지 않았다. 클래식 자동차처럼 와이퍼도 하나만 장착했고, 도로가 부족해서 교통정체가 심한 인도의 상황을 고려해 사이드 미러도 한쪽만 부착했다. 트렁크와 조수석 앞 수납공간도 없앴다. 물론 좌석 등받이 각도도 조절되지 않는다. 타타는 세계 각국의 여러 소형 엔진 모델을 검토하다가 적합한 것이 없어서 결국, 엔진을 자체 개발했다. 이렇게 해서 탄생한 624cc 직렬 2기통 엔진은 이전까지 인도 최고의 경차로 불리던 '마루티 800'의 796cc엔진과 출력이 비슷하다. 헤드와 블록을 알루미늄으로 만들어 무게를 줄였으며, 독일 자동차 부품회사인 보슈의 전자제어식 연료 분사 시스템을 쓰는 등 최신 기술도 도입했다. 타타는 나노의 엔진과 관련해 10여 개의 특허를 출원했다. 타타는 협력업체와의 거래에서 연간 계약 대신 장기 물량계약을 체결해 부품 공급가를 크게 낮추었다. 또 인터넷을 통한 구매로 비용을 절감했다. 일반적인 자동차 업체의 인터넷 부품 조달 비율은 10~15% 수준인데 반해 타타의 인터넷 구매 비율은 30~40%에 이른다. 유통 비용 절감을 위해 제품 조립을 타타 공장이 아닌 대리점에서 하도록 했다. 인도는 도로 사정이 열악해 완성차를 운반하는 것이 부품 형태로 운송하는 것보다 비용이 많이 들기 때문이다.

타타자동차가 값싸고 안전한 국민차를 만들기 위해 5년간 혁신 작업을 추진하는 동안 자재비와 물류비 등은 계속 상승했다. 회사 내부에서 회의론이 제기되기도 했다. 그런데도 소형차 개발 작업을 계속 추진할 수 있었던 것은 라탄 타타 회장의 집념과 국가발전에 기여한다는 타타그룹의 고유한 기업문화가 있었기에 가능했다.

1868년 잠셋지 타타에 의해 설립된 타타그룹은 사업초기 민족주의 정신을 기반으로 국가기간 산업인 철강, 전기, 서비스업 및 항공분야를 개척한 인도의 대표적 기업집단이다. 타타그룹의 창업자인 잠셋지 타타는 1880년부터 1904년까지 자신의 인생에서 위대한 3가지 사업을 구상한다. 철강 산업의 사업화와 가장 저렴한 전력에너지를 생산하는 수력발전의 사업화, 그리고 과학을 교육할 세계적인 수준의 교육기관 설립이다. 이 모두가 영국의 식민지 지배를 받았던 100년 전의 인도에서 꿈꾸었던 내용들이다. 잠셋지 타타는 생전에는 이 3가지 목표를 하나도 달성할 수 없었지만 후손들에 의해 결국은 모두 이루어냈다.

타타그룹 현 회장인 라탄 타타는 취임사에서 다음과 같은 경영비전을 제시했다. "지금부터 100년 이후, 타타는 더욱 성장할 것이다. 인도에서 최고가 되는 것이다. 최고의 방법과 최고의 제품으로, 그리고 우리의 가치와 윤리도 최고가 되어야 한다. 지금부터 100년 동안 세계 속에 우리의 날개를 펼칠 것이며, 많은 나라를 움직이는 세계적인 그룹이 될 것이다. 그 믿음을 움직이는 힘은 오늘날 우리가 하는 일이다."

타타그룹의 경영철학은 약속을 중시하는 신뢰경영이다. 이에 따라 올바른 사고 , 올바른 언어, 올바른 행동을 강조한다. 타타그룹 홈페이지에는 기업이념과 5가지 핵심가치가 명시되어 있다. 특히 타타 그룹이 핵심가치에 기반하여 운영해왔으며, 이들 핵심가치가 타타 계열사들의 사업과 성장을 지속적으로 이끌었음을 분명히 밝히고 있다.[36]

기업이념

시민의 삶의 질을 개선하는 일에 헌신하는 것이 타타그룹의 목표이다. 우리는 우리가 영위하는 사업에서의 리더십과 글로벌 경쟁우위를 통해 이 목표를 달성한다. 우리가 얻은 이익을 사회에 환원하는 것은 소비자와 직원, 주주, 그리고 시민들에게 신뢰를 얻는 길이다. 우리는 기업 활동 과정에서 신뢰를 지켜온 리더십의 유산을 지키는데 노력할 것이다.

타타그룹 핵심가치

- **온전함** : 우리는 공정하고, 정직하고, 투명하게 사업을 해야 한다. 우리가 하는 모든 사업은 공적인 검증을 거쳐야 한다.
- **이해** : 우리는 전 세계에 있는 우리의 동료들과 소비자들을 배려하며, 존경과 연민, 휴머니티를 나타내야 한다. 아울러 항상 고객의 이익을 위해 일한다.
- **최고 지향** : 우리가 제공하는 상품과 서비스의 질은 물론 매일의 업무에서 가능한 최고의 수준을 성취하기 위해 항상 노력한다.
- **연합** : 우리는 조직 내 여러 부문의 동료들은 물론 전 세계의 고객 및 파트너들과 긴밀하게 협력한다. 또한 우리는 관용과 이해, 상호협력에 기반하여 강한 연대의 관계를 형성한다.
- **책임감** : 우리는 우리가 일하는 곳의 환경과 지역공동체, 국가의 일에 지속적으로 책임감과 세심함을 지닌다. 국민에게서 온 것은 몇 번이고 국민에게 다시 돌아갈 수 있도록 보장한다.

타타자동차가 1998년 인도 최초의 독자기술로 인디카 승용차를 개발하고, 2008년 세계 최저가 차량인 타타 나노를 선보인 것은 바로 이러한 핵심가치에 뿌리를 두고 있음을 알 수 있다.

타타그룹은 140년 동안 인도에서 가장 존경 받는 기업으로 그 명성을 유지하고 있다. 커뮤니케이션, IT, 엔지니어링, 원자재, 서비스, 에너지, 소비재, 화학 등 7개 사업부문에서 98개의 계열사를 운영하고 있다. 타타그룹의 주요 기업으로는 타타스틸, 타타자동차, 타타컨설턴시서비스, 타타파워, 타타케미컬, 타타티, 인디언호텔, 타타커뮤니케이션스 등이다. 타타스틸은 영국의 철강기업 코러스(현재 타타스틸 유럽)를 인수하여 세계 10위의 철강기업이 되었고, 타타자동차는 세계 4위의 상용차(트럭, 버스) 기업으로, 영국의 자동차 회사인 재규어와 랜드로버를 인수했다. 타타컨설턴시서비스는 글로벌 소프웨어 회사로 인도, 미국, 영국, 헝가리, 브라질, 우루과이, 중국에 개발센터가 있다. 타타케미컬은 세계 2위의 소다회 제조회사이고, 타타커뮤니케이션스는 세계 최대의 음성통신 사업자 중 하나이다.

타타그룹은 기업 활동을 통해 얻은 이익은 사회에 환원되어야 한다는 믿음을 창립 초부터 실천해온 기업이다. 지주회사인 타타선즈는 주식의 3분의 2를 기부해 자선재단을 설립했다. 이 재단은 과학과 기술, 의료 연구, 사회학, 공연예술을 위한 기관을 설립하고, 교육, 건강관리, 환경 보존을 위한 NGO활동을 지원하고 있다. 타타그룹이 사회발전을 위해 지원하고 있는 금액은 그룹 전체 순익의 약 4%에 달한다.

영국의 브랜드 가치 평가기관인 브랜드 파이낸스가 최근 발표한 자료에 따르면, 타타그룹의 브랜드 가치는 약 100억 달러로 세계 100대 브랜드 중 51위다. 또한 미국의 경제주간지 『비즈니스위크』는 '세계에서 가장 혁신적인 25개 기업'의 13위에 타타그룹을 선정했으며, 미국의 레퓨테이션연구소는 최근 실시한 평판 좋은 글로벌 기업에 타타그룹을 11위로 선정했다.

2장

한국의 가치
기업들

한국에도 국민의 존경과 신뢰를 받는 기업인과 기업들이 있다. 기업은 이익을 추구할 뿐만 아니라 사람, 나아가 사회를 위해 존재해야 한다. 이를 몸으로 보여준 사람이 고 유일한 박사와 그가 창립한 유한양행, 자회사 유한킴벌리가 대표적인 예이다. 지금은 기업계를 완전히 떠났지만 안철수 의원과 안랩도 마찬가지였다.

한국의 대표적인 가치기업으로 어떤 기업을 소개할 것인가가 꽤 어려운 문제였다. 핵심가치가 살아 있는 훌륭한 우리 기업들 중에 창업 50년 이상 된 장수기업들과 한국능률협회컨설팅이 선정한 한국의 가장 존경받는 30대 기업을 놓고 고심 끝에 7개 기업을 살펴보기로 하였다. 유한양행, 유한킴벌리와 삼성그룹을 대표하는 삼성전자, 현대중공업, 동화약품, 안랩, 교보생명 등이다.

기업은 사람이다,
삼성전자

삼성전자는 2012년 여러 면에서 신기록을 세웠다. 우선 매출액 201조 500억 원, 영업이익 29조 100억 원을 달성했다. 매출 200조원, 영업이익 30조원이라는 이른바 '200-30' 클럽에 속하지 못한 것이 아쉬움이다. 하지만 글로벌 100대 브랜드 중 9위를 차지함으로써 아쉬움을 달랬다. 세계적 브랜드컨설팅업체 인터브랜드의 조사에서 삼성전자는 2011년 17위에서 2012년 9위로, 세계 10위권 내에 처음으로 진입했다. 브랜드 가치는 전년보다 40% 증가한 328억 9,300만 달러(약 36조 6,220억 원)로 평가되었다. 이와 함께 세계적인 경영컨설팅회사인 보스턴컨설팅그룹이 선정한 '2012년 혁신기업'에서 삼성전자는 애플, 구글에 이어 3위를 기록했다.

삼성전자는 또한 한국능률협회컨설팅이 2004년부터 시작한 '한국의 가장 존경 받는 기업'에 10년 연속으로 뽑혔고, 『포천』이 선정하는 '세계에서 가장 존경 받는 50대 기업'에 34위로 이름을 올렸다.

1969년 설립 이후 40여 년만에 삼성전자는 명실상부한 글로벌 대기업으로 자리를 잡았다. 1938년 설립된 삼성물산을 모태로 식품과 의복을 주력으로 해 오던 삼성은 전자산업에 진출하던 초기에, 기술력이 부족해서 일본 전자업체 니혼전기주식회사, 산요전기 등과 별도의 합작기업을 세워야만 했다. 니혼전기주식회사와 산요는 물론 샤프, 파나소닉 등 일본의 경쟁기업을 따라잡는 것이 최대 목표이던 삼성전자가 이제는 소니 마저 앞질렀다.

삼성전자가 이처럼 눈부신 발전을 이룬 것은 창업자인 고 이병철 회장과 이건희 현 회장의 경영능력과 명확한 경영철학에 힘입은 바가 크다.

호암 이병철 회장의 경영이념은 '사업보국' '인재제일' '합리추구' 3가지로 요약할 수 있다. 이병철 회장은 생전에 "사업보국의 정신이야말로 삼성의 정신이며 긍지이다"고 말하였다. 그는 사업보국에 대해 "기업이 이익증대 및 생산증진을 꾀하는 한편, 국력을 배양하여 나라에 보답하자는 것이다. 그러므로 삼성은 국민에게 도움을 줄 수 있는 사업을 일으키고 발전시키는 것을 사명으로 삼고 이를 실천해 왔다"고 회고록을 통해 밝혔다. 또한 "기업은 곧 사람이다. 유능한 인재를 얼마나 확보하고 키워서 얼마만큼 효과적으로 활용하느냐에 따라 기업의 성패가 달려있다"고 강조하였다. 호암은 실제로 민간기업 최초로 공채를 실시했으며, 학연, 지연, 혈연을 배제하는 인사를 하고자 했다. 특히 의심이 가는 사람은 쓰지 않고, 일단 사람을 쓰면 의심하지 않는다는 원칙을 적용했다. 합리추구는 일은 원칙대로 철저하게 한다는 뜻이다. 합리추구의 정신으로부터 '관리의 삼성'이라는 기업문화가 나오게 되었다.

삼성의 경영철학과 가치체계는 3남 이건희 회장이 1987년 경영권을 승계하면서 다소 변화를 맞게 된다. 이회장은 취임 1년 후인 1988년 12월부터 삼성의 제2창업을 선언하고 삼성제품의 품질을 세계 일류 수준으로 향상 시키자는 '질의 경영'을 제시하여 변화와 개혁을 이끌었다. 이 때 위기의식, 인식전환, 업의 개념, 기회경영, 기술중시, 구매예술화, 자율경영, 그룹공동체 등이 화두로 제기되었다. 그러나 취임 5년 동안

핵심가치

'질의 경영'론은 실질적인 변화를 이끌어내지 못했다. 1993년부터 이건희 회장은 '처자식 빼고 다 바꾸라'는 신경영론으로 다시 삼성의 혁신 작업을 진두지휘했다. 독일 프랑크푸르트에서 시작한 임직원 대상 강의는 오사카, 도쿄, 런던에 이르기까지 3개월에 걸쳐 진행되었다. 그 후 국내 비공식 강의까지 합하면 1993년 한 해에만 1,200시간에 달하는 마라톤 강연을 이어가면서 임직원들의 의식과 사고변화에 주력했다. 돌다리도 두들겨 보고 건넌다는 삼성의 관리주의 기업문화가 시간이 지나자 보신주의와 관료주의로 전락했다는 것이 이회장의 판단이었다. 그래서 "돌다리가 아니라 나무다리라도 있으면 건너가야 한다. 썩은 다리가 있으면 뛰어서 건너가야 한다"며 초일류 기업으로 가기 위한 변화와 혁신을 강조했다. 이회장이 신경영론을 주창한 지 10년 만에 삼성전자는 초일류 글로벌 기업으로 거듭났다.

삼성전자의 경영이념 및 가치체계는 경영이념, 핵심가치, 행동원칙의 3단계로 구성되어 있다. 삼성은 이를 삼성인의 삼위일체 가치체계라고 표현한다. 경영이념은 삼성의 존재이유 및 사명, 궁극적인 목적과 방향성을 나타내는 것으로 "인재와 기술을 바탕으로 최고의 제품과 서비스를 창출하여 인류사회에 공헌한다"고 밝히고 있다. 이 경영이념은 지난 1993년, 이 회장이 신경영론을 제시할 때 재정리한 것이다. 내용적으로는 이병철 회장의 사업보국 개념을 오늘날의 용어로 풀어낸 것이라 할 수 있다. 삼성전자를 비롯한 삼성그룹의 핵심가치는 인재제일, 최고지향, 변화선도, 정도경영, 상생경영의 5가지이다.[37] 이는 2004년 초일류기업으로의 도약을 천명하면서 재정립되었다.

- **인재제일** : '기업은 사람이다'라는 신념을 바탕으로 인재를 소중히 여기고 마음껏 능력을 발휘할 수 있는 기회의 장을 만든다.
- **최고지향** : 끊임없는 열정과 도전정신으로 모든 면에서 세계 최고가 되기 위해 최선을 다한다.
- **변화선도** : 변하지 않으면 살아남을 수 없다는 위기의식을 가지고 신속하고 주도적으로 변화와 혁신을 실행한다.
- **정도경영** : 곧은 마은과 진실 되고 바른 행동으로 명예와 품위를 지키며 모든일에 있어서 항상 정도를 추구한다.
- **상생경영** : 우리는 사회의 일원으로서 더불어 살아간다는 마음을 가지고 지역사회, 국가 인류의 공동번영을 위해 노력한다.

삼성전자 5대 핵심가치의 첫 번째가 인재제일인 것은 호암의 창업이념이 여전히 숨 쉬고 있음을 보여주는 것이다. 하지만 이회장은 이와 다른 맥락에서 인재제일을 강조하고 있다. 그는 "21세기는 지적 창조력으로 승부하는 지력 사회이다. 여기서는 교육의 질과 내용이 큰 문제가 된다. 21세기는 교육과 문화의 시대가 될 것이기 때문에 바른 교육과 참된 문화가 새로운 시대의 승자를 위한 무기가 될 것이다. 21세기는 한 사람의 비범한 천재가 수만 명을 부양하는 시대가 될 것이다"고 하였다. 초일류 기업을 이끌어갈 탁월한 인재의 중용을 강조한 것이다. 이에 따라 해외 지역전문가 제도를 도입하고, 미래를 대비하는 핵심인재 양성 및 최고 경영진까지 교육시키는 글로벌 경영리더 양성에 역점을 두고 있다. 삼성전자가 일본의 소니를 넘어 애플과 맞상대하는 글로벌 기업으로 성장할 수 있었던 기반은 뛰어난 경영진 외에도 유능한 인재들이 있었기 때문이다.

2020년을 향한 삼성전자의 비전은 '전 세계에 영감을 불어넣고 새로운 미래를 창조한다 Inspire the World, Create the Future' 이다. 새로운 기술, 혁신 제품, 창의적 솔루션으로 미래 사회에 영감을 불어넣고, 인류사회의 번영을 위한 새로운 미래를 창조하겠다는 의지를 나타낸 것이다. 창조 경영, 파트너십 경영, 인재 경영의 3대 전략을 바탕으로 삼성전자는 2020년 매출 4,000억 달러, 브랜드가치 Top5 달성을 목표로 도약 중이다.

사회를 위한 기업 활동,
유한양행·유한킴벌리

유한양행은 삼성전자, 포스코 등과 함께 한국능률협회컨설팅이 선정하는 한국에서 '가장 존경 받는 기업'에 2004년 조사 시작 이후, 10년 연속으로 선정되었다. 또한 가족회사인 유한킴벌리도 함께 10년 연속 선정되는 대기록을 달성했다. 유한킴벌리는 유한양행과 킴벌리클락이라는 외국계 생활용품사의 합작 회사다.

삼성전자, 포스코, 현대자동차 등 글로벌 기업들과 비교하면 기업규모가 한참 작은 유한킴벌리와 유한양행이 '가장 존경 받는 기업' 5위 안에 당당히 들어간 이유는 무엇일까? 그 비밀의 코드를 풀려면 유한양행 창업자인 고 유일한 박사로부터 거슬러 올라가야 한다.

유한양행은 독립운동가이자 교육자였던 유박사가 1926년에 창립한 기업이다. 평양에서 6남 3녀의 장남으로 태어난 그는 아버지 유기연의 뜻에 따라 9살의 어린 나이에 대한제국 순회공사였던 박장현을 따라 홀로 미국으로 유학을 갔다. 고학으로 미시간 주립대학교 상대를 졸업하고 GE 등에서 직장 생활을 하다가, 독립하여 라초이라는 식품회사를 대학 동창생과 공동 운영하기도 했다. 1925년 중국인 유학생으로 소아과 의사가 된 호미리와 결혼한 뒤, 32세 때인 1926년 귀국했다. 그는 세브란스 의전 에비슨 학장으로부터 연희전문 교수로, 부인 호미리 여사는 세브란스 의전 소아과장으로 와달라는 제의를 받았다. 그러나 교수직을 사양하고 기생충과 각종 피부병, 전염병으로 고통 받는 동포들을 구하면서 동시에 일자리를 마련해 주고자 제약기업인 유한양행을 설립했다. '사회를 위한 기업 활동'이라는 창립이념은 지금까지 이어지고 있다. 유한양행은 기업이윤의 사회 환원, 가장 좋은 상품의 생산, 성실납세를 기업이념으로 삼고 있다. 유한양행은 유박사의 창립이념과 가치를 일관되게 실천하고 있는 기업이다.

1971년 그가 세상을 떠나면서 남긴 유언장은 사람들에게 감동을 주었다. 그는 당시 미국에 있던 아들 일선씨에게 "대학까지 공부시켰으니 스스로 자립하라"며 어떤 재산도 물려주지 않았다. 딸인 재라씨에게만 "어머니를 돌보라"며 일부 재산을 남겼다. 하지만 유재라 여사도 1991년 세상을 떠나며 200억 원 전 재산을 공공재단인 유한재단에 기부했다. 창업주는 물론 그 일가까지 모든 재산을 사회에 환원하고 가는 모범을 보임으로써 유한양행은 '사회를 위한 가치'를 추구하는 기업의 대명사가 되었다.

유한양행의 주주 구성은 현재 유한재단, 국민연금, 우리사주, 외국인을 비롯한 각종 투자자들로 이루어져 있다. 또한, 회사 경영도 창업자와 혈연관계가 없는 전문경영인에 의해 운영된다.

유 박사가 남긴 '사회를 위한 기업 활동'이란 가치 DNA는 가족회사인 유한킴벌리에도 그대로 전달되었다. 유한의 바르고 깨끗한 기업 이미지에다 수십 년을 지속적으로 시행해 온 '우리강산 푸르게 푸르게' 캠페인 효과가 더해지면서 유한킴벌리는 존경 받는 기업으로 널리 인식되어 있다.

유한양행은 창립 10년째인 1935년 종업원들에게 주식의 30% 이상을 나눠주는 우리나라 최초의 종업원 지주제를 실시했다. 최근에 들어서야 비로소 논의되고 있는 '착한 기업' '따뜻한 자본주의'를 70여 년 전 일제 식민치하에서 실행에 옮겼던 것이다. 1988년에는 국내 상장회사로는 최초로 임원은 물론 일반 직원에게까지 스톡옵션제를 확대했다. 이처럼 직원들의 주인의식을 높이고 회사의 성장과 함께 그 이익을 나누어 받을 수 있도록 했기에 지금까지도 노사분규가 없다.

또 유한양행은 정직하고 투명한 기업의 대명사다. 이승만 정권 때는 물론 박정희 정권 시절에도 정치자금 납부를 거절했던 거의 유일한 대기업이었다. 이에 따라, 국세청이 나서서 유한양행에 대한 철저한 세무조사가 진행되었지만 '성실 납세'를 기업이념으로 삼고 있는 곳이라 아무런 비리를 찾지 못했던 것은 유명한 일화이다. 1968년에는 '모범납세자'로 인정받아 동탑산업 훈장과 함께 1년간 세무사찰 면제 혜택이 주어지기도 했다. 유 박사는 1969년 50년간 맡았던 CEO 자리를 후임 조순권 사장에게 물려주면서 "정직함을 상징하는 이 메달을 대대로 사장에게 전달하라"고 당부했다.

유한킴벌리는 생산직을 4조 2교대로 운영하고 있다. 대다수의 공장들이 한 조가 8시간씩 하루 3교대의 빡빡한 일정을 소화하는 것과 비교하면 파격적이다. 4조 2교대 제도는 주간 4일 근무 후 3일간 쉬게 하고 하루 동안 교육을 받게 한다. 그리고 다시 야간 12시간 4일 근무를 한 후에 휴무 4일을 준다. 생산직의 연간 근무일수는 연간 180일, 주간 3.5일에 42시간을 근무하는 시스템이다. 생산성 향상과 인건비 절감을 위해 직원들을 기계처럼 최대한 굴리려는 일부 기업들의 행태와는 대조적이다.

유한킴벌리는 4조 2교대 시스템 도입으로 33%의 인력 여유가 생겼고, 이러한 여유를 재충전과 평생학습을 할 수 있도록 지원했다. 휴식과 교육을 통해 쌓인 직원들의 아이디어와 지식은 각종 제안 활동을 통해 업무에 반영된다. 안전사고율은 동종업계 최저 수준이고 제품생산성은 꾸준히 늘고 있다. 이 회사는 생산직 외의 다른 직원들도 공통적으로 20%의 여유인력을 확보하고, 여유시간을 이용해 직장 내 평생학습을 할 수 있도록 제도화 하였다. 평생학습 지원으로 직원들의 직업능력을 향상시키는 것은 물론 가족친화경영을 도입해 '일과 삶의 균형'을 이루도록 하였다.

그렇다고 해서 매출이나 수익성이 떨어지는 것도 아니다. 오히려 기업의 사회성과 수익성의 역설을 극명하게 보여주는 사례다. 사회성과 공공성을 강화한 이후 회사의 순이익은 50억 원에서 2011년 1,119억 원으로 20배 이상 늘었다. 유한킴벌리는 창립 40주년을 맞은 지난 2010년 비전 체계를 새롭게 수립하면서 '더 나은 생활을 향한 믿음'이란 미션 하에 2020년 매출 5조 원 달성의 재무 목표를 설정했다. 또한 기존의 5대 경영 방침을 '도전과 창의' '책임과 공헌' '신뢰와 배려'라는 3대 핵심가치로 재정립했다. 가치창조적이고 사람을 존중하는 유한킴벌리의 기업문화는 한국에서 '가장 일하고 싶은 직장' 3위를 차지하게 된 바탕이라고 할 수 있다.

100년 정신·100년 기업,
동화약품

국내 최장수 브랜드 제품인 활명수를 만든 동화약품은 2013년 창립 116년을 맞는다. 활명수는 고종 황제가 즉위한 해인 1897년에 출시된 한국 최초의 양약이다. 당시에 소화기 질환이 많았던 백성들의 어려움을 덜어주기 위해 선전관(왕명을 전하는 일을 담당하는 선전관청 소속 무관)이었던 민병호 선생이 제조했다. 한의학에 조예가 깊었던 민병호 선생은 한약에다 양약을 가미하여 간편하게 마실 수 있는 소화제를 만들었다. 제품명도 '생명을 살리는 물'이라는 뜻인 활명수^{活命水}로 붙였다. 소화가 안 되어도 탕약을 달여 먹어야했던 당시. 활명수는 대단히 혁신적인 제품이어서 출시되자마자 폭발적인 인기를 얻었다.

민병호 선생은 활명수의 대중화를 위해 아들 민강과 동화약방 (1897~1961, 현 동화약품)을 창업하였다. 110여 년이 넘은 지금도 활명수는 소화제 드링크 시장에서 여전히 1위를 차지하고 있다.

동화약품은 역대 사장 중 3명이 독립운동가였던 민족기업이었다. 동화약방은 수익의 일부를 독립운동 자금으로 쾌척하는 것은 물론 상해 대한민국 임시정부의 활동을 백성들에게 알리고 국내의 각종 정보와 군자금을 전달하는 임정의 비밀행정부인 연통부를 동화약방 내에 두기도 했다.

1937년 중일전쟁이 발발하자 일제의 군국주의가 강화돼 물자와 가격 통제가 이루어졌다. 약품배급제로 인해 제품가격을 총독부가 통제하는 상황이라 신제품 개발이나 영업을 확장하기가 어려웠다. 유통 구조도 특약점 체제가 무너지고 일본인들의 영향력 하에 있는 대형 도매상 위주로 재편되었다. 광고를 하려면 반드시 일제를 찬양하는 문구를 넣어야만 했다. 민족자본으로 설립돼 독립운동을 지원하던 동화약방으로서는 수용하기 힘든 조건이었다. 그러자 동화약방은 북한과 만주로 진출하여 위기를 극복하였다. 최악의 경영환경이었지만 1938~1940년 사이에 매출 200%, 이익 1,000% 신장이라는 놀라운 성과를 거두었다.

일본이 패망하고 남북이 분단되면서 동화약방은 북한에 설치한 공장은 물론 외상매출금까지 모두 잃게 되었다. 게다가 한국전쟁으로 남한의 공장 건물마저 부서졌다. 하지만 동화약방은 1.4 후퇴 때 제약기계 일부를 마산으로 가져가서 임시 생산을 지속했다. 전쟁으로 약품이 귀하던 시기라 활명수는 큰 인기를 끌었고, 이로 인한 수익으로 재기의 기반을 마련하였다.

일본 식민치하와 해방, 한국전쟁 등 시련의 근현대사를 겪으면서도 동화약품이 100여년의 역사를 지켜온 힘은 무엇일까? 장수 DNA의 결정체로 그들은 '동화정신'을 꼽는다. 동화정신은 1937년 취임한 윤창식 5대 사장의 경영철학을 7대 사장인 윤광렬 명예회장이 명문화한 것이다.[38]

- 동화는 좋은 약을 만들어 소비자에게 봉사하고 그 효험을 본 정당한 대가로 경영되는 회사다.
- 동화는 정도를 밟고 원리 원칙에 의하여 경영되는 회사다.
- 동화는 젊어서 당당하게 땀 흘려 일하고 노후에 잘살아 보려는 동화 식구의 회사다.
- 동화는 동화 식구가 업무수행 중 잘못이 있을 경우
  이를 솔직히 시인할 줄 알고 고쳐서 전화위복이 되게 하는 회사다.

비록 표현은 50년대식이지만 내용은 현대 경영철학의 핵심을 모두 담고 있다. 1항은 사람과 사회에 도움이 되는 가치를 지닌 제품을 만들고 정당하게 이윤을 추구하는 것을 기업 활동의 목적으로 제시하고 있다. 2항은 정도 경영, 3항은 직원 중심경영 및 노사화합 경영, 4항은 책임경영, 실패에서 배우는 학습조직의 정신을 반영하고 있다.

1960~1970년대를 거치면서 지속적인 성장을 거듭하던 동화약품은 1997년 IMF 외환위기를 맞아 어려움을 겪게 된다. 부채비율이 300%를 넘는 상태에서 경영이 악화됨에 따라 불가피하게 구조조정을 단행해야만 했다. 하지만 위기 속에서도 동화약품은 '우리는 가족'이라는 동화정신을 버리지 않았다. 인력감축 대신 살충제 사업 분야를 매각함으로써 위기를 극복했다. 이로 인해 동화약품 임직원들의 회사에 대한 신뢰와 유대감은 더욱 강화되었다.

동화약품은 100여 년의 역사를 거치면서 조직의 변화와 혁신을 끊임없이 추구하고 있다. 제약업계의 가장 큰 과제인 신약개발을 지속적으로 추진하여 2001년 세계 최초로 방사성 간암 치료제인 '밀리칸주' 개발에 성공하였다. 이로 인해 동화약품은 다산기술상과 대한민국 신약개발 대상을 수상했다. 2007년에는 무려 15년에 걸친 노력 끝에 골다공증 치료 신물질 'DW1350'을 개발했다. 동화약품은 이 신물질 조성 기술을 미국과 일본에 수출하는 쾌거를 이룩하였다.

또한 지속성장을 위하여 직원 교육에 대한 투자를 강화하고, 독서경영을 조직문화로 정착시켰다. 동화약품은 다가올 100년도 지난 100년을 이어온 배경인 '동화정신'을 바탕으로 '고객들이 신뢰하는 기업', '일하고 싶은 기업'이 되고자 매진하고 있다.

현대정신으로,
현대중공업

　　현대그룹의 창업자 아산 정주영 회장은 삼성그룹 창업자 호암 이병철 회장과 더불어 한국 재계를 상징하는 두 거목이었다. 대한상공회의소가 지난 2007년 조사한 자료에 따르면 한국의 경영학자들과 현직 CEO들은 정주영 회장을 '가장 존경하는 기업가' 1위로 선정했다.

　　현대그룹의 분할 승계 이후 아산 정주영 회장의 창업 이념을 가장 적극적으로 수용하고 있는 기업은 현대중공업이다. 최대 주주는 정몽준 국회의원으로 10.15%의 지분을 지녔다. 형제들 중에 엘리트 코스(서울대, MIT경영대학원)를 밟아 정 회장의 신임이 두터웠던 그는 31세에 현대중공업 사장으로 발탁되었지만 1988년 정계에 진출하면서 그룹경영과는 거리를 두고 있다. 이에 따라 전문경영인 중심으로 경영이 이루어졌고, 현대자동차 등 2세 중심의 다른 계열사와 달리 창업자 정주영 회장의 경영이념이 그대로 계승되고 있다.

　　현대중공업은 한국의 가장 존경 받는 기업 올스타 순위 10위권에 드는 기업이다. 2012년 8위에서 2013년에는 6위로 올라섰다. 현대중공업의 경영 비전은 'Global Leader, 미래를 개척하는 현대중공업' 이다. 현대중공업은 세계에서 가장 많은 선박을 건조하는 세계 최대의 조선회사이다. 임직원 수 2만 5천명, 2011년 결산기준 매출액 25조 원에 영업이익 2조 6천억여 원 수준인 우량기업이다. 또한 조선사업 외에 해양, 플랜트,

엔진기계, 전기전자시스템, 건설장비사업은 물론 태양광, 풍력발전 등 그린에너지 분야에도 진출한 세계적인 종합중공업 회사이다. 그런데 사훈은 '근면', '검소', '친애親愛'이다. 정주영 회장 시절 만들어진 것임을 미루어 짐작할 수 있다.

현대중공업은 자사 홈페이지의 기업 소개를 통해 "발전하는 현대중공업의 근간엔 현대정신이 있습니다"라며 현대정신을 강조하고, 이를 창업자인 정주영 회장과 연계하여 설명한다.[39]

현대정신의 핵심으로는 '창조적 예지' '적극 의지' '강인한 추진력' 3가지를 제시하고 있다.

창조적 예지란 "미래지향적인 사고로 고객 및 사회의 변화를 예측하고 이들이 원하는 바에 부응하기 위해 항상 새롭고 신선함을 추구하는 지혜"라고 밝히고 있다. 현대중공업 창업, 유엔군 공동묘지 잔디공사, 서산 간척 때 유조선 물막이 공사, 세계 최초 선박 육상 건조 등이 바로 고 정주영 회장 시절 무에서 유를 창조한 창조적 예지의 실제적인 사례로 들고 있다.

적극의지는 "투철한 주인의식과 매사에 능동적으로 도전하는 적극적인 자세"를 말한다. 사우디 주베일 공사, 소양강 댐 공사, 경부고속도로 공사, 국내 최초 LNG선 건조 등이 적극 의지로 완성한 사례로 제시한다.

강인한 추진력은 '강인불굴의 정신으로 무장하여 목표를 달성해 내는 힘'으로 풀이한다. 세계 정상의 조선소로 경쟁력을 확보하고, 올림픽과 월드컵 유치한 것, 조선소 건설과 동시에 선박 건조한 것 등이 바로 도전정신과 강인한 추진력을 바탕으로 이뤄낸 사례로 들고 있다.

현대중공업은 특히 홈페이지 기업소개 공유가치 중 창업자말씀이란 별도의 섹션을 만들어 "어떤 실수보다도 치명적인 실수는 일을 포기해 버리는 것이다" "직장은 월급 때문에 다니는 곳이 아니고 자신의 발전 때문에 다녀야 한다" "무슨일이든 할 수 있다고 생각하는 사람이 해내는 법이다. 의심하면 의심하는 만큼 밖에는 못하고, 할 수 없다고 생각하면 할 수 없는 것이다" 등 고 정주영 회장의 어록을 게재하여 임직원 모두가 되새길 수 있도록 하였다. 이와 함께 "'한강의 기적' 속에 '기적'은 없다. 다만 성실하고 지혜로운 노동이 있을 뿐이다" "'적당히 적당히' 라는 적당주의로 각자 자신에게 허락된 시간을 귀중한 줄 모른 채 헛되이 낭비하는 것보다 무가치한 것은 없다" 등 자서전 『이 땅에 태어나서』에 나오는 여러 대목들도 소개하고 있다.

현대중공업은 핵심가치에 대해 "지속성장을 위해 전 임직원들이 공유하고 실천해야 할 규범이며, 직원들의 가치판단과 행동의 실천기준"이라고 정의한다. 현대중공업의 핵심가치는 무한상상, 적극도전, 가치창출, 약속이행, 인간존중의 5가지이다. 현대중공업은 이를 현대중공업의 일상, 행동양식, 업무방식, 정신, 마음이라고 설명한다.

1973년 설립되어 올해로 창립 41주년을 맞는 현대중공업은 오는 2015년 매출 100조 원을 달성해 글로벌 종합중공업그룹으로 도약한다는 목표이다. 이를 위해 현대중공업은 현대정신의 오늘날 버전인 '혁신과 도전'을 경영 키워드로 전사 차원에서 혁신의 고삐를 더욱 당기고 있다.

사람을 키워야 한다,
교보생명

광화문에 가면 항상 교보생명 빌딩에 걸린 커다란 글판을 보곤 한다. 이 글판이 교보빌딩에 처음 걸린 것이 1991년 이니 벌써 20년이 넘었다. 해마다 네 차례씩 계절이 바뀔 때마다 사람들에게 희망의 메시지와 시대적 화두를 던지는 회사. 종로 1번가 1번지 금싸라기 같은 지하 2,700평의 공간에 국내 최대의 책방을 차린 회사. 보험회사의 업무라고 하기엔 다소 거리가 멀어 보이는 일들을 지속하는 이유는 대체 무엇일까?

교보생명은 '대한교육보험'으로 출발한 회사다. 1958년 '국민교육진흥'과 '민족자본형성'을 창립 이념으로 설립되었다. 창업자 대산 신용호 선대 회장(1917~2003)은 현 최고경영자인 신창재 회장의 부친이다. 신용호 전 회장은 1917년 전남 영암에서 태어났다. 어려운 집안 사정으로 초등학교도 다니지 못했지만 발명가인 동시에 시인이었다. 학교에서 못 배운 공부를 천일 동안 집중적으로 책을 읽어서 만회하는 '천일독서'나 다른 아이의 교과서를 빌려서 학습하는 등 공부에 대한 열정이 넘쳤다. 그는 자신의 이력서 학력 란에 "배우면서 일하고 일하면서 배운다"는 말을 즐겨 써넣곤 했다. 이육사와의 만남은 독립운동에 동참하는 계기와 더불어 무모하다고 할 만큼 야심이 큰 그가 중국에서 사업할 수 있는 계기를 만들어 주었다.

'맨손가락으로 아름드리 참나무에 구멍을 뚫어라'라는 신용호 전 회장의 잘 알려진 문장은 그의 강인한 실천의지를 드러낸 것이라 할 수 있다. 19세에 중국으로 건너가 해방과 더불어, 29세에 다시 고국으로 돌아온 그는 길이 없으면 길을 만들며 앞으로 나아갔다. 우리나라 부모들이 본인은 비록 못 먹고 못 살아도, 땅을 팔고 집을 팔아서라도 자식 교육을 시키는 높은 교육열에 주목하여 2세 교육을 위한 교육보험을 창안했다. 세계 보험사상 누구도 생각하지 못했던 '교육보험'이라는 새로운 제도를 만든 것이다. "담배 한 갑을 줄이면 자녀를 대학까지 교육시킬 수 있다"며 미지의 보험시장을 개척했다. 처음엔 거들떠보지도 않았으나 그의 교육보험은 결국 국내뿐 아니라 국제적으로도 인정을 받아 세계보험 총회에서 대상을 수상하였다.

1980년 종로1번가에 초현대식 교보빌딩을 세우고 나서 건물 지하에 교보문고를 열 때에도 많은 반대에 부딪쳤다. 사무실로 임대하면 훨씬 많은 수익을 올릴 수 있는데 채산성도 맞지 않는 책방을 차리겠다는 그의 생각에 회사 내에서 반대가 극심했다. 교육보험 회사를 설립했지만 배움에 한이 있던 그였다. 끼니조차 잇기 힘들 정도로 가난했던 어린 시절에 "책 속에 길이 있다"는 것을 알려준 어머니의 가르침을 그대로 따랐다. "사람은 책을 만들고 책은 사람을 만든다"는 정신으로 밀어붙였다. 그의 비전대로 교보문고는 우리나라 전인 교육의 토대가 되는 최대의 책방으로 성장했다.

하지만 성공이 결코 쉽게 이뤄진 것만은 아니다. 한 예로, 수입서적은 운송비, 관리비 등 부대비용이 상당히 들고 절차도 까다로웠다. 안 팔릴 경우 재고를 고스란히 떠안아야 하는 위험부담도 컸다. 이에 따라 실무진들은 해외도서 수입을 포기해야 한다고 했으나 신 전 회장은 이를 받아들이지 않았다. 선진 외국의 좋은 지식은 얻기가 힘든 것이니 수입 도서를 통해서라도 이 땅에서 배울 수 있게 해야 한다는 것이 그의 지론이었다. 돈보다 사람을 키우는 지식이 더 소중하다는 신념, 즉 핵심가치를 행동으로 보여주었다. 그는 생전에 문화와 예술을 사랑했고, 주변 사람들에게 따뜻한 말 한마디를 건네기 위해 노력했다. 세상을 조금 더 아름답게 만들고 싶었던 그의 뜻은 '광화문 글판'이라는 형태로 나타났다. 따뜻하고 아름다운 말 한마디를 서울 시민들에게 전하게 된 것이다.

교보생명은 국내 생명보험회사 중 삼성생명에 이어 2위 업체다. 2011 사업연도(2011년 4월 ~ 2012년 3월) 기준으로 자산규모 66.9조 원(연결재무제표기준), 수입보험료 10.8조 원, 당기 순이익 5,836억 원을 달성했다. 재무건전성 지표인 지급여력비율은 권장기준의 두 배가 넘는 247.1% 수준이다. 한 마디로 '알짜 기업'이다. 하지만 불과 10여 년 전에는 자본손실로 쓰러지기 직전까지 내몰렸던 기업이다.

이 위기를 극복하고 교보생명을 다시 일으킨 사람이 바로 창업주의 아들 신창재 현 회장이다. 신회장은 1979년부터 1996년까지 서울대 의대 교수이자 산부인과 전문의로 활동하다가 교보생명의 승계자가 되었다. 1992년 선대 회장의 호를 딴 대산문화재단이 설립 된 뒤, 그 이듬해부터 문화재단 이사장을 맡는 것에 그치겠다며 사업과는 거리를 두었다. 그가 의대 교수직을 버리고 교보생명의 CEO가 된 것은 그만큼 절박했기 때문이다. 그 당시 교보생명은 IMF 이후 누적된 자본손실이 2조 4천억 원에 달했다. 아버지가 평생을 바쳐서 일군 회사가 무너지기 직전이었다. 대우그룹과 기아자동차 등 IMF로 쓰러진 기업들의 채권과 주식이 사실상 휴지조각이 되면서 이들 기업에 투자했던 교보생명 역시 자산 부실화가 진행됐던 것이다. 위기에 몰리자 그 동안 감춰져 있던 부실도 드러났다. 설계사가 고객 이름을 도용해 보험계약을 체결한 뒤 수수료만 챙기고 계약을 해지하는 부실계약이 10건 중 3~4건이나 되었다.

혼란을 수습하고 회사를 재건하기 위해 어디서부터 손을 써야 할 것인가? 신회장은 보험에는 문외한이고, 오너의 아들이다. 자칫 잘못하면 "보험에 대해 아무것도 모르는 학자 출신이 낙하산으로 와서 회사를 말아 먹는다"는 소리를 듣기 십상이었다. 그는 사원들은 물론 노동조합까지 만나 경청하며, 근본적인 문제가 무엇인지를 살폈다. 결국은 명확한 방향성, 즉 '앞으로 어떤 회사로 가야 하는가'라는 비전으로 문제로 모아졌다.

2001년 비전 체계를 만들면서, "우리의 사명은 모든 사람이 미래의 역경에서 좌절하지 않도록 도와드리는 것이다"라고 보험업의 목적과 사명을 명확히 정의했다. 또한 "2010년 이전에 국내 시장에서 고객이 가장 선호하는 회사를 만들자"는 비전을 선포했다. 신회장이 직접 전 사원 5,000여 명을 계층별로 나눠 대화하면서 비전을 전파시켰다. 전략이 비전과 일치되게 하고, 비전을 성과관리 시스템과 연계하여 자리 잡는 데 4~5년이 걸렸다. 비전 더불어 '고객지향'의 핵심가치가 판단의 우선순위가 되도록 했다. 그러기를 10여 년 지금 교보생명에서 비전은 '회장보다 높은 왕회장'으로 통한다. 회장이 비전을 신봉하고 그에 따라 행동하면 결국 직원들도 비전에 따라 자율적인 의사결정을 하게 된다. 그렇다면 비전경영의 성과는 어땠을까? 교보생명은 2004년 금융업계 최초로 한국능률협회로부터 5년 연속 고객만족 경영대상을 수상하며, 금융회사 최초로 '명예의 전당'에 헌정되었다. 또한 2009년 아시아 보험산업대상에서 '올해의 아시아 최고 생명보험사'상을 수상했다. 국내 생명보험사 중 최초이다. 2012년에는 신회장이 '올해의 최고 보험경영자'에 선정되기도 했다.

2011년 4월 교보생명은 '고객보장을 최고로 잘 하는 회사'라는 '비전 2015'를 선포하며 새로운 출발을 다짐했다. 고객보장을 최고로 잘 한다는 것은 고객이 가장 원하는 고객보장서비스를 고객의 기대수준 이상으로 제공하여 교보생명의 사명을 적극 실천한다는 뜻이다. 핵심가치도 '고객중심' '정직과 성실' '도전과 창의'로 정리했다. 고객중심은 업무 수행 시 선량한 고객의 이익과 혜택을 먼저 생각하는 것이다. 정직과 성실은 항상 정직하고 성실한 자세로 성과책임을 다하는 것, 도전과 창의는 회사와 자신의 발전을 위해 창의적 사고로 대담한 목표에 도전하는 것으로 정의하였다.

보험은 사람에서 출발한 비즈니스다. 교보생명은 사람을 최고의 가치로 삼고 모든 이해관계자들로부터 존경 받는 100년 장수기업이 되는 것을 목표로 더 큰 꿈을 향해 활동하고 있다.

돈이 아닌 사명으로 일한다,
안랩

안랩은 우리나라를 대표하는 보안업체다. 1995년 백신소프트웨어 전문 개발 회사로 보안업계에 첫 발을 내디뎠다. 당시 V3 백신으로 널리 알려진 안철수 전 안랩 대표가 백신 개발의 명맥을 유지하기 위해 어쩔 수 없이 선택한 방법이 주식회사 설립이었다. 그는 당초 공익적 기관을 설립하여 백신개발 노하우를 전수해주고 본인은 전공인 의학자의 길을 가려 했다. 하지만 정부나 대기업 모두 나서지 않음에 따라 결국 인생의 진로를 바꾸는 결단을 내렸다. '안철수'란 개인 브랜드가 워낙 유명하여 창업 3인방과의 논의 끝에 기업 명칭도 '안철수연구소'로 정했다. 그러다가 2012년 2월, 안랩으로 회사 명칭을 변경했다. 국내를 넘어 글로벌 기업으로 도약하기 위한 것이라고 회사 측은 밝혔다.

안랩은 현재 안티바이러스 솔루션의 대명사인 V3 제품 군을 비롯해 온라인, 모바일, 네트워크 분야의 보안솔루션은 물론 보안관제 분야와 컨설팅 서비스를 제공하는 세계적인 통합보안업체로 성장했다. 직원 수 700여명에 매출액도 2011년 결산 기준 987억여 원, 영업이익 102억여 원을 기록했다. 안랩은 매출을 보수적으로 잡는 것으로 유명한 곳이다. 안랩은 벤처 기업이 받을 수 있는 최고 영예인 '동탑산업훈장'을 비롯해 '한국에서 가장 존경 받는 기업' '경제정의기업상' 대통령 표창 및 대한민국 인터넷대상 대통령상을 수상하는 등 기술력과 윤리경영 측면에서 모범 사례로 꼽히는 기업이다.

안랩은 '세계적인 통합보안기업'의 목표 외에 또 하나의 추구 목표가 있다. 바로 '영혼이 있는 기업'이다. 창업의 동기부터 일반 회사와 달랐지만 안랩은 사회의 일원으로서 바람직한 기업의 역할이 무엇인지를 계속해서 고민했다. 그 결과 '끊임없는 연구개발로 함께 살아가는 사회에 기여하는 것'이라는 결론에 이른다. 안랩은 이러한 기업의 역할에 대해 '우리가 존재하는 의미'라고 정의하였다. 이른바 사명의 안랩식 표현이다. 또한, 100년 후에도 영속하는 기업이 되기 위해 정신적 근간이 되는 핵심가치를 명문화하고, 조직의 공통 가치관으로 실천하고자 구성원 모두가 노력하고 있다.

안랩은 창업 5년 후인 2000년 말 당시 안대표의 제안으로 핵심가치 정립 작업을 하였다. 안대표 및 임직원들의 집중적인 토의를 거쳐 정리된 3가지 핵심가치는 2001년 시무식 때 발표되었다. '우리의 존재의미와 나아갈 길'이란 제목의 이 내용은 왜 핵심가치를 '기업헌장'이라고 부를 수 있는 지를 보여주는 대표적 사례다.[40]

우리의 존재의미와 나아갈 길

- 우리 모두는 자신의 발전을 위하여 끊임없이 노력한다.
- 우리는 존중과 신뢰로 서로와 회사의 발전을 위하여 노력한다.
- 우리는 고객의 소리에 귀를 기울이고 고객과의 약속은 반드시 지킨다.

우리의 존재 의미는 다음과 같다.

우리는 끊임없는 연구 개발을 통하여 함께 살아가는 사회에 기여한다. 우리는 연구소라는 이름에 부끄럽지 않게 끊임없는 연구 개발에 노력한다. 우리는 혁신적인 기술개발과 선도적인 제품을 만들기 위해 노력한다.

또한 우리는 고객의 요구와 시장의 변화를 신속하게 수용하여 이에 맞는 기술과 제품을 만든다. 고객의 요구가 아주 단순하고 반복적인 일이거나 또는 기

핵심가치

술적으로 아주 힘든 일일지라도 이 일이 우리가 해야 할 일임을 자각한다. 그리고 우리는 선량한 다수의 사용자들이 쉽게 그리고 부작용 없이 이러한 기술의 혜택을 받을 수 있도록 공익의 정신을 잃지 않는다.

이러한 가치관과 존재의미를 인식하고 열심히 노력한다면 우리는 2005년에는 세계 10대 보안회사에 진입할 것이다. 우리는 외적인 발전과 내적인 성숙함으로 국가산업 발전에 크게 기여할 것이다. 우리는 벤처산업이 국내 산업 발전에 큰 역할을 담당할 수 있도록 최선의 노력을 다할 것이다. 우리는 세계 10개국 이상에 지사를 둔 다국적 기업으로 거듭날 것이다. 외국 사용자들은 신뢰할 수 있는 회사와 제품으로 우리를 기억할 것이며, 외국 언론에서도 우리 회사에 제품에 관심을 가지고 동종업계의 대표적인 기업으로 소개할 것이다. 우리는 기술강국으로서 우리나라의 이미지를 만드는 데 큰 공헌을 할 것이다. 또한 우리의 목표는 여기에 그치지 않으며 목표가 완수된 후에는 더 높은 목표를 향해 함께 노력할 것이다. 미래는 우리가 함께 만들어 가는 것이며, 우리에게 불가능이란 없다는 마음가짐을 갖는다.

안 전 대표는 2004년 『지금 우리에게 필요한 것은』에서 "원칙은 손해를 감수하면서 지킬 때 의미가 있다"고 강조하였다. 특히 "만약 회사가 사라질 위기에 처했는데 회사의 핵심가치를 어기면 살아날 수 있는 비즈니스 기회가 있다고 하자. 이때 회사를 존속시키기 위해 핵심가치를 거슬러야 할까?"라고 묻는다.

이어 "회사를 존속시키기 위해 핵심가치를 거슬러야 한다면 차라리 회사가 스스로 소멸하는 것이 옳다고 생각한다. 기업이 스스로 설정한 핵심가치를 지키지 않았다면 설령 그 회사가 생명을 이어가더라도 생존할 이유 자체는 사라지기 때문이다"라고 말했다. 나아가 핵심가치가 가지는 의미는 "그 자체도 중요하지만 동시에 물러설 수 없는 선을 만들어준다는 데 있다"고 강조하였다. 그는 2009년 6월 MBC 예능프로그램 〈무릎팍 도사〉에 출연하여 안랩 설립 초기의 어려움과 매각 요청에 대해 밝힌 바 있다. 창업 초기에 백신개발로 수익모델을 만드는 것 자체가 거의 불가능했기 때문에 매달 급여 일이 돌아오면 직원들의 월급을 걱정해야만 했다고 회고했다. 그러던 차에 외국의 백신개발 회사에서 무려 1,000만 달러에 회사를 넘기라는 매각 제의를 여러 차례 받았으나 단호히 거절했다고 담담히 밝혔다. 월급도 제대로 못 주는 어려운 형편이었는데 왜 그런 제안을 거절했느냐"는 질문에 그는 이렇게 대답했다.

"내가 그렇게 함으로써 얻는 것이라곤 돈이 전부다. 직원들은 모두 정리해고 해야 하고 국민들은 무료 백신을 더 이상 받을 수 없게 된다. 그리고 더 비싸게 쓰게 될 것이다. 내겐 돈보다 공익이 중요하다. 난 돈 때문에 일하지 않는다. 사명으로 일한다."

핵심가치는 창업자와 리더의 신조이며, 믿음이라는 것을 다시 한 번 깨닫게 되는 대목이다. 리더가 핵심가치에 위배되는 행동을 하면서 직원들에게는 핵심가치에 기반하여 행동하도록 요구하는 것은 말이 안 된다. 조직의 핵심가치를 솔선수범하여 실천하는 것은 리더의 가장 중요한 역할 중 하나이다.

3장

핵심가치로 움직이는
정부조직

핵심가치에 기반을 둔 조직운영에 나선 곳은 이제 민간 기업만이 아니다. 정부와 공공기관은 본래 설립 목적과 운영 자체가 명확한 가치를 지향하고 있다. 하지만 글로벌 선진 기업들의 핵심가치 기반 조직운영 성공 사례가 알려지면서 지방자치단체와 정부도 핵심가치 정립 및 내재화 교육에 나서고 있다.

박근혜 정부의 정부조직법 개편 이전 18개 외청 중에서 핵심가치에 근거한 조직 운영을 잘 한 곳은 관세청과 특허청, 병무청이다. 지방자치단체 중에는 경기도가 가장 먼저, 그리고 열정적으로 핵심가치 중심의 조직 운영과 교육을 하고 있다. 정부 부처 중에서는 국토해양부(현 국토교통부)가 최초로 핵심가치를 정립하고 핵심가치 내재화 교육을 실시했다. 그러나 정부조직 개편으로 정체기를 맞게 되었다.

2013년 2월 8일을 기준으로 한 정부 부처 가운데 핵심가치를 조직의 미션, 비전 체계에 포함시켜 부처 홈페이지를 통해 천명하고 있는 곳은 고용노동부와 국토해양부 2곳이다.

누구나 일 할 수 있는 나라, 고용노동부

고용노동부의 비전은 '국민 누구나 일할 수 있고 일을 통해 행복한 나라'이다. 이는 '국민 누구나 일할 수 있는 사회'와 '일을 통해 행복한 사회' 두 부분으로 이루어져 있다. '국민 누구나 일할 수 있는 사회'는 고용노동부 출범 이전에는 현재 일하고 있는 사람이 중요했다면, 고용노동부로 출범하면서 일자리가 없는 사람, 일하고 있더라도 더 나은 일자리로 옮기고자 원하는 사람으로 주요 고객이 확대됨을 의미한다. 국민 누구나 일할 수 있고, 일하고자 하는 사람은 일자리를 찾아주고, 직업능력이 없는 사람에게는 능력개발을 할 수 있도록 하여 적합한 일자리, 더 나은 일자리로 이동할 수 있도록 지원하겠다는 적극적인 의미를 포함하고 있다. 또한 더 많은 일자리, 더 나은 일자리라는 양과 질적 의미를 내포하고 있다.

'일을 통해 행복한 사회'는 국민 누구나 일을 가질 수 있고, 원하는 일자리에서 일할 수 있고, 일과 가정을 양립하며, 기본적 권리를 확보하여 궁극적으로는 자아실현을 할 수 있도록 한다는 뜻이다. 일을 통해 빈곤에서 탈출하고, 일을 하면서 자아를 실현할 수 있도록 함으로써 인간으로서의 존엄을 확보할 수 있도록 하자는 적극적인 의미를 포함하고 있다. 구직자는 일을 갖도록 하고, 비정규직은 정규직으로 이동할 수 있고, 정규직은 더 나은 근로조건을 실현할 수 있도록 하는 것을 고용노동부의 미래 비전으로 설정하였다. 이와 함께 조직 내부적으로도 공무원들이 이 일을 통해 행복한 고용노동부를 만들어 가자는 의미를 내포하고 있다.

'국민 누구나 일할 수 있고 일을 통해 행복한 나라'라는 비전을 실현하기 위하여 고용노동부는 6가지 미션을 제시하고 있다.[41]

- 구직자들이 자신에게 적합한 일자리를 갖도록 돕는다.
- 직업능력 개발을 통해 인적자원의 질과 경쟁력이 높아지도록 힘쓴다.
- 근로자의 기본적 권리를 보장하고 삶의 질이 향상되도록 노력한다.
- 신뢰와 협력을 바탕으로 한 상생의 노사관계 정착을 뒷받침한다.
- 실업, 산재 등 경제, 사회적 위험으로부터 근로자를 보호한다.
- 어떤 비위 행위도 하지 않으며 깨끗한 조직문화를 조성한다.

고용노동부는 2011년 중순 전 직원 설문조사와 각 직급별로 선발된 직원들의 워크숍 등을 통해 '열정' '긍지' '공정' '청렴'의 4가지 핵심가치를 도출하였다. 4대 핵심가치의 의미는 다음과 같다.

- **열정** : 일을 제대로 하기 위하여 일에 임하는 마음가짐에 요구되는 것으로 '목표를 향한 끊임없는 도전정신과 당면 과제의 창의적 해결을 위해 적극적이고 주도적으로 몰입하는 것'을 의미한다.
- **긍지** : 즐겁고 보람찬 조직문화를 위하여 우리 스스로에게 요구되는 것으로

'서로의 다양성을 인정하고, 열린 마음으로 소통하며 나보다 우리를 생각하는 공동체 의식을 바탕으로 상호협력하는 것'을 의미한다.

- **공정** : 국민의 신뢰를 얻기 위하여 일 처리 방식에서 요구되는 것으로 '법령과 규정에 따른 원칙을 준수하며 투명한 업무처리와 의사결정을 통해 예측 가능하고 일관성 있는 서비스를 제공하는 것'을 의미한다.
- **청렴** : 깨끗한 공직자상 실천을 위하여 국민을 섬기는 자세에서 요구되는 것으로 '공직수행에 요구되는 사회적 기대와 법적의무를 준수하고 성실하고 깨끗하게 직무를 수행함으로써 국민에 대한 봉사라는 사명을 충실하게 수행하는 것'을 의미한다.

고용노동부는 이러한 4대 핵심가치를 토대로 '일 잘하는 고용노동부' '가족 같은 고용노동부' '신뢰받는 고용노동부' '맑고 바른 고용노동부'를 실현하는 데 역점을 두고 있다.

아름다운 삶의 터전을 위해, 국토해양부

국토해양부의 비전 체계는 좀 더 구체적인 설명을 담고 있다. 먼저 국토해양부의 미션은 '미래를 여는 국토해양, 세계로 나아가는 교통물류'이다. "우리와 우리 후손이 살아갈 풍요롭고 아름다운 국토를 조성하고, 5대양 6대주로 뻗어가는 경쟁력 있는 교통물류체계를 구축하여 세계 속의 대한민국을 만드는데 기여하는 국토해양부가 되자"고 미션의 구체적인 의미를 밝히고 있다. 비전은 '국민에게 사랑 받는 일류 국토해양부'이다. 세부적으로는 "살기 좋은 국토환경과 편리한 교통물류 서비스를 제공하여 행복한 삶의 터전을 조성하고, 국민을 섬기는 행정으로 국민이 신뢰할 수 있는 일류부처로 도약한다"는 것이다.[42]

국토해양부가 제시한 핵심가치는 '국민감동' '청렴윤리' '최고인재' 3가지이다. 핵심가치의 의미를 보면, 국민감동은 '나의 일처럼 국민에게 먼저 다가가서 열린 마음으로 소통하는 감동행정'이다. 청렴윤리란 '양심에 따른 올바른 사고와 행동으로 투명하고 공정하게 일을 처리하는 태도'이다. 최고인재는 '열정과 창의성으로 프로처럼 일하는 글로벌 경쟁력을 갖춘 국토해양인재'이다. 3대 핵심가치는 2011년 직원 인터뷰와 설문조사, 직원과 간부들의 심층 토의를 거쳐 도출한 것이다.

국토해양부는 기존 건설부와 교통부의 통합에 이어 이명박 정부 하에서 해양수산부의 해양업무까지 더해져 조직의 규모가 매우 커졌다. 또한 급변하는 대내외 정책 환경에 능동적으로 대응하고 글로벌 경쟁력을 갖춘 핵심인재를 육성하기 위하여 2011년 5급, 이하 공무원들의 직무교육을 가치와 역량기반교육으로 대폭 개편하였다. 특히 부처 통합으로 인한 공무원들의 융화와 소통 강화를 위하여 정부 부처 중에서는 처음으로 2012년 5급, 이하 공무원들을 대상으로 핵심가치 교육을 실시해 공무원들의 높은 호응도를 이끌어냈다.

그러나 박근혜 정부의 출범과 해양수산부의 부활로 국토해양부는 국토교통부로 업무를 조정했다. 미션도 경제성장과 국민행복을 잇는 국토

교통으로 수정했다. 국토교통부 공무원들의 교육을 맡고 있는 국토교통
인재개발원이 2012년 12월 경기도 수원에서 제주혁신도시로 이전했다.
국토교통부는 핵심가치를 수정하여 다시 핵심가치 교육을 추진하고 있다.

튼튼한 경제,
관세청

　관세청은 조직의 미션을 '튼튼한 경제, 안전한 사회를 위한 관세국경
관리'로 정의하고 있다. 정부 조직 중 거의 유일하게 미션을 세부적으로
설명한 사명선언문도 제시하고 있다. 즉, "우리는 대한민국의 얼굴이며
관세국경의 수호자이다. 우리는 우리나라로 들어오거나 나가는 모든 물
품을 신속하게 통관하는 한편, 관련 법규를 엄격하게 집행함으로써 국
가재정과 국민경제를 보호하고, 사회 안전과 국민생활 위해 요소의 유입
을 차단하며, 합법적인 국제교역과 여행자 이동을 촉진한다"고 밝히고
있다. 3P^People, Planet, Profit로 조직의 사명을 요약한 것도 인상적이다.[43]

　비전은 '선진무역강국을 실현하는 월드베스트 관세청(보다 빠르게, 보
다 안전하게, 보다 편안하게)'이다. 비전의 의미는 "세관행정의 수요자인 기
업과 국민에게 보다 빠른 서비스를 제공하고, 불법 대외거래로부터 우리
사회를 보다 안전하게 보호하여, 국민이 편안해지도록 최선을 다하는 세
계 최고의 관세행정을 구현하겠다"는 것이다.

핵심가치에 대해서도 "우리 청의 미션을 수행하고 비전을 달성하기 위하여 전 조직구성원이 공유해야 할 가치, 신념, 신조"라며 정의를 분명히 하고, 동반자정신, 명예긍지, 변화혁신, 세계최고의 4가지 핵심가치를 제시하고 있다. 관세청은 특히 위의 가치체계와 4가지 핵심가치를 직원 내부 워크숍을 통해 도출한 것에 상당한 자부심을 지니고 있다.

- **동반자정신** : 고객과 동료를 가족처럼 존중하고 신뢰하는 동반자정신을 바탕으로 우리는 청렴과 공정, 정직과 성실이 우리가 지켜야 할 명예의 근본임을 인식하고 관세국경을 관리하는 우리의 임무를 자랑스럽게 여기며 이를 위하여 헌신한다.

- **명예긍지** : 우리의 임무에 대한 명예긍지를 가지고, 우리는 관세행정 고객을 상생협력의 파트너로 신뢰하고 존중하며 함께 일하는 동료를 우리의 오랜 전통인 세관인 세관가족 사랑의 마음으로 존경하고 배려한다. 이는 우리가 소중히 여기는 모든 가치의 중심이며 뿌리이다.

- **변화혁신** : 열린 마음과 유연한 사고에 의한(변화혁신)을 통해, 우리는 멀리 보는 눈으로 미래를 예측하고 열린 마음으로 세관고객의 요구에 귀 기울이며 유연한 사고, 도전정신 그리고 식지 않는 열정으로 창조적 변화를 추구한다.

- **세계최고** : 신속, 정확하고 가장 효율적인 '세계최고'의 관세행정구현. 우리는 축적한 경험과 정보, 지식과 기술을 바탕으로 새로운 가치를 창출하여 국제표준을 선도하는 신속하고 정확하며 가장 효율적인 세계최고의 관세행정을 실현한다.

관세청은 이와 함께 인터넷 홈페이지의 관세청을 소개하는 섹션에서도 청장과 차장의 인사말이나 약력 등을 먼저 소개하는 대부분의 다른 외 청과 달리 미션과 비전, 핵심가치 및 행동규범, 설립목적 및 기능 등을 가장 먼저 제시하고 있다. 미션과 가치 기반의 조직운영 원칙을 명확히 하고 있는 바람직한 사례다.

지식으로 승부하라, 특허청

특허청의 비전은 '지식재산 기반 선진일류국가 실현'이다. 이를 위한 3대 목표로 '세계 최고의 지식재산 서비스 체계 구축' '우수 지식재산의 창출 활용 촉진' '친지식재산 사회로의 전환'을 제시하고 있다.

특허청의 핵심가치는 '고객최우선' '도전과 창의' '신뢰와 존중' 3가지이다. 핵심가치의 정의로 '우리 청의 미션을 수행하고 비전을 달성하기 위하여 모든 구성원이 공유해야 할 가치나 신념'임을 분명히 하고 있다.

- **고객 최우선** : 고객을 최우선으로 생각하는 것이 우리의 기본 철학입니다.
- **도전과 창의** : 세계 최고를 향한 끊임없는 전진은 우리의 일하는 자세입니다.
- **신뢰와 존중** : 서로를 신뢰하고 존중하는 것은 우리의 마음가짐입니다.

특허청은 또한 조직 구성원들이 핵심가치를 업무 중에 실천할 수 있도록 행동요소와 행동지표로 구체화하였다. 행동규범을 의미하는 행동 요소는 '핵심가치의 개념적 의미를 명료화하기 위한 하위 구성 요소'로 정의하였다.

행동지표는 '핵심가치를 실천하기 위한 구체적 행동 기준'이다. 행동 지표는 핵심가치 실천의 핵심 성공지표라 할 수 있다. 행동지표의 선언적 제시만으로도 의미가 있지만 고과평가와 연계될 경우 핵심가치 중심의 조직운영에 크게 기여한다.

신뢰 받는 병무행정, 병무청

연예인이나 유명 스포츠 선수 또는 사회지도층 자녀의 병역비리가 불 거질 때마다 병무청은 홍역을 치른다. 전 세계에서 유일한 분단국가이 며, 국방의 의무가 국민의 4대 의무 중 하나인 우리나라 현실을 감안하 면 당연한 것이라 할 수 있다.

병무청의 미션은 따라서 '병역자원의 효율적 관리와 적정 충원으로 국가안보에 기여한다'이다. 또한 비전은 '선진일류 병무행정'이며, 구체적 으로 '신뢰받는 병무행정' '공감하는 의무부과' '우대받는 병역이행' 3가지 를 제시하고 있다. 비전 달성을 위한 핵심전략 역시 3가지로 '투명하고 공 정한 병역처분' '적기·적정 자원공급' '제도·시스템 선진화'이다.

미션 수행과 비전 달성을 위한 병무청의 핵심가치로는 창의, 청렴, 지식, 공정, 친절 등 5가지를 천명하고 있다. 핵심가치에 대한 세부 설명을 보면 우선 창의는 "새롭고 독창적인 우리의 생각"이라고 정의하였다. 청렴은 '맑고 깨끗한 우리의 마음가짐', 지식은 '경쟁력 있는 우리의 역량'이라고 하였다. 또한 공정은 '올바르게 일하는 우리의 자세', 친절은 '고객을 대하는 우리의 태도'라고 정의하였다.

5대 핵심가치의 생활화를 위한 과제로 창조적 실용주의 역량 강화, 병무직원의 윤리도덕성 강화, 병무행정 전문가 육성, 투명하고 공정한 병역처분, 민원만족도 지속적 향상을 꼽고 있다.

대한민국의 미래를 연다,
경기도 G-Value

경기도는 전국 지방자치단체 중 최초로 2009년부터 핵심가치 교육을 실시하고 있다. 그 계기가 된 것은 2007년 9월에 시작된 '경기도 공무원 평생교육체제 강화를 위한 연구' 용역이었다. 경기도는 지방자치단체 중 인구(1,200만 명)가 가장 많고 역동적인 곳이어서 주거, 교통, 복지, 교육, 환경 분야 등 각종 행정 서비스에 대한 도민들의 요구도 늘고, 다양해지고 있다. 이에 따라 공무원의 역량 강화와 창의적 조직문화 형성, 지방행정의 전문성 강화 방안으로 한국직업능력개발원에 의뢰해 연구가 진행되었다.

2008년에 보고된 연구결과에 의하면 외부환경, 미션 및 전략, 리더십, 평가제도, 승진제도 등 17개 항목에 대한 조직진단 결과 전반적인 영역에서 보통 이하로 평가되었다. 자기주도 학습의지, 자율적 역량강화, 학습기회 등 8개 영역으로 나눠 조사한 학습조직문화 진단 결과도 전반적으로 보통 이하로 나타났다. '세계속의 경기도Global Inspiration'라는 경기도 비전을 실행하기에는 부족함이 많았다.

이에 김문수 도지사는 당시 책임연구자였던 이성 박사를 경기도 교육정책보좌관(현 경기평생교육진흥원 원장)으로 전격 채용했다. 그 후 경기도 교육정책보좌관을 중심으로 내, 외부 전문가로 TF팀을 구성해 경기도를 비롯한 31개 시,군 및 21개 공공기관을 포함하는 경기도 인적자원개발 실행계획을 수립했다. 경기도인재개발원의 기능을 개편하는 등 경기도 공무원의 평생학습 체계도 갖추었다.[44] 이와 함께 2008년 7월 워크숍, 설문조사, 대표자 회의 등을 통해 기반가치로서의 '공직윤리', 목적가치로서의 '도민만족', 실행가치로서의 '도전·열정·창조'라는 경기도 5대 핵심가치를 도출하였다.

또한 경기도의 5대 핵심가치를 공유하고 실천을 내재화하기 위하여 G-Value 과정이 개발되었다. 'G'는 '경기도Gyeonggi-Do', 'Value'는 '핵심가치'를 의미한다. 5대 핵심가치가 실제 공직자들이 업무현장에서 접하는 다양한 상황에서 판단 준거가 되고 업무에 적용하도록 하려는 목적에서 만들어졌다. 정신교육과 같은 형태가 아니라 가치를 체험하고 내재화할 수 있는 교육이 되도록 하기 위해, 인재개발원 내에 별도의 사무실을 마련하고 과정개발이 진행되었다. 밤샘 작업이 이어져 기본과정을 설계한 후, 각 모듈에 살을 붙여가며 한 꼭지, 한 꼭지 완성한 끝에 경기도만의 핵심가치 교육과정이 만들어졌다. 참여형 체험학습을 기본으로 하는 5일 과정의 G-Value교육은 이렇게 탄생되었다.

5일 동안 이루어지는 G-Value 과정의 첫 날은 바쁜 일상 속에서 미루고 지냈던 각자의 삶과 공직생활의 의미를 진지하게 되돌아보는 시간으로 진행된다. 가치를 논하는 것이 자칫 딱딱할 수 있기 때문에 본격적인 시작에 앞서 친교의 시간을 갖는다. 서로 다른 조직에서 온 7~8명이 한 팀을 이루면서 팀 이름을 정하고, 각 팀을 상징하는 구조물을 만드는 작업을 통해 어색했던 처음의 분위기 대신 급속한 결속력을 느끼게 된다. 둘째 날은 경기도의 지경학적 특징과 가치를 토의하고, '경기도가 대한민국의 미래를 엽니다'라는 비전과 이를 실현하기 위한 전략을 다시 살펴본다. 또한 경기도 5대 핵심가치가 도출된 배경과 의미를 되새기며 경기도의 비전과 가치를 담은 대형 퍼즐 맞추기 작업을 한다. 아울러 조직 경쟁력에 있어 가치 공유의 중요성을 이해하고 G-Value를 실천하는 과정에서 개인이 부딪치게 될 심리적인 장벽과 조직 문화적인 장벽을 찾는다. 나아가 이러한 장벽을 극복하기 위하여 무엇을 할 것인지를 현업 경험을 토대로 논의하며 모색한다. 셋째 날의 주제는 '깨진 유리창'이다. 핵심가치 실천에 있어서 사소한 것이지만 도민이나 다른 공직자들의 눈에는 치명적인 허점으로 보이는 것이 무엇일까를 찾는 작업이다. G-Value가 액자 속의 가치가 아닌 공직자의 실제 업무 속에 드러날 수 있도록 팀원들의 업무현장을 상호 방문한다. 이 때 상사(동료), 고객의 동선에서 본 내 업무의 깨진 유리창을 찾고 이를 보수할 방안을 수립한다.

넷째 날과 다섯째 날에는 핵심가치를 내재화하고 경기도 공무원으로서의 소속감 및 일체감을 조성하기 위해 인재개발원이 아닌 외부 연수시설에서 1박 2일의 워크숍 형태로 진행한다. G-Value를 실천하고 있는 내 주위의 G-Value 스타를 찾아보고, 그들이 자신과 다른 점이 무엇인지를 느끼며 실천의 중요성을 깨닫는다. 그리고 지난 3일 동안 학습했던 내용을 리뷰하고 각자가 느낀 G-Value의 가치와 의미를 발표를 통하여 공유하는 G-Value 페스티벌을 통해 자기만의 전략을 다짐하는 시간을 갖는다. 넷째 날 저녁에는 도청과 시, 군 공무원들이 서로 겪어온 고민과 어려움을 솔직히 풀어놓고 대화함으로써 서로를 이해하고 경기도 공무원으로서 하나임을 체험하는 친교의 시간도 있다. 이 시간에는 모든 교육생들이 서로 어우러져 공직의 가치, 공무원의 가치를 되새기는 격려의 시간을 갖는다. 마지막 날은 특별한 일을 해서가 아니라 자신이 맡은 일을 특별한 마음으로 하는 공직자가 바로 G-Value 스타임을 확인한다. 자신의 일과 자신이 만들어가는 가치를 새롭게 재정립하고, G-Value 실천을 위한 경기도 공무원으로서의 역할을 다짐하면서 G-Value 과정을 마무리하게 된다.

G-Value 과정은 초기 정착이 어려웠다. 교육생들 중에는 기존 공무원 교육에서는 보기 힘들었던 실천학습 위주의 과정을 낯설어했고, 의견 제시와 발표 등에 소극적인 모습을 보였다. 게다가 처음에 같은 직급 위주로 교육을 할 때는 의견의 다양성이 떨어지고, 실행에도 어려움이 있었다. 5급 과정의 경우 경기도의 계장, 시, 군 과장들을 100명 가까이 한

자리에 모아 5일 동안 교육하기에는 무리가 있었다. 그래서 경기도인재개발원은 직급별로 운영하던 것을 통합 재편하여, 팀 구성을 직급, 소속, 성별로 다양하게 구성하였다. 교육담당자는 새로운 방식에 교육생들이 빨리 적응할 수 있도록 교육생과 함께 교육내용을 소화해 나가며 애로점을 수정해 나갔다. 그 결과 교육생들이 참여형 체험 교육방식에 적응해 나가기 시작했고 다양한 의견 제시와 적극적인 참여를 통해 액션 실행이 역동적이고 활기차게 변했다. 다른 사람들 앞에서 자신의 의견을 발표하는 과정을 자연스럽게 받아들이기 시작하였다. G-Value교육 실시 원년인 2009년도 교육만족도는 평균 92%라는 높은 성과를 기록했다.

G-Value 과정은 다양한 파급 효과를 가져왔다. 이 과정을 통해 자신의 삶과 공직생활을 되돌아보면서 공직자로서 해야 할 일을 고민하고 도전목표를 수립하는 기회가 되었다는 교육 수료생들이 늘어난 것이 가장 큰 성과다. 일부 교육생은 자신이 속한 시, 군 게시판에 G-Value 과정 수료 소감을 게시하면서 동료와 선후배들의 참여를 권유하기도 했다. 교육 참가 공무원들의 변화를 지켜본 경기도 산하 일부 시, 군은 아예 자체 핵심가치 과정 개발에 나섰다. 2009년도에는 행안부에서 주관한 전국 시, 도 교육발전협의회에서 우수 교육사례로 발표되는 등 대외적으로 성공적인 교육모델로 알려졌다. 이로 인해 다른 지자체 교육원에서 경기도인재개발원을 방문하여, G-Value 과정을 참관하는 등 벤치마킹의 대상이 되었다. 경기도를 시작으로 점차 다른 광역 지자체들도 핵심가치 교육을 하는 곳이 늘어나고 있다.

2009년과 2010년까지 실천학습 위주의 5일 과정으로 진행하던

G-Value 교육은 2011년부터는 3일 과정으로 위의 프로그램을 변경하여 진행하고 있으며, 2010년부터 경기도청 공무원들은 G-Value의 의무교육화를 추진하여, 2014년까지 전 직원이 과정을 이수하도록 하였다. G-Value를 조직의 지속성장을 위한 공통의 가치관이 되도록 하겠다는 의지를 분명히 한 것이다.

4장
100만 공직자의
핵심가치, **공직가치**

공직가치는 공직을 수행하기 위한 목표와 기준이 되는 가치이다. 공직자의 핵심가치라 할 수 있다. 공공행정의 목표는 공익 실현이다. 그런데 과거와 달리 사회가 다원화, 전문화, 글로벌화 되면서 공직 수행 과정에서 다양한 가치 충돌 상황을 겪게 된다. 이러한 때에 절실하게 필요한 것이 공직가치이다. 미국은 공직 수행의 핵심을 공적 신뢰Puldic Trust로 정의하고 있다. 공적인 신뢰는 공직자가 공직을 수행하면서 사적 이익을 추구하지 않는 것으로부터 얻어진다고 본다.

오늘날 한국의 공직자들에게 요구하는 공직가치는 헌법정신과 공직관을 비롯한 7가지이다.

이 장에서는 전통적 공직관인 청백리 사상의 핵심과 공직가치 7요소, 한국 공무원 중 가장 존경 받는 소방관의 복무신조, 그리고 공직관의 핵심인 소명의식에 대해 알아본다.

청렴결백한 공직자,
청백리

조선 중기에 박수량(朴守良, 1491~1554)이란 청백리淸白吏가 있었다. 그는 38년 동안 관직에 있었고, 형조판서와 우참찬, 한성부 판윤(현 서울시장) 등 높은 벼슬자리도 했으나 평생 변변한 집 한 칸 마련하지 못할 정도로 청빈하게 살았다. 더욱이 노년에는 빗물이 새는 집에서 끼니조차 잇지 못할 정도였지만 자식들에게는 자신이 죽은 뒤 비석도 세우지 말라는 유언을 남겼다. 1544년 사망 시 운구할 형편도 되지 않는다는 보고를 듣고, 당시 임금인 명종이 장사 비용을 지급하라고 명하였다. 그의 청빈 정신을 높이 산 명종은 박수량이 죽은 뒤, 서해 바다에서 나는 좋은 돌을 골라 비석을 만들되 아무 글도 넣지 말라고 하였다. 새삼스럽게 업적을 정리해서 비석에 새기는 일조차 그의 정신을 왜곡할 수 있다는 생각 때문이었다. 전남 장성군 황룡면 금호리 박수량의 묘소 앞에 지금도 그 백비白碑가 서 있다.

한국의 전통적 공직관은 민본행정民本行政의 개념에서 출발한다. 조선시대의 대표적인 공직관은 청백리 사상이라고 할 수 있다. 청백리는 조선시대 선정을 위해 청렴결백한 관리를 양성하고 장려할 목적으로 실시한 관리 표창제도로서 의정부議政府에서 뽑은 관직자에게 주어진 호칭이다. 조선 말기 강효석이 발간한 일종의 인물사전인『전고대방典故大方』에 의하면 조선시대에 총 218명의 청백리가 배출되었다. 대표적 인물로는 맹사성, 황희, 최만리, 이현보, 이황, 이원익, 김장생, 이항복 등이 있다.

청백리 제도는 관리에게 염廉과 치恥를 일깨우며 탐관오리에게는 자극을 주는 정화 기능을 어느 정도 발휘하였다. 예를 들어, 세종대의 황희黃喜와 맹사성孟思誠, 성종대의 허종許琮 등은 장기간 정승을 역임한 재상이면서도 초라한 집에서 궁핍한 생활로 일생을 보낸 인물로 조선시대 청백리 재상의 표상으로 칭송되고 있다. 그러나 조선 후기부터는 그 선발이 부실하고 상도 유명무실하여 후손들이 굶주림에 시달리는 등 본래의 기능을 상실하였다.

청백리 사상에 담겨 있는 대표적인 공직가치는 청렴과 공정이다. 청백리 정신은 다산의 목민심서에 구체적으로 제시되어 있으며, 청렴한 품성 이외에 업무에 대한 근면성까지 포함한 개념이다.

목민심서 율기육조律己六條**중 제2조 청심**淸心

貨賂之行 誰不秘密 中夜所行 朝已昌矣 (화뢰지행 수불비밀 중야소행 조이창의)

饋遺之物 雖若微小 恩情旣結 私已行矣 (궤유지물 수약미소 은정기결 사이행의)

所貴乎廉吏者 其所過山林泉石 悉被淸光 (소귀호렴이자 기소과산림천석 실피청광)

뇌물을 주고받는 것을 누가 비밀히 하지 않으리오. 한밤중에 한 일이 아침이면 드러난다. 선물로 보낸 물건이 비록 아주 작은 것이라 하더라도 은정恩情이 이미 맺어지면 사사로운 정이 이미 행하게 되는 것이다. 청렴한 관리를 귀하게 여기는 것은 그가 지나가는 곳의 산림이나 천석泉石도 모두 그 맑은 빛을 받게 되기 때문이다.

조선시대에는 수기치인修己治人 덕목을 겸비한 관리를 유교의 이상적인 공직자상으로 여겼다. 수기치인은 스스로 수양하고 세상을 다스린다는 뜻으로서 군자의 2가지 기본 과업을 뜻한다. 수기에 일차적 관심을 두고 학문하는 것을 위기지학爲己之學이라고 하며, 자신의 인격적 완성을 지향하는 공부를 의미한다. 반면에 치인에 일차적 관심을 두고 학문하는 것을 위인지학爲人之學이라고 하며 그것은 다른 사람들을 위하여, 즉 세상을 다스리는 일을 위하여 공부하는 것을 의미한다.

그러나 정약용은 수기치인修己治人을 넘어 수기위천하인修己爲天下人을 강조하였다. 얼핏 보면 비슷한 것 같으나 수기치인과 수기위천하인은 차이가 있다. 수기치인의 경우 사회에 나가 큰 뜻을 펴는 것이 목적이기는 하나 꼭 관리나 정치가로서가 아닌, 유교적 교양인이 목적이다. 반면 수기위천하인은 자기수양은 물론 사회에 나가 관리나 정치가로서 백성에게 실질적인 이로움을 제공할 수 있는 사람이 되어야 한다는 뜻이다. 이는 개인의 수양이나 출세를 강조했던 성리학의 폐단을 비판하고, 사회와 국가를 위해서도 실용적인 사람이 되어야 한다는 사회적 자아실현을 강조한 것이라 할 수 있다.

청백리는 조선시대뿐 아니라 현재까지도 강조되고 있다. 청렴과 투철한 봉사정신으로 공직자들이 직무에 임하도록 1981년 4월 20일, 국가공무원법에 청백리상을 규정하여 같은 해 5월부터 시상해 왔으며, 수상자에게는 승진 등의 특전을 주고 있다.

바람직한 행동을 하라,
공직가치 7요소

공직가치는 공직자로서 지켜야 할 바람직한 행동의 판단기준이다. 즉, 공직을 수행하면서 추구해야 할 궁극적인 목표와 기준이 되는 공직자의 핵심가치라 할 수 있다. 공공행정의 목표는 공익실현이다. 공직가치는 공공행정에 있어서의 가치판단과 의사결정, 그리고 공직자 행동의 준거가 되는 근원적 가치이다. 따라서 공직가치는 공직자들이 업무를 수행하면서 직면할 수 있는 다양한 위기상황, 또는 정책결정이나 가치충돌 상황에서 올바른 판단이 명확하지 않을 때 그 기준이 된다는 점에서 매우 중요하다. 공직자 개개인적으로는 헌법이나 양심 등에 어긋나는 부당한 상황에 직면했을 때 올바른 판단의 준거가 될 수 있다.

2010년 행정안전부가 발간한 「공직가치 교육자료집」에 의하면 공직가치를 이성적 가치와 감성과 실천의 2개 카테고리로 구분하였다. 이성적 가치에는 헌법정신, 올바른 역사의식, 국정철학의 이해, 감성과 실천적 가치로는 국가관, 공직관, 윤리의식을 포함시켰다.

행정안전부는 또한 교육자료집의 검수 과정에서 감성과 실천적 가치에 시민정신을 추가하였다. 이로써 오늘날 국가직 공무원들이 숙지해야 할 공직가치는 표1-1과 같이 헌법정신, 올바른 역사의식, 국정철학의 이해, 국가관, 공직관, 윤리의식, 시민의식 등 7개로 제시되었다.

2010년 「공직가치 교육자료집」은 행정안전부가 중앙공무원교육원 교수진과의 논의를 거쳐 한국능률협회에 의뢰하여 만든 것이다.

표 1-1

공직가치	주요 내용
헌법정신	헌법의 기본원리, 기본질서, 공직자의 헌법상 의무
역사이해	올바른 역사관 정립, 대한민국 건국의 의미와 정통성 대한민국의 자랑스러운 역사 세계속의 대한민국 위상, 역사 왜곡과 대응
국정철학	국가비전과 국정목표, 국정 지표에 대한 이해
국가관	국가와 국민에 대한 사랑과 헌신의 의의, 바람직한 국가관 사례 이해
공직관	공직자의 소명의식, 봉사정신, 자긍심
윤리의식	공무원 윤리강령, 복무규정 이해, 공무원 윤리제도 이해 공무원 단체 활동의 이해
시민의식	준법정신의 중요성, 타인에 대한 배려와 실천방향

이에 앞서, 정부는 청렴, 공직윤리, 준법성 등 공직가치의 소극적 측면만을 강조하여 공직자들이 중시해야 할 적극적인 가치 발굴과 이를 내재화하는 과정이 미흡했다는 판단에 따라 2007년 서울행정학회에 연구용역을 발주했었다. 서울행정학회는 연구 결과 공직가치를 표1-2와 같이 개인가치, 조직가치, 공익가치, 법적가치, 전문가치의 5개 카테고리로 구분하고, 13개의 공직가치를 제시하였다.

2010년 「공직가치 교육자료집」에서 제시한 7가지 가치를 2007년 서울행정학회가 제시한 5개 카테고리 13개 가치와 비교하면 차이가 많다. 먼저, 7개 공직가치의 개념 정의가 모호하고 넓다. 또한 주요 가치 간 위계나 순서 등 분류체계의 정합성에 있어서도 명확함이 떨어진다. 한 예로 시민의식을 살펴보면 공직자 역시 시민의 한 사람으로서 시민정신이

표 1-2

가치		정의
개인가치	청렴성	헌법과 법을 인정하고 존중하며 공직자로서 완전무결한 삶을 추구하는 것
	개인가치 자긍심	공직의 의무를 실현하는 것을 스스로 자랑스럽게 여기는 마음
	개인가치 조직 시민행동	공적 책임성에 부합하는 권리와 의무 행사, 조직 내 자발적인 참여와 구성원간의 상호 배려 등
조직가치	변화와 혁신	공익의 극대화를 위하여 개인과 조직을 끊임없이 발전적으로 개혁하는 것
	조직가치조직의 공정성	개방적인 소통을 통한 조직 내부의 형평과 공평무사를 추구함
	조직가치일과 가정의 조화	삶의 가치에 대한 균형감각을 지닌 공직자로서의 효율적인 삶의 방식
공익가치	형평성	직무 수행 시 사회적 약자의 이해관계를 적극적으로 고려함
	공익가치 민주성	국민의 뜻을 정책과정에 반영하고 보장해야 함
	공익가치 다문화 감수성	타인과 타 문화에 대한 이해를 바탕으로 '다름'과 '틀림'을 구별하는 포용력
법적가치	합법성	법을 준수하고 법을 합헌적으로 해석하여 법의 정신을 구현함
	법적가치 덕성에 의한 윤리적 판단	보다 적극적인 직업윤리로서의 공직윤리를 함양하여 직무 수행 시 윤리적 판단을 합리적으로 함
전문가치	창조성	독립적이고 참신한 상상력과 유연한 사고로 새로운 것을 끊임없이 추구함
	전문가치 전문성을 지닌 책임과 대응	전문가로서 윤리적 책임의식에 기초하여 공익증진을 위해 전문적인 기술적 능력을 발휘하며 업무에 대한 책임감을 가지고 공공을 위한 결정을 함

강조된 것은 바람직하다고 여겨진다. 하지만, 시민의식으로 제시된 내용인 준법정신의 중요성과 타인에 대한 배려 등이 시민의식이라는 가치를 제대로 설명하지 못했다는 아쉬움이 든다.

새 정부의 출범과 더불어 100만 공직자의 핵심가치인 공직가치의 정리 작업이 절실히 요구된다.

타인을 위해 목숨을 던진다, 소방관의 기도

사람의 목숨을 구하는 것처럼 소중한 일은 없을 것이다. 이 일을 기꺼이 하는 이들이 소방관이다. 많은 소방관들이 복무 신조처럼 여기고 있는 「소방관의 기도」는 몇 차례 계기를 통해 일반에게도 널리 알려졌다. 소방관의 기도는 여러 버전이 있다.

지난 2006년 6월 울산중부소방서 소방관으로 구성된 그룹사운드 피닉스가 곡을 붙인 뒤 동영상으로 만들어 포털사이트에 올린 「소방관의 기도」는 진중하면서도 박자가 빠른 편이다. 그룹사운드의 전자기타 소리가 울리는 가운데 화재 현장과 소방관들의 구조 모습이 보여져 묘한 대조를 이루지만, 소방관들이 직접 제작한 것이어서 진정성이 느껴진다. 가장 널리 알려진 「소방관의 기도」는 다음과 같다.

「어느 소방관의 기도」

신이시여, 제가 부름을 받을 때는

아무리 강력한 화염 속에서도

한 생명을 구할 수 있는 힘을 주소서

너무 늦기 전에

어린 아이를 감싸 안을 수 있게 하시고

공포에 떠는 노인을 구하게 하소서

언제나 안전을 기할 수 있게 하시어

가냘픈 외침까지도 들을 수 있게 하시고

신속하고 효과적으로 화재를 진압할 수 있게 하소서

업무를 충실히 수행케 하시고

최선을 다할 수 있게 하시어

모든 이웃의 생명과 재산을 보호하고 지키게 하소서

그리고 신의 뜻에 따라

제 목숨을 잃게 되면

신의 은총으로

저의 아내와 가족을 돌보아 주소서

「소방관의 기도」는 그 동안 작자 미상으로 알려졌다. 그러나 실제는 1958년 미국 캔자스주 위치타 소방서 소방관, 앨빈 윌리엄 스모키 린이 출동한 화재 현장의 불 속에 갇힌 어린이 3명을 구하지 못하여 숨진 것을 괴로워하며 작성한 것이라고 한다. 그는 제2차 세계대전 참전한 바 있으며, 1947년부터 캔자스 주 위치다 소방서 근무하다가 1975년 소방관에서 은퇴하였고, 지난 2004년 3월, 수술 후유증으로 타계하였다.

대한민국에서 소방관으로 산다는 것은 매우 어려운 일이다. 소방방재청이 발간한 2012년 소방방재 주요 통계를 보면 최근 5년간 화재나 구조 등의 과정에서 순직한 소방관은 연평균 7명, 공상자는 연평균 332.2명에 이른다.[45] 2011년에도 순직자 8명, 공상자가 355명에 달한다. 직업 만족도 최하위, 임용 5년 내 20%의 이직률, 평균 수명 58세, 이것이 대한민국 소방관들의 현 실태를 나타내는 통계들이다.

지난 2001년 홍제동 화재 현장에서 순직한 고 김기석 소방관은 그의 유품으로 남긴 수첩에 "다른 사람을 살리기 위해 목숨을 던질 수 있는 이 직업을 성직으로 여긴다"고 적었다. 성직이란 '성(聖)스러운 직업'을 의미한다. 오늘날 우리에게 성직은 어떤 것일까?

국민을 위해 기꺼이 일한다,
성직·소명

성직(聖職)이란 앞에서 언급했듯이 거룩한 직분 또는 성스러운 직업을 뜻한다. 요즘도 성직자라면 주로 종교적 직분을 맡은 신부나 목회자, 승려 등을 지칭한다. 사제인 신부에게 주로 쓰이던 성직이란 단어가 일반인에게도 널리 쓰이게 된 것은 종교개혁자인 마틴 루터와 장 칼뱅에 의해서다.

루터는 1520년 그의 저서 『독일 기독교 귀족들에게 고함』에서 영적 기독교인과 세속적인 기독교인으로 나누었던 중세의 교회운영 방식을 비판하였다. 종교개혁 당시 로마 가톨릭에서는 성직자가 하는 일은 성직으로, 신자가 하는 일은 세속적인 일로 구분하였다. 그러나 루터는 모든 기독교인들은 제사장(이른바 만인제사장설)이므로 그가 성직자이든, 신자이든 하나님의 부르심에 따라 성직에 종사하고 있다고 주장하였다. 즉 하나님의 일은 성직자가 하는 일인 설교, 성례전, 예배 집례 등의 목회만 뜻하는 것이 아니라, 신자가 종사하는 직업에도 해당된다는 것이다.

루터는 성경을 훈련 받은 사제들만이 아닌 일반인(독일시민)들도 읽을 수 있도록 라틴어로 된 성경을 독일어로 번역하였다. 이때 신약성서 고린도전서 7장 17절의 "오직 주께서 각 사람에게 나눠주신 처지, 곧 하나님이 각 사람을 부르신 그곳에 머물러야 한다"에서 처지, 즉 삶의 자리를 뜻하는 헬라어 클레시스klē̆sis를 베루프Beruf, 즉 직업으로 번역하였다. 정확히 말하면 루터는 베루프를 구체적인 직업이 아니라 그 사람의 사회적 지위, 삶의 위치로 보았다. 하지만 루터는 베루프를 모든 정당한 직업에 확장하여 적용했고, 특히 삶의 정황이란 관점에서 소명을 부각시켜 신분과 직분, 책무를 융합시켰다. 반면, 칼뱅은 소명을 주로 구원으로의 부르심이나 사역으로의 부르심을 묘사하는 데 사용하였다.

직업을 나타내는 독일어 명사인 베루프는 '적임의' '능력이 있는'을 의미하는 형용사인 베루펜Berufen과 사명을 의미하는 아우프가베Aufgabe의 뜻을 포함하고 있는 단어이다. 직업을 의미하는 영어단어는 여러 가지가 있다. 대표적으로는 Job이다. 이외에도 자리를 차지한다는 의미가 담긴 Occupation, 전문직을 뜻하는 Profession이 있다. 소명召命의 의미가 담긴 단어로는 Vocation과 Calling이 있다. Vocation의 라틴어 어원인 보카티오vocatio 또는 보코voco는 부름을 받는다는 뜻이다. Beruf는 Job이나 Occupation, Profession보다는 소명의 뜻이 담긴 Vocation과 Calling에 해당한다.

한문으로 소명召命 역시 부를 소召자와 목숨 명命으로 이루어져 있다. '누군가 나의 목숨을 부른다'는 것이 바로 소명이다. 소명은 우리가 어떤 일을 하도록 부름 받기 전에 누군가에게 부름을 받았다는 것에서 출발한다. 물건을 고르듯이 우리가 직업을 선택하는 것이 아니라 도리어 선택 받은 자들이란 뜻이 내포되어 있다. 우리 각자는 현재의 자신의 일(직업)을 하도록 과연 누구로부터 부름을 받았는가? 종교인이라면 당연히 하나님 또는 신神일 것이다. 무신론자라면 자아 또는 가족, 민족, 국가 등 여러 대상이 있을 것이다.

직업에 있어서 소명이 갖는 중요성은 직업의 의미와 목적을 분명히 해주기 때문이다. 신이 내게 부여한 거룩한 일을 허투루 하지는 않을 것이다. 자신의 직업에 대해 소명이 없다면 삶의 명확한 방향을 찾기 어렵게 되고, 직업은 단지 호구지책의 수단으로 전락할 가능성이 많다.

성聖바울 성당 석공들 이야기는 일의 목적성에 대한 유명한 일화이다. 크리스토퍼 우렌은 성바울 대사원을 건축한 18세기 초의 영국의 유명한 건축가이다. 바울 성당의 공사가 진행 중이던 어느 날 우렌은 공사장을 둘러보다가 돌을 깎는 석공들을 만나게 되었다. 우렌이 어느 석공에게 물었다. "당신은 지금 무엇을 하고 있소?" 그러자 그 석공은 아니꼽다는 눈치로 무뚝뚝하게 투덜거렸다. "보면 모르시오! 입에 풀칠하기 위해 이 짓을 하고 있다오." 우렌은 근처의 다른 곳으로 가서 석공에게 같은 질문을 했다. 그 석공은 묻는 이의 얼굴을 쳐다보지도 않고 "아침부터 저녁까지 여섯 자 길이, 석자 폭의 돌을 깎고 있소"라고 표정 없이 대답하였다. 우렌은 다시 한참을 걸어가다가 또 다른 석공에게 물었다. "당신은 지금 무엇을 하고 있소?" 그러자 석공은 "선생님께서 보시는 대로 이렇게 부족한 사람이 유명한 우렌 경의 지휘아래 이토록 장엄한 성 바울 사원을 건축하는데 한 몫을 담당하고 있지요"라고 말했다. 우렌 경은 세 번째 석공의 말을 듣고 크게 기뻐하며, 정성을 다하여 성 바울 사원을 지었다고 한다.

직업은 크게 3가지 차원으로 나눌 수 있다. 첫째는 생계를 유지하기 위한 일이다. 자신과 가족의 생계를 위하여 자신의 적성과 능력에 따라 종사하는 것이기 때문에 범죄가 아닌 한 직업에 귀천이 없다는 말이 이에 해당한다. 둘째는 일반직과 전문직으로, 많은 직업 중에서 전문직은 일반적인 직업보다 더 많은 교육과 훈련을 받아야만 한다. 셋째는 바로 소명이다. 소명은 직위의 높고 낮음이나, 전문직이기 때문에 갖는 것이 아니다. 소명은 "내가 이 일을 하도록 부름을 받았다"고 스스로 고백하는 것이다. 또는 "현재 내가 하는 일이 천직天職이야, 다시 태어나도 이 일을 할 거야"라고 말할 수 있는 것이다.

공직公職의 사전적 정의는 '국가 기관이나 공공 단체의 일을 맡아보는 직책이나 직무'이다. 1998년 IMF 외환위기 이후 민간 기업에서 더 이상 고용 안정을 보장 받지 못하게 되자 공직의 선호도는 나날이 높아지고 있다. 하지만 공직이 고용 안정을 보장받는 직업이어서 직업 선호도가 제고되고 있다면 안타까운 일이다. 공무원의 신분과 정치적 중립성을 보장하는 것은 공무원이 공복公僕으로서 사명을 다할 수 있도록 하기 위한 수단이지, 도피처가 아니다. 공복이란 한자에서 복僕은 종이란 뜻이다. 주인을 위하여 번거로운 일을 하는 사람이 종 복자의 뜻이라면, 공복은 국민을 위해 기꺼이 번거로운 일을 하는 사람이란 의미를 담고 있다. 따라서, 공직자는 자신의 직업을 성직으로 받아들이는 소명의식이 반드시 필요하다.

에필로그

가치경영은 법치주의와 같은 맥락으로 볼 수 있다. 법치주의는 근대 시민혁명을 거치면서 왕의 절대 권력을 견제하고 시민의 자유를 보장하기 위해 도입된 제도다. 즉, '사람의 지배' 대신 '법의 지배'를 통하여 통치가 이뤄져야 한다는 것이다. 그러나 통치가 법에 의하기만 하면 된다는 것은 아니다. 이럴 경우 법의 이름으로 독재가 합법화될 수 있음을 역사를 통해 경험했다. 따라서 진정한 의미의 법치는 국회에서 만들어진 법률에 근거하는 합법성과 더불어 그 내용에 있어서의 정당성을 함께 갖춘 법에 의한 지배를 말한다. 또한 민주주의는 지도자는 바뀌어도 국민은 영원하다는 것을 통해 국가의 영속성을 담보한다.

17세기 초 네덜란드의 동인도 회사 설립을 기원으로 하는 주식회사 제도는 2가지 큰 특징을 지닌다. 증권제도 및 소유와 경영의 분리이다. 주식회사는 출자한 자본금만큼만 책임을 지는 유한책임으로 인해 많은 자본을 모을 수 있고, 위험을 분산하는 동시에 조직의 영속성을 추구할 수 있는 장점을 지니고 있다. 현재 글로벌 기업조직의 대부분은 주식회사 형태를 취하고 있다. 그런데 소유와 경영의 분리는 위험 분산과 고도의 경영능력 확보라는 장점만 지닌 것이 아니라 경영진이 도덕적 해이에 빠질 수 있는 '주인과 대리인 문제'라는 한계도 동시에 지니고 있다. 언론은 파산 전 미국에서 가장 존경 받는 기업 10위 안에 뽑혔고, 사회적 공헌을 많이 하는 가장 양심적인 기업 10위 안에 포함된 적도 있었다. 아이러니하게도 엔론의 핵심가치 4가지 가운데 두 가지가 존중과 정직이었다. 하지만 엔론의 리더들은 이 가치를 조금도 실천하지 않았다.

가치는 목적성과 수단성의 두 차원을 지니고 있다. 즉, 목적으로서의 가치와 수단으로서의 가치로 나눌 수 있다는 의미다. 목적가치란 행복, 사랑, 자유, 평등, 정의, 평화 등 그 자체가 목적이 되는 가치다. 수단가치는 이러한 목적을 이루기 위한 수단으로서의 가치를 말한다. 예를 들어, 경영학 내에서도 인사조직 분야에서 주로 사용하는 경영이념과 가치, 비전과 가치체계 등의 용어와 회계학과 재무관리에서 주로 사용하는 시장가치, 공정가치, 기업가치, 주식가치 등의 용어는 같은 가치라는 단어를 쓰지만 전혀 맥락이 다르다. 인사조직 분야에서의 가치는 목적가치인 경영철학과 관련한 것이고, 회계학이나 재무관리에서의 가치는 평가 기준으로서의 가치인 수단가치다. 기업 활동의 결과물인 이익을 목적가치로 볼 것인가 수단가치로 볼 것인가에 따라 기업 활동의 방향과 내용이 달라진다.

개인에게 가치관이 있듯이 조직에도 가치관이 있다. 핵심가치는 조직 구성원의 공통 가치관이자, 신념이다. 핵심가치는 수단가치가 아니라 목적가치다. "우리 조직이 왜 존재해야 하는가"라는 목적성에 대한 질문의 대답이며, 이를 현실에서 구현하려는 리더와 조직 구성원의 믿음이 바로 핵심가치다. 기업들이 수단가치를 목적가치처럼 여기던 시대가 있었다. 하지만 지금은 따뜻한 자본주의, 윤리경영, 마켓 3.0, 공유가치 창출 등 목적가치의 추구를 통해 수단가치를 통합해 내는 것이 필요한 시대로 바뀌어 가고 있다.

21세기에 들어서면서 선진 기업들은 물론 공공기관이나 정부조차 핵심가치에 기반을 둔 경영을 강조하고 있다. 이를 위해 핵심가치를 재정립하고, 핵심가치 내재화 교육을 실시하며, 핵심가치와 인사제도를 연계시키는 등 가치에 기반을 둔 운영(경영) 노력을 강화하고 있다.

조직의 근원적인 신조 혹은 공통 가치관인 핵심가치는 다른 표현으로도 많이 불린다. 개인의 가치관을 의미하는 신조는 보통 좌우명이라고 부른다. 가정에서는 가훈, 학교에서는 교훈, 회사에서는 사훈, 병원이나 NGO들은 정관, 정당에서는 강령, 국가에서는 헌법정신과 대통령의 국정철학 등으로 표현한다. 이 책에서는 핵심가치를 다양한 관점에서 살펴보는 데 초점을 두었다. 또한 전 세계 대다수의 조직들이 핵심가치를 강조하고 나서게 된 이유가 무엇인지 그 변화의 내용을 알아보았다. 핵심가치가 무엇인지에 대한 개념은 물론 기업이념과의 관계, 기업문화와의 관계 등에 대해 다양한 사례를 통해 설명하였다. 기업이 재산권 확대를 위한 이기적 주체가 아니라 기업이 속한 사회와 국가, 세계를 위해 기여하면서 존재의 목적을 찾을 수 있음을 사례를 통해 살펴보았다.

특히 공공조직은 물론 기업조직에 있어서도 조직의 영속성을 담보하는 유전자는 바로 핵심가치임을 주장하였다. 진정한 핵심가치는 구성원 모두에게 내재화된 조직문화적 유전자이며, 리더의 신념이 조직의 영혼으로 승화된 것이기 때문이다. 나아가 핵심가치를 정립하는 방법과 핵심가치 내재화 교육, 핵심가치 제도화 방법 등을 개념과 실제 사례를 들어 설명하였다. 끝으로 핵심가치가 살아 숨 쉬는 조직의 사례로 글로벌 기업과 국내 기업, 정부와 지자체, 그리고 공직가치에 대해서도 알아보았다.

눈이 밝은 독자들은 책에서 나온 핵심가치와 5부의 실제 사례들 사이에 다소 차이가 있음을 알아차렸을 것이다. 짐 콜린스와 달리 대다수 경영학자들은 비전이란 달성해야 할 모습^{what}, 미션은 조직의 존재 이유·목적·역할^{why}, 핵심가치는 조직원의 신념과 행동원칙^{how}이라고 설명하고 있다. 미션–비전–핵심가치라는 이른바 '비전하우스$^{Vision House}$' 모델이 아직도 강력한 영향력을 미치고 있는 것이다.

그런데 과연 핵심가치가 How만을 의미하는 것일까? 핵심가치는 How를 포함하는 Why이며, How만으로는 행동규범을 의미한다는 것이 저자의 견해이다. 핵심가치를 재정립하거나, 핵심가치 내재화 교육을 할 때마다 느끼는 것이지만, 이 부분에서 대해서는 여전히 개념의 혼선이 있다. 아쉽지만 이 부분의 정리는 시간이 걸릴 듯하다. 독자들이 현명하게 판단하여 적용하리라 믿는다. 이 책이 기업과 공공부문의 핵심가치에 기반을 둔 경영에 다소나마 기여했으면 하는 바람이다.

감사의 글

이 책을 쓰는 데 많은 분들의 도움을 받았다. 엑스퍼트컨설팅의 임혜정 박사님은 선배이자 동료 강사로서 필자가 핵심가치를 깊이 있게 이해하는 데 큰 도움을 주었다. 이와 함께 엑스퍼트컨설팅 김정문 대표님을 비롯하여 정종식 부사장님과 이승각 소장님, 강재성 소장님, 최익성 강사 등 엑스퍼트 컨설팅의 훌륭한 동료 강사들에게 많은 조언과 도움을 받았다. 깊이 감사드린다. 또한 김기윤 소장님, 박선경 본부장, 허두영 팀장과 안지나 선임 등 여러 컨설턴트들에게 감사의 마음을 전한다.

책을 쓰는 데 코리아포럼 회원들의 지지와 격려가 큰 힘이 되었다. 특히 초고의 일부를 읽고 구성과 사례 보완을 짚어 준 김정빈 박사를 비롯해 이재윤 교수님과 김 윤 대표, 김학재 대표, 김대호 소장, 배기찬 대표, 이중윤 교수, 정관주 변호사, 권형택 부사장에게 감사를 드린다.

초고를 처음 읽고 책의 구성을 포함하여 전체적으로 세밀한 조언을 아끼지 않은 아내의 덕으로 책을 마무리할 수 있었다. 늘 기도해 주시는 어머님께 감사드리며, 반년 가까이 가족과 함께하는 시간을 못 냈음에도 묵묵히 참아 준 사랑하는 담준, 담원에게도 고마움을 전한다.

▶ 미주

프롤로그

1) 정하영, '핵심가치가 王道다!', 『월간 인재경영』, 2012년 7월호.

1부

2) 거창고 직업선택십계명 (http://geochang-h.gne.go.kr/index.jsp?SCODE=S0000000944&mnu=M001005008)

3) 지라니합창단 (http://www.jirani.kr/Kr/main/home.php) 외

4) 국제적십자운동 (http://www.redcross.or.kr/redcross_rcmovement/redcross_rcmovement_movement.do)

5) 아름다운가게 (http://www.beautifulstore.org/Intro/Vision.aspx)

6) 아름다운가게 창립 10주년 보도자료, '시민들과 함께한 아름다운 10년'

7) 새누리당 강령 (http://www.saenuriparty.kr/web/intro/web/listPreambleView.do)

8) 민주통합당 강령 (http://minjoo.kr/intro-policy)

9) 진보정의당 강령 (http://www.justice21.org/Intro/Platform.php)

2부

10) 에델만코리아 (http://www.edelman.kr/sites/kr/pages/insights.aspx)

11) 미하엘 마리, 『양의 탈을 쓴 가치』, 책보세, 2010.

12) '조직 내 소통 활성화를 위한 제언', 삼성경제연구소, CEO Information, 2011년 제796호.

13) 제니퍼소프트 (http://www.jennifersoft.co.kr/docs/ko/jennifersoft-jobs.html)

14) SAS인스티튜트 (http://www.sas.com/offices/asiapacific/korea/news/press/20110121.html)

15) 유엔글로벌콤팩트한국협회, 『유엔 새천년개발목표(MDGs) 달성을 위한 한국 기업들의 해외 사회공헌 활동 사례집』, 2012.

3부

16) 한국능률협회컨설팅 (http://www.kmac.co.kr/certify/certify_01a_5.asp), KMAC 보도자료 2013년도 제10차 '한국에서 가장 존경 받는 기업'.

17) 포스코 (http://www.posco.co.kr/homepage/docs/kor2/html/company/posco/s91a1000020c.jsp)

18) 현대자동차 (http://pr.hyundai.com/#/Pages/Intro/CompanyInfo/HMGroup.aspx)

19) 인천국제공항공사 (http://www.airport.kr/iiacmspageWork.iia?_s code=C0506010000)

20) 풀무원 (http://www.pulmuone.co.kr/company/ideo/vision.asp?MENUCODE=M007&MENUSUBCODE=M007_01&DEPTH1_CODE=&DEPTH2_CODE=)

21) 'Building Your Company's Vision, Harvard Business Review, Septmber, 1996 (http://

hbr.org/1996/09/building-your-companys-vision/ar/1)

22) 신태균, '기업의 핵심가치 전개가 경영성과에 미치는 영향', 경희대 대학원 경영학과 박사학위논문, 2006.

23) 타나 나노주택(http://www.hankyung.com/news/app/newsview.php?aid=20090507 24358) 외

24) 이건음악회 (http://eagonblog.com)

25) 정동일, "참된 나'를 찾아라, '진정성 리더십'이 온다,' 동아비즈니스리뷰, 2011년 75호.

26) 오케스트라 (http://terms.naver.com/entry.nhn?cid=656&docId=66130&mobile&categoryId=1333)

4부

27) 신상원, 'AMOREPACIFIC WAY의 시사점 : 기업의 신화가 늘 숨 쉬도록 하라', 동아비즈니스리뷰, 2008년 7월호.

28) 엑스퍼트컨설팅 핵심가치 솔루션 (http://www.exc.co.kr/Solution/Important_Solution/IS.asp)

29) 한화그룹 핵심가치 (http://www.hanwha.co.kr/company/introduce.jsp)

30) 김현주, '인사제도와의 연계를 통한 핵심가치 실천방향', 『월간 인사관리』, 2011년 259호.

31) 허동수 GS칼텍스 회장 개인홈페이지 (http://www.hurdongsoo.pe.kr/message/message.aspx) 외

5부

32) 구글 경영철학 (https://www.google.co.kr/intl/ko/about/company/philosophy/) 외

33) 자포스 핵심가치 (http://about.zappos.com/our-unique-culture/zappos-core-values)

34) 머크 핵심가치 (http://www.merckgroup.com/en/company/mission_statement_values_strategy/values.html)

35) 정은량, '340년 전통의 머크, 핵심가치로 핵심인재관리', 동아비즈니스리뷰, 2011년 89호.

36) 타타그룹 핵심가치 (http://www.tata.com/aboutus/articles/inside.aspx?artid=CKdRrD5ZDV4=)

37) 삼성전자 경영이념 (http://www.samsung.com/sec/aboutsamsung/information/philosophy/principle.html)

38) 동화약품 비전 및 핵심가치 (http://www.dong-wha.co.kr/company/company14.asp)

39) 현대중공업 공유가치 (http://www.hhi.co.kr/about/about02_01.asp)

40) 안랩 비전 및 핵심가치 (http://www.ahnlab.com/company/site/csr/value.jsp)

41) 고용노동부 비전 및 핵심가치 (http://www.moel.go.kr/view.jsp?cate=5&sec=2) 2012.1.15.

42) 국토해양부 비전 및 목표 (http://www.mltm.go.kr/USR/WPGE0201/m_87/DTL.jsp) 2012.1.15 (정부조직 개편 전).

43) 관세청 가치체계 (http://www.customs.go.kr/kcshome/main/content/ContentView.do?contentId=CONTENT_000000000275&layoutMenuNo=208)

44) 경기도인재개발원 교육방향 (http://edu.gg.go.kr/servlet/controller.homepage.UserInfoServlet?p_process=vision2&leftMenuNum=4_3_2)

45) 소방방재청 통계연보 (http://www.nema.go.kr/nema_cms_iba/show_nema/board/board9s/list.jsp?tab_no=2&c_relation=39&check_the_num=142&check_the_code=5&check_up_num=165)

▶ 참고문헌

프롤로그

김구, 『백범일지』, 돌베개, 2002.

1부

• 랜디 포시, 심은우 옮김, 『마지막 강의』, 살림, 2008.
• 진희정, 『세계 최고 CEO 좌우명』, 비즈&리빙, 2007.
• 이인석, 『한국 최고경영자 100인의 좌우명』, 청년정신, 2004.
• 전진문, 『경주 최부잣집 300년 부의 비밀』, 황금가지, 2004.
• 최해진, 『경주 최 부자 500년의 신화』, 뿌리깊은나무, 2006.
• 조용헌, 『5백년 내력의 명문가 이야기』, 푸른역사, 2002.
• 신미식, 『지라니 합창단 희망을 노래하다 : 신미식 포토에세이』, 끌레마, 2010.
• 김명기, 『국제적십자운동 기본원칙』, 책과사람들, 2008.
• 공석기, 임현진, 『글로벌 NGOs : 세계정치의 '와일드카드'』, 나남출판, 2011.
• 주성수, 『글로벌 가버넌스와 NGO』, 아르케, 2000.
• 유시민, 『후불제 민주주의』, 돌베개, 2009.
• 김두식, 『헌법의 풍경』, 교양인, 2011.
• 한상범, 『살아있는 우리 헌법 이야기』, 삼인, 2005.
• 강원택 외, 『헌법과 미래』, 인간사랑, 2007.
• 정종섭, 『헌법과 정치제도』, 박영사, 2010.
• 도정일 외, 『다시, 민주주의를 말한다』, 휴머니스트, 2010.
• 대통령비서실편집부, 『한국정치, 이대로는 안 된다』, 역사비평사, 2007.
• 토머스 프랭크, 김병순 옮김, 『왜 가난한 사람들은 부자를 위해 투표하는가』, 갈라파고스, 2012.
• 조지 레이코프, 유나영 옮김, 『코끼리는 생각하지마』, 삼인, 2006.
• 조지 레이코프, 손대오 옮김, 『도덕, 정치를 말하다』, 김영사, 2010.
• 조지 레이코프 외, 나익주 옮김, 『프레임 전쟁』, 창비, 2007.

2부

• 제임스 H. 길모어, B. 조지프 파인 2세, 윤영호 옮김, 『진정성의 힘』, 세종서적, 2010.
• 짐 월리스, 박세혁 옮김, 『가치란 무엇인가』, IVP, 2011.
• 박이문, 『둥지의 철학』, 생각의 나무, 2010.
• 윤한결 외, 『가치를 다시 묻다』, 궁리출판사, 2010.
• 김비환, 『맘몬의 지배-사회적 가치분배의 철학』, 성대출판부, 2004.
• 필립 코틀러, 안진환 옮김, 『마켓 3.0』, 타임비즈, 2010.
• 필립 코틀러 외, 남문희 옮김, 『CSR 마케팅』, 리더스북, 2007.
• 아나톨 칼레츠키, 위선주 옮김, 『자본주의 4.0』, 컬처앤스토리, 2011.

- 게리 하멜 & C.K. 프라할라드, 김소희 옮김, 『시대를 앞서는 미래경쟁전략』, 21세기북스, 2011.
- 에드 마이클스, 최동석 옮김, 『인재전쟁』, 세종서적, 2002.
- 다니엘 핑크, 김주환 옮김, 『드라이브』, 청림출판, 2011.
- 찰스 오레일리, 제프리 페퍼, 김병두 옮김, 『숨겨진 힘–사람』, 김영사, 2002.
- C. K. 프라할라드, 유호현 옮김, 『저소득층 시장을 공략하라』, 럭스미디어, 2006.

3부
- 짐 콜린스, 임정재 옮김, 『경영전략』, 위즈덤하우스, 2004.
- 톰 피터스, 로버트 워터맨, 이동현 옮김, 『초우량 기업의 조건』, 더난출판, 2005.
- 제리 포라스, 짐 콜린스, 워튼포럼 옮김, 『성공하는 기업들의 8가지 습관』, 김영사, 2002.
- 헤르만 지몬, 이미옥 옮김, 『히든 챔피언』, 흐름출판, 2008.
- 스티븐 코비, 김경섭 옮김, 『성공하는 사람들의 8번째 습관』, 김영사, 2005.
- 서희태, 『클래식 경영 콘서트』, 비전코리아, 2010.
- 피터 드러커, 이재규 옮김, 『경영의 실제』, 한국경제신문사, 2006.
- 피터 드러커, 이동현 옮김 『피터 드러커 자서전』, 한국경제신문사, 2005.
- 워렌 베니스, 김원석 옮김, 『리더와 리더십』, 황금부엉이, 2006.
- 제임스 M. 쿠제스, 배리 Z 포스너, 함규진 외 옮김 『리더십 챌린지』, 물푸레, 2004.
- 존 코터, 심태균 옮김, 『변화의 리더십』, 21세기북스, 2003.
- 존 코터, 한정곤 옮김, 『기업이 원하는 변화의 리더』, 김영사, 2007.
- 잭 웰치, 이동현 옮김, 『끝없는 도전과 용기』, 청림출판, 2001.
- 아리 드 호이스, 정우석 옮김, 『살아 있는 기업 100년의 기업』, 김앤김북스, 2012.
- 우석훈, 『조직의 재발견』, 개마고원, 2008.
- 후쿠오카 신이치, 김소연 옮김, 『생물과 무생물 사이』, 은행나무, 2008.
- 리처드 도킨스, 홍영남 옮김, 『이기적 유전자』, 을유문화사, 2006 (30주년 기념판).

4부
- 칩 히스, 댄 히스, 안진환 옮김, 『스위치』, 웅진지식하우스, 2010.
- 켄 블렌차드, 마이클 오코너, 백동하 옮김, 『잠자는 회사의 가치를 깨워라』, 이콘, 2005.
- 전성철 외, 『가치관 경영』, 쌤앤파커스, 2011.
- 수잔 쿠즈마스키, 홍기원 옮김, 『가치 중심의 리더십』, 학지사, 1999.
- 엘란 C. 그린버그, 홍은주 옮김, 『회장님의 메모』, 이콘, 2006.
- 관세청, 『관세청 핵심가치의 태동배경과 로직(Logic)』, 관세청, 2007.

5부
- 박종세 외, 『21세기 경영대가를 만나다–CEO편』, 김영사, 2008.
- 우베 장호이저, 이온화 옮김, 『신화가 된 기업가들』, 지식의 숲, 2005.
- 피터 S. 코헨, 황해선 옮김, 『밸류 리더십』, 이콘, 2007.
- 장유엔창, 하진이 옮김, 『창조경영 구글』, 머니플러스, 2010.
- 강병준 외, 『에릭 슈미트』, 토네이도, 2011.
- 이시즈카 시노부, 이건호 옮김, 『아마존은 왜 최고가에 자포스를 인수했나』, 북로그컴퍼니, 2010.
- 토니 셰이, 송연수 옮김, 『딜리버링 해피니스』, 북하우스, 2010.
- 박용, 이방실 외, 『머크웨이』, 동아일보사, 2012.

핵심가치

◦ 김종식, 『타타그룹의 신뢰경영』, 랜덤하우스, 2011.
◦ 이병철, 『호암자전』, 중앙M&B, 1986.
◦ 김병원, 『이건희 27법칙』, 미다스북스, 2012.
◦ 김태형, 『기업가의 탄생』, 위즈덤하우스, 2010.
◦ 서동원 외, 『한국경제의 거목들』, 삼우반, 2010.
◦ 조성기, 『유일한 평전』, 작은씨앗, 2005.
◦ 문국현, 조동성 외 『유한킴벌리』, 한스미디어, 2005.
◦ 예종석, 『활명수 100년 성장의 비밀』, 리더스북, 2009.
◦ 김효춘, 『대한민국에서 꼭 살아남아야 할 가치기업 9』, 지식여행, 2010.
◦ 박상하, 『이기는 정주영 지지 않는 이병철』 무한, 2009.
◦ 정주영, 『시련은 있어도 실패는 없다』, 제삼기획, 2001.
◦ 정주영, 『이 땅에 태어나서』, 솔출판사, 1998.
◦ 정인영, 『길이 없으면 길을 만들며 간다 : 신용호의 도전과 창조』, 랜덤하우스, 2011.
◦ 교보생명 편집부, 『광화문에서 읽다, 거닐다, 느끼다』, 교보생명, 2008.
◦ 안철수, 『지금 우리에게 필요한 것은』, 김영사, 2004.
◦ 안철수, 『CEO 안철수 영혼이 있는 승부』, 김영사, 2005.
◦ 안철수연구소사람들, 『세상에서 가장 안전한 이름 안철수연구소』, 김영사, 2008.
◦ 정약용, 『정선 목민심서』, 창비, 2005.
◦ 박석무, 『다산 정약용 유배지에서 만나다』, 한길사, 2003.
◦ 서울행정학회, 『새로운 공직가치 도출 및 교수체계 개발』, 행정안전부 2007.
◦ 한국능률협회, 『공직가치교육자료집』, 행정안전부, 2010.
◦ 폴 스티븐스, 홍병룡 옮김, 『21세기를 위한 평신도 신학』, IVP, 2001.

핵심가치

ⓒ 허욱 2013

1판 1쇄	2013년 6월 10일
1판 2쇄	2016년 2월 22일

지은이	허욱
펴낸이	김승욱
편집	김승관 부수정
디자인	윤종윤 최정윤
마케팅	방미연 최향모 함유지
홍보	김희숙 김상만 이천희
제작	강신은 김동욱 임현식

펴낸곳	이콘출판(주)
출판등록	2003년 3월 12일 제406-2003-059호

주소	10881 경기도 파주시 회동길 216
전자우편	book@econbook.com
전화	031-955-7979
팩스	031-955-8855

ISBN	978-89-97453-13-9 03320

* 이 도서의 국립중앙도서관 출판예정도서목록(CIP)은 서지정보유통지원시스템
  홈페이지(http://seoji.nl.go.kr)와 국가자료공동목록시스템(http://www.nl.go.kr/kolisnet)에서
  이용하실 수 있습니다. (CIP제어번호: CIP2013007271)